非公领域前沿问题探讨：

制度变迁与政治逻辑

孙军◎著

天津出版传媒集团

天津人民出版社

图书在版编目（ＣＩＰ）数据

非公领域前沿问题探讨：制度变迁与政治逻辑 / 孙军著. -- 天津：天津人民出版社，2024.4

ISBN 978-7-201-20282-2

Ⅰ.①非… Ⅱ.①孙… Ⅲ.①非公有制经济—研究—中国 Ⅳ.①F121.23

中国国家版本馆 CIP 数据核字(2024)第 053880 号

非公领域前沿问题探讨：制度变迁与政治逻辑
FEI GONG LINGYU QIANYAN WENTI TANTAO : ZHIDU BIANQIAN YU ZHENGZHI LUOJI

出　　版	天津人民出版社
出 版 人	刘锦泉
地　　址	天津市和平区西康路35号康岳大厦
邮政编码	300051
邮购电话	（022）23332469
电子信箱	reader@tjrmcbs.com
责任编辑	佐　拉
装帧设计	汤　磊
印　　刷	天津新华印务有限公司
经　　销	新华书店
开　　本	710毫米×1000毫米　1/16
印　　张	16.75
插　　页	1
字　　数	260千字
版次印次	2024年4月第1版　2024年4月第1次印刷
定　　价	89.00元

前　言

　　政治的重要性毋庸置疑。现代政治学教科书关于政治的定义不下数十种。古希腊思想家亚里士多德在《政治学》中说，人是天生的政治动物。政治的重要性还体现在政治与经济的关系中。

　　作为公共选择理论的主要奠基者，美国学者曼瑟·奥尔森（Mancur Olson）在他的经典著述《集体行动的逻辑》与《权力与繁荣》中便隐含了如下特定逻辑：政治权力在很大程度上决定了能否实现经济繁荣。诺贝尔奖获得者、新制度经济学主要代表人物道格拉斯·诺思（Douglass C.North）在《暴力与社会秩序》一书中也证明了政治对于经济增长的重要性。①因为作为人类建立和维持社会秩序的基本机制，政治体现的正是"社会经济发展的利益要求和客观过程"②。所谓政治发展，就是"在社会经济现代化较为广泛的环境中已经发生和正在发生的一系列相互关联的政治系统、过程和政策的变化"③。不

---

　　① 包刚升：《政治学通识》，北京大学出版社，2015年，第3~7页。

　　② 王沪宁：《政治的逻辑——马克思主义政治学原理》，上海人民出版社，2004年，第5页。

　　③ ［美］加布里埃尔·A.阿尔蒙德等：《比较政治学：体系、过程和政策》，曹沛霖等译，上海译文出版社，1987年，第418页。

难看出，政治发展的基本动力来自社会和经济的现代化。政治发展的目标也取决于其在经济发展过程中获取的动力状况，它需要一定社会和经济条件的诱发和推动。它的根本动力则来自"社会生产力发展引起的，在特定经济关系和社会关系基础上产生的利益矛盾运动，其推动的主导力量是代表着生产力和社会发展要求的阶段、阶层和社会集团"[①]。因此，经济增长不仅是一个经济问题，更是一个政治问题。正如习近平所指出，"经济是政治的基础，政治是经济的集中体现，经济决定政治，政治也会反作用于经济，必须互相依存、互相促进、互相对立、互相制约"[②]。

马克思主义理论也认为政治发展为经济基础服务，政治发展是由一定阶段社会经济基础决定的，两者处在协调发展的动态过程中。"政治发展是与经济发展相伴生的概念。在现代政治学中，政治发展既可以用来指某种过程，又可以用来分析作为政治变迁的结果。"[③]作为人类经济活动发展到一定阶段的产物，资本产生以后，也必然与政治相互纠缠，互为影响，并对人类社会的发展产生深刻影响。在资本主导的社会，资本的价值增值并不能自我持续，需要得到包括政治在内的多种力量的支持才能长期维持下去。此外，资本主义是在社会化生产基础上高度发展的私有制商品经济，在整个资本主义经济的运行中，市场起着不可或缺的作用，是维系社会经济联系的基本方式，要使市场按照资本要求调节经济、配置资源、持续运行下去，也需要政治的协调。[④]

在当今世界，资本治理具有不可忽视的政治属性，绝大多数实行市场经济的国家均面临着资本与政治相互纠缠的状况，国家等政治力量不仅能够

---

① 王浦劬：《政治学基础》，北京大学出版社，1995 年，第 375 页。
② 习近平：《对发展社会主义市场经济的再认识》，《东南学术》，2001 年第 4 期。
③ 杨光斌：《政治学导论》，中国人民大学出版社，2004 年，第 273 页。
④ 谢长安：《资本与政治在西方纠缠的历史和逻辑》，《湖北社会科学》，2023 年第 6 期。

对经济运行产生重要影响，而且也是塑造经济运行的基本动力，它们互相依存。而塑造真实世界经济运行的政治性机制则是资本与劳动之间的"阶级斗争"。在资本与劳动的阶级对立和阶级斗争中，带来变革且具有建设性的政治力量正是无产阶级及其政党，现代化的政治方案则是社会主义，因为它们是先进生产力的代表以及消灭剥削和分化的最终选择。①从这个意义上说，如何正确审视我国社会存在的各类资本及其作用，自然成为中国共产党治国理政需要高度重视的重大现实问题。

2022 年 4 月 29 日，习近平在主持以依法规范和引导我国资本健康发展为主题的中央政治局第三十八次集体学习时发表重要讲话，提出一系列新观点新论断，极大地深化了我们党对资本的特性和行为规律的认识。习近平强调："资本是社会主义市场经济的重要生产要素，在社会主义市场经济条件下规范和引导资本发展，既是一个重大经济问题，也是一个重大政治问题，既是一个重大实践问题，也是一个重大理论问题，关系坚持社会主义基本经济制度，关系改革开放基本国策，关系高质量发展和共同富裕，关系国家安全和社会稳定。必须深化对新的时代条件下我国各类资本及其作用的认识，规范和引导资本健康发展，发挥其作为重要生产要素的积极作用。"②

资本是市场经济中常见的经济现象和基本概念，也是马克思主义政治经济学中一个十分重要的概念，是马克思、恩格斯用来考察与分析资本主义生产方式以及资本主义社会的一把钥匙。由于所处时代的历史条件限制，马克思、恩格斯等经典作家并没有设想到在社会主义条件下可以搞市场经济，当然也无法预见社会主义国家如何对待资本。但不论是在《资本论》或是其

---

① 郭玲玲：《经济运行的政治属性——马克思和波兰尼的比较视角》，《当代经济研究》，2023 年第 11 期。

② 《习近平在中共中央政治局第三十八次集体学习时强调依法规范和引导我国资本健康发展发挥资本作为重要生产要素的积极作用》，《光明日报》，2022 年 5 月 1 日。

他论著中，马克思都曾多次肯定资本追逐利润的经济功绩和历史功绩。《资本论》以唯物史观为基本思想方法，以剩余价值为中心，通过研究资本的生产、流通和分配过程，对资本主义进行了彻底批判，揭示了资本主义社会发展的规律。

发展社会主义市场经济是中国共产党的伟大创造，既然是市场经济，就必然会产生各种形态的资本。无论是国有资本还是民营资本，内资还是外资，都是我国社会主义市场经济的重要组成部分，也都具有生产要素和生产关系的二重性，具有逐利和扩张的天性，是一把双刃剑，能够产生巨大的正面效应和负面效应。从正面效应看，资本持续发挥其作为重要生产要素的积极作用，能够促使经济社会发展水平不断提高。从负面效应看，资本逐利性所带来的无序扩张，则会导致经济社会等领域背离发展的根本目的。①因此，如果不对资本加以规范和约束，必然会给经济社会发展带来不可估量的危害。比如，一些垄断行为凌驾于市场之上，破坏市场规则和公平竞争；资本野蛮涌入房地产、金融、互联网等领域，容易造成经济"脱实向虚"；资本无序扩张还会助长"唯资本论""唯利益论""拜金主义"等不良风气，给社会思想文化带来一定的负面影响。

中国共产党在百年奋斗历程中坚持马克思主义基本原理，从我国国情和不同时期的主要任务出发，不断深化对资本的认识，将其看作促进社会生产力发展的重要力量，不断探索规范和引导资本健康发展的方针政策。党的十一届三中全会以后，我们实行改革开放的基本国策，摆脱了所有制问题上传统观念的束缚，认为资本作为重要生产要素，是市场配置资源的工具，是发展经济的方式和手段，社会主义国家也可以利用各类资本推动经济社会发展，并逐步确立了公有制为主体、多种所有制经济共同发展，按劳分配为

---

① 张林山、公丕明：《正确认识和把握资本的特性和行为规律》，《光明日报》，2022 年 5 月 10 日。

主体、多种分配方式并存，社会主义市场经济体制等社会主义基本经济制度，不断激发各类资本活力，在促进科技进步、繁荣市场经济、便利人民生活、参与国际竞争等方面做出了重要贡献。

在社会主义制度下如何进一步规范和引导资本健康发展，是新时代必须研究解决的重大理论问题和实践问题。党的十八大以来，我们坚持和完善社会主义基本经济制度，并把"两个毫不动摇"写入新时代坚持和发展中国特色社会主义的基本方略，进一步确定其为党和国家的一项大政方针。正如习近平所强调的，我国改革开放四十多年来，资本同土地、劳动力、技术、数据等生产要素共同为社会主义市场经济繁荣发展作出了贡献，各类资本的积极作用必须充分肯定。①要历史地、发展地、辩证地认识和把握我国社会存在的各类资本及其作用，总结经验、把握规律、探索创新、增强资本治理的针对性、科学性、有效性。要始终坚持中国特色社会主义方向，坚持马克思主义基本原理，坚持和完善社会主义基本经济制度，毫不动摇巩固和发展公有制经济，毫不动摇鼓励、支持、引导非公有制经济发展，促进非公有制经济健康发展和非公有制经济人士健康成长。②

党的二十大报告强调："坚持和完善社会主义基本经济制度，毫不动摇巩固和发展公有制经济，毫不动摇鼓励、支持、引导非公有制经济发展。"③"公有制经济、非公有制经济应该相辅相成、相得益彰，而不是相互排斥、相互抵消。"④

非公有制经济是社会主义市场经济发展的重要成果，也是推进供给侧

① 《习近平在中共中央政治局第三十八次集体学习时强调依法规范和引导我国资本健康发展 发挥资本作为重要生产要素的积极作用》，《光明日报》，2022年5月1日。

② 习近平：《正确认识和把握我国发展重大理论和实践问题》，《求是》，2022年第10期。

③ 习近平：《高举中国特色社会主义伟大旗帜，为全面建设社会主义现代化国家而团结奋斗——在中国共产党第二十次全国代表大会上的报告》，《人民日报》2022年10月26日。

④ 习近平：《在民营企业座谈会上的讲话》，《人民日报》，2018年11月2日。

结构性改革、推动高质量发展、建设现代化经济体系的重要主体。[①]非公有制经济的快速发展是改革开放以来，我国政治、经济和社会生活中最深刻、最显著的变化之一，不仅从根本上改变了我国的所有制结构，使我国的社会阶层结构发生了深刻变化，还给中国共产党治国理政带来了崭新课题。加强中国共产党对非公有制经济的领导和引导是中国特色社会主义的内在要求，是巩固党的执政地位的必然选择，也是非公有制经济健康发展的政治保证。

我们应当看到，非公有制经济在我国的存在和发展有其历史和现实的必然性。一方面，从理论上看，所有制结构与一个国家的社会制度之间并没有必然关系。所有制结构是指国民经济中各种经济成分之间的比例关系，占主导地位的经济成分决定着一个国家经济制度的性质。所有制问题，始终是关系我国经济发展和国家命运的根本性问题。单一所有制结构的国家在世界上很少存在，以私有制为基础的国家和以公有制为基础的国家从来都存在着不同的经济成分，只是地位和作用不同而已。新中国成立以后，由于理论上的认识不足，长期把公有制作为社会主义唯一应该存在的经济形式，而对其他所有制形式采取一概排斥的政策，不仅未能促进生产力的健康发展，也使公有制经济在缺乏竞争的环境中失去了活力。改革开放以后，邓小平总结历史经验，提出了社会主义经济以公有制为主体的思想，实行改革开放、发展非公有制经济不仅不会影响公有制，还会更有力地发展生产力，加强公有制经济。

实践证明，改革开放四十多年来，非公有制经济的蓬勃发展从根本上改变了中国的经济社会结构，带来了前所未有的巨大而深刻的变化，非公有制经济已经成为推动我国经济社会变革的最大主体力量。特别是在世界新一轮科技革命和产业革命浪潮中，一些非公有制企业在参与国际竞争中表现

---

① 许保健：《坚持两个毫不动摇 扎实推动共同富裕》，《经济日报》，5 月 5 日。

出了相当程度的竞争能力，甚至在一些科技和产业领域进入世界前列。当然，非公有制经济无论如何发展，都不能影响和改变公有制经济的主体地位，这也是社会主义在经济上区别于资本主义的本质特征，是必须坚持的社会主义的根本原则。

另一方面，从我国的现实国情来看，我国正处于并将长期处于社会主义初级阶段。生产力水平是判定社会主义初级阶段的根本标准。现阶段，我国社会生产力水平总体上虽然显著提高，社会生产能力在很多方面已经进入世界前列，但从整个世界发展进程来看，横向与其他国家相比，我国生产力发展水平在总体上仍然处于中等，依然属于社会主义初级阶段水平。社会主义初级阶段这个最大实际决定，非公有制经济仍然是我国经济社会发展的重要基础，是我国社会主义市场经济的重要组成部分，全面建设社会主义现代化国家，实现中华民族伟大复兴离不开非公有制经济的贡献。我国社会主义建设的实践也充分证明，正确认识和对待非公有制经济，我国的经济就会充满活力，人民的生活水平就会显著提高。因此，鼓励、支持和引导非公有制经济发展，不断坚持和完善公有制经济为主体、多种所有制经济共同发展的社会主义基本经济制度，是我们党必须长期坚持的基本思想。任何否定、怀疑、动摇非公有制经济发展的言行都是错误的，都是不符合我国社会主义初级阶段基本国情的，都是不符合社会主义市场经济发展客观规律的，也是不符合党和国家方针政策的。

党的十八大以来，以习近平同志为核心的党中央坚持和完善社会主义基本经济制度，坚持"两个毫不动摇"，并把"两个毫不动摇"写入新时代坚持和发展中国特色社会主义的基本方略，作为党和国家的一项大政方针进一步确定下来，为各类市场主体的高质量发展提供了根本保障。党的十九届六中全会通过的《中共中央关于党的百年奋斗重大成就和历史经验的决议》指出：党毫不动摇巩固和发展公有制经济，毫不动摇鼓励、支持、引导非公有制经济发展。①这是继党的十九届四中全会通过的《中共中央关于坚持和完善中国特色社会主义制度 推进国家治理体系和治理能力现代化若干重大问题的决定》、党的十九届五中全会通过的《中华人民共和国国民经济和社会发展第十四个五年规划和 2035 年远景目标纲要》之后，党的重要文件中再次重申对非公有制经济的坚定支持。"事实表明，只要坚持中国共产党领导，只要坚持公有制为主体、多种所有制经济共同发展，社会主义制度的优越性不但不会削弱，而且会不断增强，我们党执政的基础不但不会动摇，而且会更加稳固。"②

改革开放以后，随着非公有制经济的快速蓬勃发展，非公有制经济领域逐渐成为统一战线工作的重要方面，迫切需要明确与之相关的指导思想。随着对统战工作规律和特点认识的不断深化，非公有制经济领域统战工作的指导思想也经历了从"一个健康"到"两个健康"的演变过程。

1981 年，中共中央、国务院《关于广开门路，搞活经济，解决城镇就业问题的若干决定》下发后，民建中央、全国工商联向中央提交执行决定的几点意见。1982 年 2 月，中共中央办公厅、国务院办公厅将意见转发至中央统战部，明确提出"要进一步调整政策，改革制度，以利于集体经济和个体经济的健康发展"。这是最早在中央文件中涉及非公有制经济健康发展的提法。1989 年 3 月，中央统战部印发《关于开展私营企业统战工作的几点意见》，明确提出"开展私营企业统战工作的指导思想是：鼓励、引导私营企业健康发展；团结、教育私营企业者，为繁荣社会主义商品经济服务"。1996 年 1 月，时任中央统战部部长王兆国在全国统战部长会议上进一步指出："做好非公有制经济代表人士的思想政治工作，直接关系到党的经济体制改革伟大战略的实施，关系到非公有制经济的健康发展"。至此，统一战线正式提出了"非

---

① 《中共中央关于党的百年奋斗重大成就和历史经验的决议》，《光明日报》，2021 年 11 月 17 日。
② 《习近平著作选读》(第一卷)，人民出版社，2023 年，第 354 页。

公有制经济健康发展"的提法。这次讲话同时揭示了做非公有制经济人士思想政治工作与非公有制经济健康发展之间的密切联系,为"两个健康"的提出做好了重要的理论准备。

2000年12月4日,江泽民在第十九次全国统战工作会议上发表讲话,强调"应本着团结、帮助、引导、教育的方针,着眼于非公有制经济健康发展和非公有制经济人士健康成长,帮助他们树立在党的领导下走建设有中国特色社会主义道路的信念,做到爱国、敬业、守法;在加快自身企业发展的同时,也要开展致富思源、富而思进的活动,帮助更多的人走上富裕之路"①。王兆国在这次会议上作的工作报告,正式将"引导非公有制经济人士健康成长,促进非公有制经济健康发展"②列入今后统一战线工作的重点问题之一。"两个健康"的提出使非公有制经济领域统战工作的指导思想更加全面、完善,对于做好非公有制经济领域统战工作、巩固党的阶级基础和执政基础、扩大党的群众基础,具有重大而深远的现实意义。

2015年5月,习近平在中央统战工作会议上强调"促进非公有制经济健康发展和非公有制经济人士健康成长是重大经济问题,也是重大政治问题"。2022年7月,在中国共产党明确提出统一战线政策100周年之际,中央统战工作会议在北京召开。习近平出席会议并强调指出,要促进非公有制经济健康发展和非公有制经济人士健康成长,深入开展理想信念教育和社会主义核心价值观教育,帮助他们践行新发展理念,弘扬企业家精神,做合格的中国特色社会主义事业建设者。习近平的这一重要论述,进一步明确了"两个健康"在党和国家工作全局中的重要地位,揭示了"两个健康"所兼具的经济和政治价值,拓展了"两个健康"蕴含的丰富内涵,对于非公有制经济人士的健康成长和非公有制经济的健康发展都具有示范性的现实意义。

---

① 《江泽民文选》(第三卷),人民出版社,2006年,第152页。
② 中央统战部研究室编著:《统一战线100个由来》,华文出版社,2010年,第280~281页。

综观中国共产党成立一百多年来，党在非公领域的政策认知在中国革命、建设和改革的重要历程中不断得以拓展深化，并始终遵循辩证唯物主义和历史唯物主义的世界观和方法论，从而逐步形成了推动我国经济社会健康发展的宝贵历史经验和理论创新成果。当前，中国特色社会主义进入新时代，以习近平同志为核心的党中央站在中国特色社会主义现代化建设全局的高度，以马克思主义理论为指导，立足新时代新征程和我国社会主义初级阶段的基本国情，在继承中国特色社会主义理论的基础上，对非公领域进行了更进一步的系统探索和实践创新，形成了中国共产党在非公领域的最新理论成果，开创了马克思主义政治经济学中国化的新境界，也构成了习近平新时代中国特色社会主义思想的重要组成部分。

目 录
CONTENTS

第一章　中国共产党在非公领域的政策演进

　　社会主义制度确立以后,特别是在经济文化落后的国家,无产阶级及其政党如何认识和对待非公有制经济, 是长期困扰世界范围内各个社会主义国家的一个重大理论和实践问题。中国共产党在这一问题上也曾经历了长期曲折的认识和实践过程。新中国成立初期, 我们党缺乏社会主义建设经验,对社会主义经济发展规律认识不足,加之对马克思主义在很大程度上存在着教条化理解,并受到苏联模式影响,认为建设社会主义就是要完全消灭私有制,必须把全部的生产资料转变为公有,在此基础上,由国家统一地有计划地安排生产和分配。这种经济体制在当时资金匮乏、物资紧缺的情况下为保卫新生政权、促进工业化发挥了重要作用,使国民经济迅速得到恢复,并逐步建立起比较完整的工业体系和国民经济体系。

　　然而这种单一的公有制和高度集中的计划经济体制逐渐显露出弊端,越来越不适应生产力的发展要求。中国共产党逐渐认识到,马克思、恩格斯所设想的社会主义是建立在资本主义充分发展的基础上的, 而我们是在经济文化落后、生产力水平低下的条件下建立社会主义制度,不能把马克思、恩格斯所设想的制度模式简单套用到中国,而是应当根据中国的生产力发展水平,探索与之相适应的社会主义生产关系的具体形式,不能一味地用提高生产资料公有化的程度来推动生产力的发展。处于社会主义初级阶段的中国,生产力发展水平总的来说还不高,又很不平衡,客观上要求采取多种所有制形式与生产力的发展状况相适应。非公有制经济的发展能够对生产力发展起到促进作用,因此就有存在的必然性和必要性。[①]党的十一届三中全会以后,非公有制经济在计划经济体制向市场经济体制转轨过程中,由公有制经济的"必要的、有益的补充",逐步上升为社会主义市场经济的"重要组成部分"和社会主义基本经济制度的"内在要素",成为我国经济社会发展的重要基础。

非公有制经济的不断发展和非公有制经济人士队伍的不断扩大,也为统一战线工作开辟了新的工作领域和研究课题。在开启全面建设社会主义现代化国家新征程的历史条件下,回顾中国共产党领导非公有制经济工作的发展历程和政策变化,对于促进非公有制经济健康发展和非公有制经济人士健康成长具有重要意义。

第一节　新民主主义革命时期
(1921—1949 年):鼓励与限制

在几千年的发展历程中,中华民族创造了悠久灿烂的中华文明,为人类作出了卓越贡献,成为世界上伟大的民族之一。近代以后,由于西方列强的入侵,封建统治的腐败,中国逐渐沦为半殖民地半封建社会,山河破碎,生灵涂炭,中华民族遭受了前所未有的苦难。帝国主义和中华民族的矛盾,封建

---

① 曾业松、张国玉、郑寰等主编:《非公企业党建工作》,中共中央党校出版社,2020 年,第 29~30 页。

主义和人民大众的矛盾，成为近代中国社会的主要矛盾。中国人民生活在水深火热之中，展现在中华民族面前的是一片濒临毁灭、悲惨暗淡的前景。从这时起，实现中华民族伟大复兴成为全民族最伟大的梦想；争取民族独立、人民解放和实现国家富强、人民幸福，成为中国人民的历史任务。①在这场救亡图存的运动中，社会各阶层和各政治力量先后登上历史舞台，从自身立场出发寻找救国救民的"药方"，但结果都以失败而告终。历史的接力棒转移到无产阶级手中，作为无产阶级代表的中国共产党应运而生。

经典马克思主义认为，生产资料的私有制是造成资产阶级压迫、剥削无产阶级的根本原因，只有消灭私有制，才能消除这一压迫和剥削，才能实现社会主义和共产主义。在俄国无产阶级革命和社会主义建设的历史实践中，不仅将私有制变革视为社会主义制度建立与否的关键，还将其视为社会主义生产力发展与否的关键。②

中国共产党自成立以来便高度重视非公有制经济。在不同的历史时期，非公有制经济有着不同的存在形式。在新民主主义革命时期，非公有制经济主要表现为私人资本主义和民族工商业。③基于这一阶段党的统一战线政策，中国共产党在不同时期采取了不同的政策。

大革命时期，中国共产党作为一个新生政党，对于资产阶级、工商业者、革命同盟等问题都处于从懵懂到深化认知的阶段，这一时期虽然没有明确提出"工商业者统一战线"的概念，但这一概念所蕴含的要义却在中国共产党争取革命同盟军的认知过程中被反复触及。

---

① 本书编写组：《中国共产党简史》，人民出版社、中共党史出版社，2021年，第3页。

② 冯留建：《中国共产党民营经济改革的百年历程与历史启示》，《四川师范大学学报（社会科学版）》，2021年第3期。

③ 在新中国成立之前，中国共产党虽然在局部执政地区进行了公有制经济的尝试，但社会主义公有制的总体形式尚不存在，因此严格来说，"非公有制"这一对应概念也未出现。在党的早期文献中多为针对私有制的表述。

　　中国共产党第一次全国代表大会通过的第一个革命纲领明确提出，"革命军队必须与无产阶级一起推翻资本家阶级的政权，必须支援工人阶级，直到社会的阶级区分消除为止"，"消灭资本家私有制，没收机器、土地、厂房和半成品等生产资料，归社会公有"。①在这一认识下，资产阶级成为革命对象，铲除生产资料的私有制就成为中国革命的重要任务所在。1922年党的二大明确指出，帝国主义及其控制下的军阀造成了中国工农业的落后，是中国发展的两大障碍，应联合工人、农民、小资产阶级，向帝国主义以及军阀发起攻击。这实质上指出了中国革命的性质、对象、动力、任务等。对民主革命性质、任务等的判断，决定了联合小资产阶级的必要性，对于民族资产阶级的争取以及对生产资料私有制的允许，进而决定了对非公有制经济在一定程度上的承认。②国共两党正式合作以后，中国共产党明确提到要"和城市小资产阶级甚至大资产阶级成立反帝国主义反军阀的联合战线"。1926年7月，中共中央政治全会的工作报告指出，"自五卅以来，中国的资产阶级已渐渐成了民族运动中之重要成分，且有领导此运动之倾向"，"中国的国民革命若没有资产阶级有力的参加，必陷于异常困难或至于危险"。③

　　大革命失败以后，随着革命形势的发展和对中国国情不断深入的了解，中国共产党认识到照搬照抄俄国革命经验，直接用暴力手段消灭私有制，在半殖民地半封建社会的中国是行不通的，中国革命必须从新民主主义过渡

---

　　① 中共中央党校党史教研室选编：《中共党史参考资料》（一），人民出版社，1979年，第279页。

　　② 这一时期中国共产党所认知的正式革命联合战线对象仅包括商人和小资产阶级，并不包括民族资产阶级。党的二大虽然承认中国资产阶级具有革命性，承认中国国民党所组织的广东政府属于开明的民主主义的，但它还是小资产阶级政党，或者不代表那一阶级的政党，因此中共首先使工人和贫农"环绕在中国共产党旗帜之下"，然后"再和小资产阶级联合着来奋斗"，三者"建立民主主义的联合阵线"，其中并不包括民族资产阶级。毛泽东所认为的"工商业者"也只包括小资产阶级中的小商人和手工业主，不包括民族资产阶级。参见杨奎松：《中国共产党对中国资产阶级的认识及其策略》，《近代史研究》，1999年第3期。

　　③ 《中共中央文件选集》（第2卷），中共中央党校出版社，1989年，第168页。

到社会主义。对于资本主义和民族工商业,开始转向允许和有限制的鼓励。1931年,中华苏维埃共和国临时中央政府制定了一系列允许和鼓励私营经济存在和发展的政策。1934年,毛泽东在《我们的经济政策》中指出:"我们对于私人经济,只要不出于政府法律范围之外,不但不加阻止,而且加以提倡和奖励。因为目前私人经济的发展,是国家的利益和人民的利益所需要的。"①在此之后,中国共产党制定了一系列促进非公有制经济发展的政策。1935年12月6日,《中共中央关于改变对付富农策略的决定》指出,改变对富农的策略,没收其出租的土地,但保护其商业所得。②1935年12月25日,《中共中央关于目前政治形势与党的任务的决议》中指出,实施统一累进税,用比过去宽大的政策对待民族工商业资本家,保护他们生命财产之安全。③这些措施在陕甘宁边区政府建立以后,得到了进一步落实。需要注意的是,这一时期的统一战线虽然包括了城市商人和工厂主,即允许商业自由但剥夺了工商业者的政治权利。

抗日战争爆发以后,由于统一战线策略的不断调整,中国共产党对于资产阶级的政策也频频变化。1939年12月,毛泽东在《中国革命和中国共产党》一文中指出,现时的中国革命是新民主主义革命,它在政治上致力于几个革命阶级联合专政,在经济上则把帝国主义者和汉奸反动派的大资本大企业收归国家经营,把地主阶级的土地分配给农民所有,同时保存一般的私人资本主义的企业,并不废除富农经济。④这就从政治上和经济上肯定了保护小资产阶级、争取民族资产阶级的必要性,也为非公有制经济发展提供了

---

① 《毛泽东选集》(第一卷),人民出版社,1991年,第133页。

② 《建党以来重要文献选编》(一九二九——一九四九)第十二册,中央文献出版社,2011年,第502页。

③ 《建党以来重要文献选编》(一九二九——一九四九)第十二册,中央文献出版社,2011年,第541~542页。

④ 《毛泽东选集》(第二卷),人民出版社,1991年,第647页。

政治空间。1940年毛泽东在《新民主主义论》中指出："在无产阶级领导下的新民主主义共和国的国营经济是社会主义的性质，是整个国民经济的领导力量，但这个共和国并不没收其他资本主义的私有财产，并不禁止'不能操纵国民生计'的资本主义生产的发展。"①随着中国共产党领导的抗日敌后战场陷入困难，毛泽东系统提出"发展进步势力，争取中间势力，孤立和反对顽固势力"的策略主张，建立"三三制"政权的积极设想，决心进一步争取地方实力派和民族资产阶级作为争取战略局势好转的必要方式。这一时期对工商业者的政策是积极争取，并将对民族资本家极力争取视为统一战线的重要助力。②

抗日战争时期，中国共产党还鼓励民族资本家和海外华侨到抗日根据地开办实业，甚至允许外国资本在尊重中国主权并遵守政府法令的原则下到根据地进行实业活动。张闻天就指出，要发展苏维埃的经济，在当时不尽量利用私人资本是不可能的。私人资本主义的部分发展并不可怕。这种发展可以增加苏区内的生产，流通商品，而这对当时的苏维埃政权是极为重要的。③

更为重要的是，在土地革命战争时期没有选举权和被选举权的工商业者，这一时期不仅拥有言论、出版、集会、结社之自由，还拥有选举权和被选举权。1941年5月，由毛泽东改写的《陕甘宁边区施政纲领》正式颁布，其中明确提出："保证一切抗日人民（地主、资本家、农民、工人等）的人权，政权、财权及言论、出版、集会、结社、信仰、居住、迁徙之自由权。"④这些政策措施一方面保障了与敌人进行斗争、求得自给自足、保障持久抗战的物资需要，另一方面立足建立和巩固中国共产党领导的抗日民族统一战线，调动了各阶层抗战的积极性，推动抗日战争胜利的到来。

---

① 《毛泽东选集》（第二卷），人民出版社，1991年，第678页。

② 廖大伟、曹春婷：《新民主主义时期毛泽东关于工商业者统战工作思想的研究》，《上海市社会主义学院学报》，2023年第5期。

③ 《张闻天选集》，人民出版社，1985年，第25~26页。

④ 《毛泽东文集》（第二卷），人民出版社，1993年，第335页。

1945 年,在党的七大上,毛泽东作了题为"论联合政府"的政治报告,提出了"废止国民党一党专政,成立民主的统一的联合政府"的号召,论述了中国共产党在新民主主义革命阶段的纲领、路线、方针和政策。毛泽东进一步指出:"我们主张的新民主主义制度的任务,则正是解除这些束缚和停止这种破坏,保障广大人民能够自由发展其在共同生活中的个性,能够自由发展那些不是'操纵国民生计'而是有益于国民生计的私人资本主义经济,保障一切正当的私有财产。"[1]这就确定了抗日战争胜利以后中国共产党在非公领域采取的基本方针政策。

在新民主主义革命即将在全国取得胜利的前夕,中国共产党开始系统思考非公有制经济的地位和作用。毛泽东将"保护民族工商业"作为新民主主义革命的三大经济纲领之一。在 1947 年的《目前形势和我们的任务》一文中,毛泽东再次强调:"被这些阶级及其国家政权所压迫和损害的上层小资产阶级和中等资产阶级,虽然也是资产阶级,却是可以参加新民主主义革命,或者保守中立的。他们和帝国主义没有联系,或者联系较少,他们是真正的民族资产阶级。在新民主主义的国家权力到达的地方,对于这些阶级,必须坚决地毫不犹豫地给以保护。"[2]1948 年 3 月 1 日,毛泽东在《关于民族资产阶级和开明绅士问题》的指示中,还对民族资产阶级的政治地位进行了阐述。他指出,民族资产阶级的大多数"由于也受着帝国主义、封建主义、官僚资本主义的迫害和限制,他们又可以参加人民民主革命,或者对革命守中立。……因之我们便有可能和必要去团结他们"[3]。同时毛泽东也再次强调要正确处理统一战线中的关系问题,不能侵犯中小资产阶级的利益,"如果我们的政策不正确,比如侵犯了中农、中等资产阶级、小资产阶级、民主人士、

---

① 《毛泽东选集》(第三卷),人民出版社,1991 年,第 1058 页。

② 《毛泽东选集》(第四卷),人民出版社,1991 年,第 1254~1255 页。

③ 《毛泽东选集》(第四卷),人民出版社,1991 年,第 1288~1289 页。

开明绅士、知识分子，对俘虏处置不当，对地主、富农处置不当，在统一战线问题上犯了错误，那就还是不能胜利，共产党会由越来越多变成越来越少"①。

1948年9月，张闻天在《关于东北经济结构及经济建设基本方针的提纲》中，针对东北经济在彻底消灭封建主义官僚资本主义及取消帝国主义在东北的特权之后，存在的五种经济成分构成，指出"发展国营经济为主体，普遍地发展并紧紧地依靠群众的合作社经济，扶助与改造小商品经济，允许与鼓励有利于国计民生的私人资本主义经济，尤其是国家资本主义，防止与反对商品的资本主义经济所固有的投机性与破坏性，禁止与打击一切有害于国计民生的投机操纵经营"②。在这里，张闻天着重强调要以国营经济为主体，多种经济成分并存发展，特别要改造大量独立的小私有商品经济，使之向合作社经济发展，并允许有利于国计民生的私人资本主义和国家资本主义存在和发展。

1949年6月，新政协筹备会议召开后不久，毛泽东在《论人民民主专政》中将城市小资产阶级和民族资产阶级纳入了人民的范畴，指出："人民是什么？在中国，在现阶段，是工人阶级，农民阶级，城市小资产阶级和民族资产阶级。这些阶级在工人阶级和共产党的领导之下，团结起来，组成自己的国家，选举自己的政府。"③

总体来看，中国共产党在这一时期，既认识到私人资本的有利因素，允许多种经济成分并存，但也基于阶级立场，表达了对资本主义经济的警惕，因而在政策上带有一定限制，甚至一度对私人资本持否定态度。在1949年3月召开的党的七届二中全会上，毛泽东对私有资本主义经济作了总结性阐释，即"中国资本主义的存在和发展，不是如同资本主义国家那样不受限制

---

① 《毛泽东文集》(第五卷)，人民出版社，1995年，第23页。

② 《张闻天选集》，人民出版社，1995年，第396页。

③ 《毛泽东选集》(第四卷)，人民出版社，1991年，第1475页。

任其泛滥的。它将从几个方面被限制——在活动范围方面，在税收政策方面，在市场价格方面，在劳动条件方面。我们要从各方面，按照各地、各业和各个时期的具体情况，对于资本主义采取恰如其分的有伸缩性的限制政策。孙中山的节制资本的口号，我们依然必须用和用得着。但是为了整个国民经济的利益，为了工人阶级和劳动人民现在和将来的利益，决不可以对私人资本主义经济限制得太大太死，必须容许它们在人民共和国的经济政策和经济计划的轨道内有存在和发展的余地"①。

1949 年 9 月 29 日，中国人民政治协商会议第一届全体会议通过的具有临时宪法作用的《中国人民政治协商会议共同纲领》，确立了新中国的国家政权制度，包括国体和政体，明确提出在我国实行人民代表大会制度，奠定了新中国成立初期国家根本政治制度的法律基础。《共同纲领》对当时存在的国营经济、合作社经济、农民和手工业者的个体经济、私人资本主义经济和国家资本主义经济，作出了正确的判断和明确规定，宣布实行"公私兼顾、劳资两利、内外交流的政策，达到发展生产、繁荣经济之目的"的方针。

由此不难看出，在新民主主义革命时期，中国共产党的非公政策随着革命形势的发展和革命根据地的实践，呈现出鼓励和适当限制相结合的特点。正是由于中国共产党正确认识非公有制经济在革命中的积极作用，采取了鼓励和限制的政策，才为我国革命的胜利奠定了一定的物质基础，②并为新中国成立以后的经济社会发展蓝图提供了有益探索和有效借鉴。因此，基于历史主义视野，中国共产党在新民主主义革命时期的非公政策虽然处于起步萌芽阶段，但却具有开创性的政治意义。

---

① 《毛泽东选集》(第四卷)，人民出版社，1991 年，第 1431~14325 页。

② 1949 年新中国成立前夕，中国私人资本主义工业和个体手工业约占全国工业总产值的66%。参见邢中先:《百年回眸:中国共产党民营经济政策发展的历史演进与内在逻辑》，《企业经济》，2021 年第 6 期。

第二节　社会主义革命和建设时期（1949—1978年）：改造与曲折

中华人民共和国的成立，彻底结束了旧中国半殖民地半封建社会的历史，彻底结束了旧中国一盘散沙的局面，彻底废除了列强强加给中国的不平等条约和帝国主义在中国的一切特权，实现了中国从几千年封建专制政治向人民民主的伟大飞跃，实现了中国高度统一和各民族空前团结。同时，在党和人民面前，还存在很多亟待解决的困难，面临着很多严峻考验。生产萎缩，民生困苦。国民党统治下长期的恶性通货膨胀，造成物价飞涨、投机猖獗。党和人民政府有没有能力制止恶性通货膨胀，把经济建设稳定下来，从而使自己在政治上站住脚跟，成为中国共产党开启全国执政所面临的现实问题，也考验着中国共产党的执政智慧和执政能力。

在社会主义革命和建设时期，中国共产党的非公政策始终坚持以改造和消灭为主的同时，在尊重中国基本国情的基础上，又要在一定范围内利用好非公经济的积极作用，不能过急和过快地消灭非公经济。

一、国民经济恢复时期（1949—1952年）

新中国成立初期，中国共产党确立并执行了"公私兼顾、劳资两利、城乡互助、内外交流"的"四面八方"的经济建设总方针，实行在国营经济领导下多种经济成分并存的制度，为巩固新生的人民政权和迅速恢复国民经济发挥了至关重要的作用。当时，非公有制经济的主要对象是从旧中国直接延续过来的以资本主义工商业为主的各种私人经济。国民经济恢复时期，中国共产党从中国的具体实际出发,对非公有制经济作出了基本正确的分析判断。由于实行了在国营经济领导下多种经济成分并存的所有制制度,调动了各种经济成分的积极性,国民经济在极其困难和复杂的情况下得到了迅速恢复和发展。其中保护、鼓励和扶持非公有制经济的各项政策,在促进国民经济恢复和发展过程中发挥了特殊的重要作用。

　　1950 年,第一次全国统战工作会议召开,为如何对待民族资产阶级和私人资本主义进一步指明了方向。李维汉在题为"人民民主统一战线的新形势与新任务"的报告中提出,"经济上必须联合民族资产阶级,因为中国的经济十分落后,要把中国从落后的农业国家改变成为现代化的工业国家,必须尽量利用私人资本主义的积极性。认为可以不要团结民族资产阶级或提前消灭私人资本主义的想法,显然是错误的,应该加以批判和纠正"①。毛泽东对会议发言记录作了批示。关于对民族资产阶级的政策,他指出:对于民族资产阶级是有斗争的,但必须团结它。是采取既团结又斗争的政策,以达到团结它共同发展国民经济之目的。关于限制、排挤和扶助、发展哪些工商业,他指出,正当的有利于国计民生的工商业遇到困难时,应给予扶助,使之发展。关于公私经营关系,应当划分公私阵地,即公私经营范围。②同年 6 月,党的七届三中全会召开。全会根据新民主主义的经济纲领,对国营、个体、私人资本主义、国家资本主义和合作社经济五种经济成分采取了保护、鼓励和扶持的方针,允许以个体、私营经济为代表的非公有制经济在国营经济领导下与其他经济成分并存和发展。毛泽东在会上作了题为"为争取国家财政经济状况的基本好转"的报告,提出"在统筹兼顾的方针下,逐步地消灭经济中的盲

---

　　①　中共中央统战部研究室编:《历次全国统战工作会议概况和文献》,档案出版社,1988 年,第 10 页。

　　②　中共中央统战部研究室编:《历次全国统战工作会议概况和文献》,档案出版社,1988 年,第 5 页。

目性和无政府状态,合理地调整现有工商业,切实而妥善地改善公私关系和劳资关系, 使各种社会经济成分, 在具有社会主义性质的国营经济领导之下,分工合作,各得其所,以促进整个社会经济的恢复和发展"①。

这一时期,中国共产党领导非公有制经济工作取得了重要成就,正确处理了各种经济成分的关系,调动了各种所有制的积极性,确保了私营工商业者在国营经济领导下分工合作,为恢复和发展国民经济发挥了重要作用。经过 3 年恢复期,我国生产力得到了极大的发展,非公经济在数量和产值上都有一定程度的发展,为向社会主义过渡奠定了物质基础。到 1952 年底,国民经济恢复结束时,我国经济成分即为:国营经济、私人资本主义经济、国家资本主义经济、个体经济和合作社经济。在国民收入中各种经济成分所占的比重分别为 71.8%、9.1%、6.9%、1.5%、0.7%,其中公有制经济和非公有制经济的比例为 20.6%∶79%。②不难看出,在当时的国民收入中,占绝对优势和主导地位的实际上是各种非公有制经济。但总体来看,在经济恢复过程中,国民经济结构也发生了深刻变化。国营经济比重上升,私人资本主义经济比重在逐年下降。工业生产力的地位得到加强,现代工业的比重有所上升,为我国开始由农业国逐步转变为工业国打下了基础, 进而确保了整个国家由新民主主义稳步地迈向社会主义。

二、社会主义改造时期(1953—1956年)

新中国成立以后,外部面临着美国和蒋介石集团的安全威胁,内部面临着秩序混乱、物价飞涨、贫穷落后等挑战,不仅迫切需要巩固革命果实,还迫切需要加快生产力的解放和发展。国营经济、合作社、公私合营经济的发展

---

① 《毛泽东文集》(第六卷),人民出版社,1999 年,第 71 页。

② 张长生:《我国所有制结构的演变》,《岭南学刊》,1996 年第 2 期。

以及苏联模式的影响，强化了中国共产党对公有制能够更好解放和发展生产力的认识，推动了非公有制经济的社会主义改造。随着公私合营、土地改革的深入发展，国民经济结构发生了重要变化，同时，仍存在社会主义生产力还相对落后、国家安全面临重大挑战、人民生活水平普遍不高等问题。在借鉴苏联经营的基础上，中国共产党认为，只有实现生产资料的私人所有制向社会主义所有制的过渡，才能利于生产力的迅速发展，才能满足人民日益增长的物质文化需要，才能增强国防力量。因此，1953 年 12 月，毛泽东指出："要在一个相当长的时期内，逐步实现国家的社会主义工业化，并逐步实现国家对农业、手工业和对资本主义工商业的社会主义改造。"[①] 随着第一个五年建设计划的实施和社会主义工业化的起步，随着党在过渡时期总路线的提出和宣传，对农业、手工业和资本主义工商业的社会主义改造，也在有步骤地向前推进。

从 1953 年酝酿社会主义改造到 1956 年社会主义改造基本完成，这一阶段，中国共产党对非公有制经济的认识发生了新的变化，对其相关方针政策也由原来的"利用、限制"转变为"利用、限制、改造"。这是中国共产党对资本主义工商业社会主义改造在认识上的一次重要转折。

1953 年 6 月，中央政治局会议正式提出党在过渡时期的总路线。即从中华人民共和国成立到社会主义改造基本完成，这是一个过渡时期，党在过渡时期的总路线和总任务，是要在一个相当长的时期内，逐步实现国家的社会主义工业化，并逐步实现国家对农业、手工业和资本主义工商业的社会主义改造。毛泽东强调，"在过渡时期，我们对私营资本主义工商业的改造，必须通过国家资本主义逐步过渡到社会主义"[②]。同年 9 月，毛泽东召集各民主党派负责人和部分工商界代表人物谈话，说明了经过国家资本主义完成对私

---

① 《毛泽东文集》(第六卷)，人民出版社，1999 年，第 316 页。

② 《毛泽东文集》(第六卷)，人民出版社，1999 年，第 285 页。

营工商业的社会主义改造的形式、方法、时间和利润分配等一系列政策，并肯定了私营工商业在国计民生中的重要作用，强调了要对资本家进行爱国主义教育，推动私营工商业的社会主义改造。

从1953年到1956年，中国共产党领导全国工商业者用不到五年的时间完成了对资本主义工商业的公有制改造。经过"三大改造"，中国的社会经济结构发生了根本变化，社会主义公有制经济占据绝对主导地位，资本主义工商业转变为公私合营经济，私营资本主义经济基本被消灭，我国实际上形成了单一公有制的所有制结构。到1956年底，在工业总产值中，社会主义工业占67.5%，国家资本主义工业占32.5%，资本主义工业接近0。在商品零售额中，国营企业和供销合作商业占68.3%，国家资本主义商业和原来的小私商组织的合作化商业占27.5%，私营商业只占到4.2%。①实践表明，生产资料所有制的社会主义改造，不仅实现了生产关系的根本性变革，而且有力地促进了生产力的发展。②1956年，社会主义改造基本完成，我国社会主义政治制度和经济制度都已确立。至此，我国社会主义制度正式建立起来。在中国共产党的领导下，中国这个占世界四分之一人口的东方大国进入了社会主义社会，成功实现了中国历史上最深刻最伟大的社会变革。这是一个伟大的历史性胜利，为当代中国一切发展进步奠定了根本政治前提和制度基础。但是由于我国是在20世纪50年代的国际环境和社会历史条件下，实现从新民主主义到社会主义转变的，基于当时中国共产党对社会主义的认识，尤其是

① 胡绳：《中国共产党的七十年》，中共党史出版社，1991年，第382~383页。

② 由于改革开放以后，我们重新确立了多种所有制经济共同发展的政策，社会上一直有一种声音，对新中国成立初期的资本主义工商业改造的必要性产生质疑。从历史唯物主义的分析角度来看，改造符合当时国情，不仅正确而且必要。一方面，资本主义工商业已经暴露出了严重的负面问题，直接导致"五反"运动的开展。另一方面，从经营绩效来看，主动参加公私合营的原资本主义工商企业，经营情况明显改善，并取得很好的示范效应。接受改造的原工商业者也在经济和政治上得到了适度照顾。参见郭伦德：《关于党的民营经济政策史上三个问题的思考》，《中央社会主义学院学报》，2021年第3期。

各社会主义国家都普遍接受的苏联社会主义模式的影响，我国社会主义改造后期也出现了一些缺点和偏差。虽然党有所觉察，并在1956年党的八大前后提出了一些比较符合实际的调整措施。但是由于对什么是社会主义以及在中国怎样建设社会主义的问题还远未达到成熟的认识，这些措施并没有从根本上解决问题。

三、全面建设社会主义时期(1956—1966年)

1956年，这一年已基本完成对生产资料私有制的社会主义改造、社会主义制度在中国的建立而载入党的史册，同时又以开始探索中国自己的建设社会主义的道路而载入党的史册。从1956年三大改造完成之后，我国进入以生产资料公有制为基础的社会主义计划经济时期。由于单一的公有制经济模式，造成政企合一、商品流通不畅、市场供应紧张等问题。针对这种情况，从1956年到1957年，非公有制经济有过一次短暂回潮，党和国家领导人在利用非公有制经济形式为社会主义建设上提出了一系列正确思想。首先，提出长期保留个体经济独立经营的主张。针对社会主义改造中对个体手工业经济盲目实行集中生产、统一经营等不符合中国实际和手工业生产特点的情况，毛泽东指出："手工业中许多好东西，不要搞掉了。"[1]党中央和国务院也多次指示，要求对手工业不要过早、过急地集中生产和统一经营。其次，针对社会主义改造完成以后个体工商户再次出现的情况，提出了调整所有制结构的新思路，给予自发的个体工商户合法化，准予雇工。甚至可以开投资公司，国营可以搞，私营也可以搞。[2]这一时期，中国共产党还提出了学

---

① 薄一波：《若干重大历史问题决策与事件的回顾》(上卷)，中共中央党校出版社，1991年，第452页。

② 胡绳：《中国共产党的七十年》，中共党史出版社，1991年，第250页。

习和利用外资的思想。毛泽东在《论十大关系》中指出，不仅要利用本国的资本主义，还要"向外国学习"，要在抵制和批判外国资产阶级的一切腐败制度和思想作风的同时，学习和利用资本主义国家先进的技术和企业管理方法，甚至包括引进外资来办企业。

1957 年 2 月，毛泽东在最高国务会议第十一次（扩大）会议上发表《关于正确处理人民内部矛盾的问题》的重要讲话，全面系统地阐述了社会主义社会基本矛盾和两类不同性质的矛盾，规定了正确处理人民内部矛盾的一系列正确方针。在民族资产阶级问题上，他强调私营工商业改变为公私合营企业后，工人阶级同民族资产阶级之间的矛盾当作内部矛盾处理，可以用和平方式解决。这篇著作对于巩固和扩大党的统一战线具有重要意义。刘少奇在1957 年底召开的第九次全国统战部长会议上指出，现在的统一战线包括资产阶级，但已不是原来的资产阶级，而是政治思想要改造的资产阶级。用统一战线的办法，以利用、限制、改造资产阶级的方法，把资产阶级的多数化过来。[①]

值得注意的是，虽然公有制经济已经占据绝对优势，但是党中央依然在探索公有制经济和非公有制经济能否共存问题。其中陈云提出的"三个主体，三个补充"成为当时最具代表性的观点，毛泽东也提出"可以搞国营，也可以搞私营；可以消灭了资本主义，又搞资本主义"[②]的观点。不难看出，将自有生产作为计划外生产补充的认识，是对建立生产资料公有制、发展社会主义生产力这一理论框架的突破，为改革开放以后非公政策的发展提供了思想基础。

---

① 中共中央统战部研究室编：《历次全国统战工作会议概况和文献》，档案出版社，1988 年，第365~366 页。

② 中共中央文献研究室编：《毛泽东年谱（1949—1976）》（第 3 卷），人民出版社，1995 年，第47 页。

这一时期,随着民主改革的完成,少数民族地区也先后进行了对资本主义工商业的社会主义改造。新中国成立前,少数民族地区私营工业数量较少、规模不大、设备简陋、技术落后,几乎没有像样的工商业。有些少数民族地区还存在着官僚资本,进行垄断经营。新中国成立后,这些官僚资本被没收归全民所有,其他中小私营工商业则得到保护和发展。少数民族地区资本主义工商业的社会主义改造同全国一样,是通过由低级到高级的国家资本主义的过渡形式,采取和平改造和赎买政策实现的。1956 年在全国各大城市掀起的资本主义工商业全行业公私合营的社会主义改造高潮影响下,除西藏以外的少数民族地区城镇,私营工商业也全部或大部分实行了公私合营,一部分实行了合作化。①对政治上有代表性的私营工商业者,还作了诸如担任各级人大代表、政协委员的适当政治安排。

虽然由于意识形态、发展经验、国际环境等因素的影响,中国共产党对生产资料私有制的社会主义改造,限制了自有市场的发展,但在政治制度、社会结构、思想文化等方面的改革,却客观上为改革开放以后非公经济的发展奠定了基础。②随着新中国的成立和政权的巩固,"人民政府的组织系统从中央、大行政区、省、地(市)、县、区一直延伸到社会的最基层,初步形成上下贯通、集中高效、具有高度组织动员能力的国家行政体系"③。现代国家行政、财税和法律体系的建立和政治、社会、经济秩序的逐步稳固,为改革开放以后各项非公政策的发展奠定了重要基础。

---

① 中共中央统战部编著:《中国共产党统一战线史》,中共党史出版社,2017 年,第 287 页。

② 冯留建:《中国共产党民营经济改革的百年历程与历史启示》,《四川师范大学学报(社会科学版)》,2021 年第 3 期。

③ 中共中央党史研究室:《中国共产党的九十年》,中共党史出版社、党建读物出版社,2016 年,第 364 页。

第三节　改革开放和社会主义现代化建设新时期（1978—2012 年）：恢复与发展

　　粉碎了"四人帮",举国欢腾。纠正"文化大革命"的错误,彻底扭转十年来造成的严重局面,使党和国家从危难中重新奋起,是人民的热切期待。这个时候,世界经济正在快速发展,科技进步日新月异。国内外发展大势要求中国共产党尽快就关系党和国家前途命运的大政方针作出政治决断和战略抉择。①在中国向何处去的重大历史关头,1978 年 12 月,党的十一届三中全会在北京召开。会议作出把全党工作重点转移到社会主义现代化建设上来、实行改革开放的历史性决策,实现了新中国成立以来党的历史上具有深远意义的伟大转折,开启了改革开放和社会主义现代化建设新时期。

　　中国共产党破除了在所有制问题上的传统观念束缚,对生产力与生产关系、计划与市场之间的认识发生了根本性转变,在所有制结构问题上突破了单一的公有制模式,非公有制经济迎来了新的发展机遇。当然,对非公有制经济和非公有制经济人士的重要性认识则有一个逐渐深化的过程。

　　党的十一届三中全会以后,邓小平开启了建立社会主义市场经济体制的探索,认为社会主义市场经济虽然方法上基本与资本主义相似,"但也有不同,是全民所有制之间的关系,当然也有同集体所有制之间的关系,也有同外国资本主义的关系,但是归根到底是社会主义的,是社会主义社会的"②。这一重要判断为社会主义公有制实现形式的多样化奠定了理论基础。

---

　　① 本书编写组:《中国共产党简史》,人民出版社,2021 年,第 217 页。
　　② 《邓小平文选》(第二卷),人民出版社,1994 年,第 236 页。

一、初步恢复和发展(1979—1982年)

中国是一个农业大国。中国的事情能不能办好,农业的发展状况具有决定性意义。我国的改革开放发端于农村和基层,生产资料所有制领域的变革也是从农村开始的。党的十一届三中全会前,我国农村存在经营管理过于集中和分配中的严重平均主义等弊端,严重挫伤了农民的生产积极性,农业的发展和农民生活的改善比较缓慢。1978 年,全国还有 2.5 亿人没有解决温饱问题。党的十一届三中全会报告指出,社员自留地、家庭副业和集市贸易是社会主义经济的必要补充部分,任何人不得乱加干涉。这为公有制之外的经济形式在农村出现提供了正当性。党的十一届三中全会之后,许多地区的农村突破"不许包产到户、不许分田单干"的限制,探索了多种形式的生产责任制,其中最受农民欢迎的就是包产到户和包干到户。但是当时的中央文件并未正式允许包产到户和包干到户。1979 年 9 月,党的十一届四中全会通过的《关于加快农业发展若干问题的决定》,允许为满足某些副业生产的特殊需要和边远山区、交通不便的单家独户包产到户。9 月 29 日,叶剑英在庆祝中华人民共和国成立 30 周年大会上的讲话中指出,目前在有限范围内继续存在的城乡劳动者个体经济,是社会主义公有制经济的附属和补充。这是新时期党和国家首次公开认可个体经济。

1980 年 9 月,中共中央印发《关于进一步加强和完善农业生产责任制的几个问题》,突破了多年来把包产到户等同于分田单干和资本主义的观念,肯定了在生产队领导下实行的包产到户。1982 年 1 月 1 日,中共中央发出第一个关于"三农"问题的"一号文件",对具有划时代意义的农村改革进行了总结,并对当年和此后一个时期农村改革和农业发展作出了具体部署。文件突破了传统的"三级所有、队为基础"的体制,明确指出包产到户、包干到户或大包干"都是社会主义生产责任制"①。

在此之后，包产到户和包干到户迅速在全国农村推广开来。1983年1月，第二个中央"一号文件"《当前农村经济政策的若干问题》正式颁布。这个文件从理论上说明了家庭联产承包责任制"是在党的领导下中国农民的伟大创造，是马克思主义农业合作化理论在我国实践中的新发展"。家庭联产承包责任制极大地解放了农业生产力，农业总产量大幅提高。随着新的经营体制在广大农村推行，农民群众有了更大的生产和经营自主权，可以利用剩余劳力和资金发展多种经营。各地农村很快涌现出一大批乡镇工业企业，也涌现出一大批生产和经营专业户。这是我国农村向着专业化、商品化、社会化生产方向转变的开始。随着越来越多的农户实行了家庭联产承包责任制，亿万农民的生产积极性得到极大提高，农业生产摆脱了停滞的困境。这从根本上动摇了"三级所有、队为基础"和"政社合一"的人民公社体制。1982年，新宪法作出改变农村人民公社政社合一体制，设立乡政府作为基层政权，普遍成立村民委员会作为群众性自治组织等规定。到1984年底，全国基本完成了政社分设，实行了二十多年的人民公社制度至此不复存在。这是农村经济和政治体制的重大改革。

相比于农村改革，城市经济体制改革更为复杂。在城市，流通体制改革与解决突出的就业矛盾，是城市经济改革的出发点。1979年国家开始放宽农副产品自由上市和自由运销政策，重申了三类产品和完成派购任务的二类产品可以自由上市，对城市商品流通体制进行"一少三多"改革（即减少工业品计划管理的品种，发展多种经济形式，采用多种购销方式，开辟多条流通渠道），从而推动建立城乡双向开放的流通体制。1980年我国又进一步放宽农副产品的购销政策，三类产品和完成征购、派购、计划收购任务的一、二类

---

① 中共中央文献研究室编：《新时期经济体制改革重要文献选编》（上），中央文献出版社，1998年，第95页。

农副产品(棉花除外),都可以自由运销。这一改革初步搞活了城乡商品流通体制,意味着在国有商业渠道之外,集体和个体商业有了很大发展,贸易货栈、联营商店、小商品批发市场、农工商联合企业等多种经营形式相继出现。就业方面,为了安置大量回城的上山下乡的知识青年,1980年8月,中共中央召开全国劳动就业工作会议,提出"解放思想,放宽政策,发展生产,广开就业门路,实行在政府统筹规划指导下,劳动部门介绍就业、自愿组织起来就业和自谋职业相结合"的方针。会议明确提出,允许个体劳动者从事法律许可范围内的、不剥削他人的个体劳动,指示有关部门对个体经济发展要予以支持,不得刁难、歧视。随后,中共中央转发全国劳动就业工作会议文件《进一步做好城镇劳动就业工作》,强调允许个体劳动者从事法律许可范围内的、不剥削他人的个体劳动,并允许个体经济作为"社会主义公有制经济的不可缺少的补充","在今后一个相当长的历史时期"可以适当发展。[1]1980年12月,温州的章华妹领取到了中国第一张个体工商户营业执照。1981年6月,国务院批转的《工商行政管理总局向国务院的汇报提纲》明确提出,城镇集体和个体经济是我国多种经济成分的组成部分,恢复和发展个体经济,"是搞活经济的一项重大措施,是社会的需要,是一项长期的经济政策,也是安排城市就业的一个途径"[2]。

　　1981年6月,党的十一届六中全会通过的《关于建国以来党的若干历史问题的决议》提到,"一定范围的劳动者个体经济是公有制经济的必要补充",标志着中国共产党在探索非公有制经济发展方面迈出了重要一步。这一重要论断在1982年党的十二大报告中得到进一步确定,并更为明确地将范围从农村扩大至城市,提出"在农村和城市,都要鼓励劳动者个体经济在

---

① 贾俊玲、王晓珉编:《劳动法学教程参考资料》,中央广播电视大学出版社,1990年,第68页。

② 中国社会科学院法学研究所编:《中华人民共和国经济法规选编1979.10—1981.12》(下),中国财政经济出版社,1983年,第67页。

国家规定的范围内和工商行政管理下适当发展，作为公有制经济的必要的、有益的补充"。党的十二大还首次提出"建设有中国特色的社会主义"的崭新命题，明确了"关于坚持国营经济的主导地位和发展多种经济形式的问题"，允许适当发展个体经济，鼓励、支持其"作为公有制经济必要的、有益的补充"。

1982年底，第五届全国人大第五次会议通过了《中华人民共和国宪法修正案》（以下简称《宪法修正案》），正式承认个体经济的合法地位。由于当时私营经济还没有大量出现，仅在第一章《总纲》第十一条对个体经济的地位、作用和管理进行了明确："在法律规定范围内的城乡劳动者个体经济，是社会主义公有制经济的补充。国家保护个体经济的合法的权利和利益。国家通过行政管理，指导、帮助和监督个体经济。"①这标志着劳动者个体经济作为公有制经济的补充这一定位，得到了国家根本大法的肯定。

二、全面发展（1983—1992年）

随着改革开放的推进，劳动者个体经济快速发展。由于资金积累和业务拓展，一些个体工商大户的雇佣工人数量已超过8人上限，成为事实上的私营企业。关于事实上已经存在的私营企业的雇佣关系"姓资还是姓社"的问

---

① 《中华人民共和国宪法》（1982年），见中国人大网，http://www.npc.gov.cn/wxzl/wxzl/2000-12/06/content_4421.htm。

题,在社会上开始引起争议。①1983 年初,中共中央印发的《当前农村经济政策的若干问题》首次提出,对超过规定、雇工人数较多的个体户采取不提倡、不宣传、不取缔的"三不原则",从而为私营企业发展提供了政策空间。1984 年中共中央在《关于 1984 年农村工作的通知》中进一步提出,对当前雇请工人超过法定人数的企业,可以不按照资本主义的雇工经营看待。这一规定,以党内法规的形式将私营企业的雇工经营与资本主义生产方式厘清了界限。1985 年 4 月,改革开放后第一个私营企业执照以国务院特批形式颁发,成为我国非公有制经济发展历史上一个重要的标志性事件。②1987 年 10 月,党的十三大正式将私营经济作为客观存在的经济形态。报告指出,"对于城乡合作经济、个体经济和私营经济,都要继续鼓励他们发展",特别是"私营经济一定程度的发展有利于促进生产,活跃市场,扩大就业,更好地满足人民多方面的生活需求,是公有制经济必要的和有益的补充"③。到 1987 年,全国城镇个体工商户等各行业从业人员已经达 569 万人,一大批民营企业蓬勃兴起。

根据我国改革开放和社会主义现代化建设的实践和发展的需要,1988

①　"文化大革命"结束后,随着大量知青和工人返回城市,为解决这部分人的就业问题,国家允许他们开办"个体企业"。1979 年 2 月,中共中央、国务院批转了第一份关于发展个体经济的报告,允许"各地可根据市场需要,在取得有关业务主管部门同意后,批准一些有正式户口的闲散劳动力从事修理、服务和手工业者个体劳动"。但同时规定"个体户雇工不得超过 7 人",企业主自己也必须从事劳动。到 1982 年,雇工超过国家规定 7 个人的个体工商户日渐增多。雇工人数成为中国从计划经济向商品经济发展的重要议题。标志性事件是 1983 年底安徽芜湖年广久"傻子瓜子"雇工超过 100 人的问题。"让'傻子瓜子'经营一段,怕什么? 伤害了社会主义了吗?"参见《邓小平文选》(第三卷),人民出版社,1993 年,第 91 页。邓小平对"傻子瓜子"的表态代表了中央支持非公有制经济发展的明确态度。

②　大连人姜维是 20 世纪 80 年代大连最早的一批创业者。1984 年由他创建的光彩实业有限公司成为改革开放以后全国第一家私营企业。1985 年 4 月 13 日,国家工商行政管理总局授权大连市工商局,向姜维颁发全国首个私营企业执照。姜维由此成为"中国私企第一人"。

③　中共中央文献研究室主编:《十二大以来重要文献选编(上)》,人民出版社,1988 年,第 1237 页。

年 3 月，七届全国人大一次会议通过《宪法修正案》，对宪法进行了小规模修订。其中第十一条增加规定："国家允许私营经济在法律规定的范围内存在和发展。私营经济是社会主义公有制经济的补充。国家保护私营经济的合法的权利和利益，对私营经济实行引导、监督和管理。"①这次修订是我国非公有制经济宪法地位变迁中的第一次重大突破，也是我国经济体制转轨的重要标志，正式从立法上突破了多种经济成分并存的禁区，明确了私营经济的法律地位和政策，私营经济进入合法发展阶段。同年 6 月，国务院颁布《中华人民共和国私营企业暂行条例》，允许非公有制企业在工商行政管理部门登记和注册。

1988 年 12 月 7 日，中共中央统战部发布《关于进一步解放思想，开拓经济领域统战工作的新局面的意见》。该文件首次对个体户和私营企业主的统战工作作出重要部署，成为探索个体户和私营企业主统战工作理论的重要文件。《意见》一方面明确指出，改革开放新时期经济统战工作形成了两个范围，"第一个范围包括大陆非党经济界人士及公有制以外的各种经济成分。第二个范围包括海外'三胞'中工商界人士和社团"②。另一方面，《意见》进一步明确了新时期经济统战工作十个方面的对象，其中"新兴的私营企业者"排在第二位，个体工商户则排在第六位。③此外，《意见》还初步明确了非公有制经济人士统战工作的基本内容。首先，确定"团结和教育"的基本政策。在团结方面，要求统战部门"帮助私营企业者成立民间组织或参加工商联"，"反映私营企业者的意见和要求，维护其合法权益"。在教育方面，强调教育

---

① 《中华人民共和国宪法修正案》(1988 年)，见中国人大网 http://www.npc.gov.cn/wxzl/wxzl/2000-12/05/content_4498.htm。

② 中央金融工委统战群工部编：《新时期统一战线文件汇编》，中国书籍出版社，2000 年，第138 页。

③ 中央金融工委统战群工部编：《新时期统一战线文件汇编》，中国书籍出版社，2000 年，第138 页。

内容主要是"向他们宣传党的方针政策,进行遵纪守法教育"。其次,培养代表人物,政治上适当安排。《意见》要求注意培养和发现私营企业者和个体工商户中的代表人物,与他们交朋友,在政治上进行适当安排。最后,服务国家建设。《意见》提出要发展老少边穷等贫困地区的私营企业和个体工商户,开发具有竞争能力的新产品,增加群众和地方财政收入。①

1989 年 9 月 29 日,江泽民在庆祝中华人民共和国成立 40 周年的讲话中延续了中国共产党关于非公有制经济对社会主义经济的"补充作用"理论,指出"在我国经济发展中,我们要继续坚持以公有制为主体、发展多种经济成分的方针,发挥个体经济、私营经济以及中外合资、合作企业和外资企业对社会主义经济的有益的、必要的补充作用"②。讲话明确提到,在我国现阶段,发展个体经济、私营经济,对于发展社会生产、方便人民生活、扩大劳动就业,具有重要作用。我们的方针,一方面要鼓励它们在国家允许的范围内积极发展。另一方面也要运用经济的、行政的、法律的手段,加强管理和引导,做到既发挥积极作用,又限制其不利于社会主义经济发展的消极作用。针对当时社会存在的打压个体和私营经济、不能正确看待按劳分配的多种分配方式、侵犯个体私营从业人员财产问题,讲话明确要求各地区和各部门支持非公有制经济发展,继续贯彻执行在共同富裕目标下允许通过诚实劳动和合法经营先富起来的政策。

1991 年 7 月 1 日,江泽民在庆祝中国共产党成立 70 周年大会上的讲话中再次强调:"在我国现阶段,适应生产力的现实水平和进一步发展的要求,首先要巩固和壮大社会主义公有制经济,同时需要个体经济、私营经济以及中外合资、合作企业和外商独资企业的适当发展,作为社会主义公有制经济

---

① 董大伟:《改革开放以来的非公经济》,北京人民出版社,2019 年,第 40~41 页。
② 中共中央文献研究室编:《十三大以来重要文献选编》(中),人民出版社,1991 年,第 621 页。

必要的有益的补充。"①在分配政策方面，我们"要继续允许和鼓励一部分地区、一部分人通过诚实劳动和合法经营先富起来，又要提倡先富帮后富"②。

随着苏联解体、东欧剧变，社会主义在世界范围内的实践陷入低潮。冷战结束后，世界开始走向多极化，经济全球化进程加快，周边一些国家呈现强劲发展势头。而我国社会主义事业发展面临巨大的困难和压力。经过治理整顿，我国经济走出了低谷，但经济运行中存在的深层次问题尚未得到根本解决。世界社会主义发生的严重曲折对我国也产生了一定的负面影响，有人对社会主义前途缺乏信心，也有人对改革开放产生怀疑，提出姓"社"还是姓"资"的疑问。能否坚持党的基本路线不动摇，抓住机遇、加快发展，把改革开放和现代化建设继续推向前进，成为中国共产党人必须回答和解决的重大课题。

在党和国家历史发展的紧要关头，1992年1月18日到2月21日，邓小平先后视察武昌、深圳、珠海、上海等地并发表了一系列重要谈话。谈话全面总结了改革开放14年的经验教训，完整阐述了党的十一届三中全会以来的路线、方针、政策，深刻回答了长期困扰和束缚人们思想的许多重大认识问题，系统提出了对整个社会主义现代化建设具有现实和长远指导意义的重要思想，为推动我国改革开放和社会主义现代化建设进入新阶段作出了重大贡献。关于改革前景，邓小平在谈话中直面社会热点和理论难点，反复强调要毫不动摇坚持党的基本路线，坚持以经济建设为中心，抓住时机，发展自己。他还提出在坚持"三个有利于"标准的前提下，大胆推进改革，突破关于计划与市场是区分社会制度标准的传统观念束缚。邓小平明确指出："计划多一点还是市场多一点，不是社会主义与资本主义的本质区别。计划经济不等于社会主义，资本主义也有计划；市场经济不等于资本主义，社会主义

---

① 《江泽民文选》(第一卷)，人民出版社，2006年，第153页。

② 《江泽民文选》(第一卷)，人民出版社，2006年，第154页。

也有市场。计划和市场都是经济手段。"①他鲜明地提出,社会主义的本质是解放生产力,发展生产力,消灭剥削,消除两极分化,最终达到共同富裕。他还指出,社会主义要赢得与资本主义相比较的优势,就必须大胆吸收和借鉴人类社会创造的一切文明成果,吸收和借鉴当今世界各国包括资本主义发达国家的一切反映社会化生产规律的先进经营方式、管理方法。这就从根本上解决了把社会主义与市场经济对立起来的思想束缚。

1992 年 10 月,党的十四大在北京召开,正式确立了邓小平建设中国特色社会主义理论在全党的指导地位。会议在总结十多年实践探索的基础上,明确我国经济体制改革的目标是建立社会主义市场经济体制,要求全党抓住机遇,加快发展,集中精力把经济建设搞上去。这就为非公有制经济蓬勃发展提供了确定的理论依据和政策环境。根据党的十四大的相关论述,社会主义市场经济体制是同社会主义基本制度结合在一起,其三大特征均与非公有制经济密切相关。在所有制结构上,"以公有制包括全民所有制和集体所有制经济为主体,个体经济、私营经济、外资经济为补充,多种经济成分长期共同发展"。在分配制度上,"以按劳分配为主体,其他分配方式为补充,兼顾效率与公平"。效率优先的分配方式主要就是在非公有制经济领域推行。在宏观调控上,"把人民的当前利益与长远利益、局部利益与整体利益结合起来,更好地发挥计划和市场两种手段的长处"②。

把社会主义基本制度与市场经济结合起来,建立社会主义市场经济体制,是改革开放十多年艰辛探索的结果,是中国共产党的一个伟大创举,是中国共产党人对马克思主义的重大发展,也是社会主义发展史上的重大突破,对我国改革开放和经济社会发展具有极其重要的作用。

以邓小平南方谈话和党的十四大为起点,改革开放迎来新的高潮,党中

---

① 《邓小平文选》(第一卷),人民出版社,1994 年,第 373 页。

② 《江泽民文选》(第一卷),人民出版社,2006 年,第 227 页。

央、国务院作出一系列相应的体制改革和政策调整，同时抓紧制定总体规划，并有计划、有步骤地加以实施。在这一过程中，非公有制经济得到快速健康发展，党和国家也不断从行政和立法层面完善非公有制经济的相关制度定位。

三、持续健康发展（1993—2012年）

1993年3月，八届全国人大一次会议再次对宪法进行修订，通过的《宪法修正案》第十五条修改为"国家实行社会主义市场经济"，首次将社会主义市场经济写入宪法，为非公有制经济与公有制经济平等竞争提供了法律依据，计划经济体制自此退出历史舞台。在此以后，随着社会主义市场经济体制在我国的正式确立，非公有制经济在国民经济中发挥着更加重要的作用。同年11月，党的十四届三中全会专门审议通过了《关于建立社会主义市场经济体制若干问题的决定》，从所有制结构、现代企业制度、市场体系、宏观调控、收入分配制度、社会保障制度等方面对社会主义市场经济体制的基本内容和实施步骤作出总体规划，强调必须坚持以公有制为主体、多种经济成分共同发展的方针。

1997年9月，党的十五大报告将非公有制经济由制度外纳入制度内，指出"公有制为主体、多种所有制经济共同发展，是我国社会主义初级阶段的一项基本经济制度"，"非公有制经济是我国社会主义市场经济的重要组成部分。对个体、私营等非公有制经济要继续鼓励、引导，使之健康发展。这对满足人们多样化的需要，增加就业，促进国民经济的发展有重要作用"。[1]非公有制经济的地位也由之前"公有制经济的必要的、有益的补充"的表述转

---

① 《江泽民文选》（第二卷），人民出版社，2006年，第19、20页。

变为"社会主义市场经济的重要组成部分"。公有制经济与非公有制经济的地位趋于平等。

1999年3月，九届全国人大二次会议通过的《宪法修正案》，确认了党的十五大对非公有制经济理论的新发展，将第十一条修改为："在法律规定范围内的个体经济、私营经济等非公有制经济，是社会主义市场经济的重要组成部分。""国家保护个体经济、私营经济的合法的权利和利益。国家对个体经济、私营经济实行引导、监督和管理。""发展社会主义市场经济"被确定为国家的根本任务。同时，私营经济、个体经济等非公有制经济也成为"社会主义市场经济的重要组成部分"。①这次修宪实现了非公有制经济宪法地位变迁和党对非公有制经济发展的理论问题的第二次重大突破，不仅首次提出非公有制经济概念，而且地位也由公有制经济补充上升为重要组成部分，首次在宪法层面将非公有制经济纳入社会主义初级阶段基本经济制度之中。

进入21世纪，非公有制经济对经济社会发展所作的贡献愈发突出，不仅在国民经济中的比重不断增加，而且税收增长率也高于全国，成为我国经济社会发展的重要基础。2002年11月，党的十六大报告首次提出"两个毫不动摇"方针，即毫不动摇地巩固和发展公有制经济，毫不动摇地鼓励、支持和引导非公有制经济发展。报告从三个方面对如何毫不动摇地鼓励、支持和引导非公有制经济发展作出部署：一是"放宽国内民间资本的市场准入领域，在投融资、税收、土地使用和对外贸易等方面采取措施，实现公平竞争"。二是"依法加强监督和管理，促进非公有制经济健康发展"。三是"完善保护私人财产的法律制度"。②报告特别强调"个体、私营等各种形式的非公有制经济是社会主义市场经济的重要组成部分"，要将其与公有制经济"统一于社

---

① 《中华人民共和国宪法修正案》(1999年)，见中国人大网 http://www.npc.gov.cn/wxzl/wxzl/2004-04/19/content_334617.htm。

② 《江泽民文选》(第三卷)，人民出版社，2006年，第549页。

会主义现代化建设的进程中，不能把这两者对立起来。各种所有制经济完全可以在市场竞争中发挥各自优势，相互促进，共同发展"。[①]这是对非公有制经济作为我国社会主义市场经济重要组成部分这一定位的进一步引申，即公有制经济和非公有制经济并不是相互对立、此消彼长的关系，不同所有制经济都是我国社会主义现代化建设的重要推动力量。以此为标志，长期束缚人们的"姓公姓私"还是"姓资姓社"问题得以彻底破除，非公有制经济理论问题实现了重要突破。

2003 年，党的十六届三中全会通过《中共中央关于完善社会主义市场经济体制若干问题的决定》，坚持党的十六大提出的"毫不动摇地鼓励、支持和引导非公有制经济的发展"的战略部署。在指导思想方面，第一次提出"大力发展"，强调要"大力发展国有资本、集体资本和非公有资本等参股的混合所有制经济，实现投资主体多元化，使股份制成为公有制的主要实现形式"。这是在党的十五大确立了我国的公有制为主体，公有制与非公有制经济共同发展的基本经济制度后，对我国如何实现这一基本经济制度形成的富有创造性的重大理念进步。[②]《决定》还允许非公有资本进入法律法规未禁入的基础设施、公用事业及其他行业和领域。非公有制企业在投融资、税收、土地使用和对外贸易等方面，与其他企业享受同等待遇。要改进对非公有制企业的服务和监管。建立归属清晰、权责明确、保护严格、流转顺畅的现代产权制度，保护私有财产权，促进非公有制经济发展。《决定》还在建立现代产权制度、建立现代金融体系、建立涉外经济体制等领域，推出了一系列力度前所未有的改革举措，充分体现了经过 20 多年改革开放的实践，中国共产党在非公领域积累的丰富经验。

---

① 《江泽民文选》（第三卷），人民出版社，2006 年，第 548 页。

② 贾康、苏京春、盛中明：《关于我国非公有制经济地位和作用的理论研究》，《经济研究参考》，2021 年第 14 期。

2004 年 3 月，十届全国人大二次会议通过《宪法修正案》，其中第十条第二款修改为："国家保护个体经济、私营经济等非公有制经济的合法的权利和利益。国家鼓励、支持和引导非公有制经济的发展，并对非公有制经济依法实行监督和管理"①，从而在国家根本大法层面确认了"两个毫不动摇"理论。这次修订实现了非公有制经济宪法地位的第三次重大突破，主要体现在国家对非公有制经济的发展态度上，将非公有制经济人士定位为"社会主义事业的建设者"，从根本上保障了非公有制经济的合法权利，彻底解决了非公有制经济人士的收入及财产保障问题。在社会经济实践和党中央的认识中，非公有制经济作为社会主义市场经济的重要组成部分和经济社会发展的重要基础，已经在法律地位和作用上处于与公有制经济同样的水平。实际上，自 1982 年以来历次《宪法》修订，统一战线领域修订次数最多的就是关于非公有制经济的内容，实现了从无到有，从补充到重要组成部分，从引导到鼓励、支持、引导的三次历史性跨越。

2005 年 2 月 19 日，国务院颁布了《关于鼓励支持和引导个体私营等非公有制经济发展的若干意见》，这是新中国成立以来第一部全面促进非公有制经济发展的政策性文件，简称"非公经济 36 条"。这份文件是各地区各部门贯彻落实党的十六大和十六届三中全会发展非公有制经济政策精神的重要指导文件，在支持非公有制经济发展、保护非公有制企业合法利益方面，主要包括放宽市场准入、加大财税金融支持、完善社会服务、维护合法权益、提高经营者素质和鼓励做强做大等几个方面的措施。随着政策环境不断改善，非公企业得以迅速发展，这一时期创造的产值超过了国内生产总值的一半，上缴国家的税收比重不断增加，在促进经济增长、扩大就业和活跃市场等方面发挥着越来越重要的作用。

---

① 《中华人民共和国宪法修正案》(2004 年)，见中国人大网 2004 年 4 月 19 日，http://www.npc.gov.cn/wxzl/wxzl/2004-04/19/content_334617.htm。

党的十七大最重要的理论贡献就是创造性提出并深刻阐述了中国特色社会主义理论体系，并将科学发展观写入党章。大会对改革开放的宝贵经验作了"十个结合"的精辟概括，阐述了中国特色社会主义道路的基本内涵，首次提出中国特色社会主义理论体系的概念并作了概括。大会强调，改革开放以来我们取得一切成绩和进步的根本原因，归结起来就是：开辟了中国特色社会主义道路，形成了中国特色社会主义理论体系。高举中国特色社会主义伟大旗帜，最根本的就是要坚持中国特色社会主义道路和中国特色社会主义理论体系。报告坚持"两个毫不动摇"的基本方针，进一步强调坚持平等保护物权，形成各种所有制经济平等竞争、相互促进新格局。推进公平准入，改善融资条件，破除体制障碍，促进个体、私营经济和中小企业发展。长期以来，融资不畅和准入限制是制约非公有制经济发展的重要瓶颈。有些行业虽然没有规定限制非公资本进入，但名义开放、实际限制的"玻璃门"现象仍然十分突出。党的十七大报告对该问题的重视，抓住了破解非公有制经济发展难题的关键。2009年9月19日，国务院出台《关于进一步促进中小企业发展的若干意见》，从进一步营造良好环境、切实缓解融资困难、加大财税扶持力度、加快技术进步和结构调整、支持开拓市场、努力改进政府服务、提高自身经营管理水平、加强工作领导等八个方面对促进中小企业发展做出了具体部署，有效改善了中小企业的融资和发展环境。

2010年国务院又出台了《关于鼓励和引导民间投资健康发展的若干意见》，提出了36条促进民间投资的具体举措，被称为"民间投资36条"。这是改革开放以来出台的第一份专门针对民间投资发展、管理和调控方面的综合性政策文件。同年3月，胡锦涛在参加全国政协十一届三次会议民建、工商联届委员联组会时，提出希望广大非公有制企业在加快经济发展方式转变上有更大作为，在保障和改善民生上有更大作为，在提升自身素质上有更大作为。2012年党的十八大报告在继续坚持"两个毫不动摇"的基础上，强调

"保证各种所有制经济依法平等使用生产要素,公平参与市场经济,同等受到法律保护"①。

这一时期,党的一系列方针政策,有力推进了非公有制经济的快速发展。根据国家市场监督管理总局统计,截至2012年9月底,全国个体工商户达3984.7万户,从业人员8454.7万人;私营企业1059.83万户,从业人员1.1亿人。②

第四节　中国特色社会主义新时代（2012年至今）：高质量发展

中国特色社会主义是改革开放以来党的全部理论和实践的主题。党的十八大以来,以习近平同志为核心的党中央以巨大的政治勇气和一往无前的进取精神,立足社会主义现代化宏伟事业的全局出发,团结带领全党全国继续坚持和发展中国特色社会主义。

以习近平同志为核心的党中央在非公理论上亦有多方面的创新发展,特别是针对非公有制经济健康发展和非公有制经济人士健康成长提出了许多新理念、新思想和新论断,解决了为什么要大力发展非公有制经济以及如何发展非公有制经济的重大现实问题。

2013年3月17日,习近平在第十二届全国人民代表大会第一次会议上的讲话中指出:"一切非公有制经济人士和其他新的社会阶层人士,要发扬劳动创造精神和创业精神,回馈社会,造福人民,做合格的中国特色社会主

---

① 《十八大报告辅导读本》,人民出版社,2012年,第21页。
② 中央统战部编著:《中国共产党统一战线史》,中共党史出版社,2017年,第523页。

义事业的建设者。"①同年 11 月,党的十八届三中全会通过的《中共中央关于全面深化改革若干重大问题的决定》,对非公有制经济作出了全面、系统、深刻的论述,从多个层面提出鼓励、支持、引导非公有制经济发展的改革措施。在功能定位上,明确公有制经济和非公有制经济都是社会主义市场经济的重要组成部分,都是我国经济发展的重要基础;在产权保护上,明确提出公有制经济财产权不可侵犯,非公有制经济财产权也同样不可侵犯;在政策待遇上,强调坚持权利平等、机会平等、规则平等,实行统一的市场准入制度;鼓励非公有制企业参与国有企业改革,鼓励发展非公有资本控股的混合所有制企业,鼓励有条件的私营企业建立现代企业制度。②这些重大理论、战略、方针和政策的突破,体现了党和国家对非公有制经济的高度重视,也为非公有制经济的健康发展提供了新的历史机遇。与此同时,从中央到地方各级政府也在深入推进简政放权、商事制度改革、转变自身职能、弘扬企业家精神,陆续出台鼓励和促进民间投资的政策法规,为非公有制经济健康发展营造了理想的市场环境、政策环境和法治环境。

党的十八届四中全会提出要"健全以公平为核心原则的产权保护制度,加强对各种所有制经济组织和自然人财产权的保护,清理有违公平的法律法规条款"③,党的十八届五中全会强调,要"鼓励民营企业依法进入更多领域,引入非国有资本参与国有企业改革,更好激发非公有制经济活力和创造力"④。

促进非公有制经济健康发展和非公有制经济人士健康成长,即促进非

---

① 《习近平谈治国理政》,外文出版社,2014 年,第 42 页。

② 《习近平谈治国理政》,外文出版社,2014 年,第 79 页。

③ 中共中央文献研究室编:《十八大以来重要文献选编》(中),中央文献出版社,2016 年,第162 页。

④ 中共中央文献研究室编:《十八大以来重要文献选编》(中),中央文献出版社,2016 年,第798 页。

公有制经济"两个健康",是非公有制经济领域统战工作的主题。在 2015 年的中央统战工作会议上,习近平首次提出这一主题,并强调促进非公有制经济健康发展和非公有制经济人士健康成长,是重大的经济问题,也是重大的政治问题。非公有制经济要健康发展,前提是非公有制经济人士要健康成长。习近平强调,要坚持团结、服务、引导、教育的方针,一手抓鼓励支持,一手抓教育引导,关注他们的思想,关注他们的困难,有针对性地进行帮助引导。①这体现了党中央从现实出发,对非公有制经济人士的爱护。讲话首次强调要做好年轻一代非公有制经济人士的统战工作,引导非公有制经济人士特别是年轻一代致富思源、富而思进,做到爱国、敬业、创新、守法、诚信、贡献。与此同时,中共中央还出台了中国共产党关于统一战线工作的第一部党内法规《中国共产党统一战线工作条例(试行)》,为统一战线事业发展提供了政治保障、组织保障、法治保障。条例整合规范了中国共产党各领域统战工作的方针政策,关于非公有制经济领域统战工作理论也提升到新的高度。

2016 年 3 月 4 日,习近平在参加全国政协十二届四次会议民建、工商联届委员联组会时,就毫不动摇坚持我国基本经济制度,推动各种所有制经济健康发展,做合格的中国特色社会主义事业建设者发表重要讲话,提出发展非公有制经济"三个没有变",进一步明确了中央鼓励、支持、引导非公有制经济发展的政策导向,并首次用"亲"和"清"二字精辟概括并系统阐述了新型政商关系。习近平的这篇讲话,是党的十八大以来党中央关于非公有制经济和非公有制经济人士工作全面系统深刻的阐述,是中国特色社会主义理论体系的重要创新成果,为做好新时代非公有制经济人士统战工作指明了方向。

2017 年,党的十九大报告阐述了新时代坚持和发展中国特色社会主义

---

① 《习近平在中央统战工作会议上强调巩固发展最广泛的爱国统一战线为实现中国梦提供广泛力量支持》,《光明日报》,2015 年 5 月 21 日。

的基本方略，强调坚持新发展理念，必须坚持和完善我国社会主义基本经济制度和分配制度，毫不动摇巩固和发展公有制经济，毫不动摇鼓励、支持、引导非公有制经济发展，使市场在资源配置中起决定性作用，更好发挥政府作用。党的十九大报告还直接使用了"民营企业"概念，指出要进一步支持民营企业发展，激发各类市场主体活力。在此之前，党的历次重要会议和文件中，普遍使用"非公有制经济"和"民营经济"①的表述，直接使用"民营企业"概念，表明中国共产党对民营企业的认识逐步深化，以及对民营企业贡献的充分肯定。

2018 年 10 月 24 日，习近平在广东考察民营企业时发表重要讲话。他指出，民营企业对我国经济发展贡献很大，前途不可限量。党中央一直重视和支持非公有制经济发展，这一点没有改变、也不会改变。创新创造创业离不开中小企业，我们要为民营企业、中小企业发展创造更好条件。各级党委和政府要贯彻党中央关于支持民营企业、中小企业发展的政策措施，在政策、融资、营商环境等方面帮它们解决实际困难，也希望民营企业、中小企业聚焦主业，加强自主创新、练好内功，努力实现新的发展，为祖国强大和人民幸福做出更大贡献。②

---

① 民营经济是具有中国特色的一种经济概念和经济形式，是从经营主体角度划分经济类型的概念。长期以来，关于民营经济的称谓一直没有法律依据和政策规定。在党中央的正式文件中也少见民营经济的提法。近年来，民营经济的提法越来越多地出现在学术界、传媒界以及政策文件之中。关于民营经济的定义，目前尚未形成一致观点。很多时候，民营经济和非公有制经济的概念经常混用。全国工商联对民营经济做过如下界定：广义的民营经济是指除了国有以及国有控股企业以外的多种不同所有制经济的统称。其中包括集体企业、个体工商户、私营企业、外资企业和港澳台投资企业等；狭义的民营经济则不包括外商投资企业。目前有关民营经济的统计资料和研究文献，基本上是按照狭义的概念加以统计和分析研究，其中私营企业和个体工商户在民营经济中占据了绝大部分。因此，严格而来，民营经济和非公有制经济是两个不同的概念，具有不同的内涵，虽然在外延上有很多共同点，大多数的民营企业也都是非公有制企业，但较之范围来看，非公有制经济覆盖范围更广，从法律角度看，非公有制经济的概念也更为清晰明确，在正式法律条文中的使用较为严谨。

② 《习近平在广东考察时强调高举新时代改革开放旗帜 把改革开放不断推向深入》，《光明日报》，2018 年 10 月 26 日。

2018 年 11 月 1 日，习近平主持召开民营企业座谈会并发表重要讲话，回顾总结了我们党领导非公有制经济发展的历程，充分肯定了我国民营经济在社会主义市场经济发展中的地位和作用，明确回应了社会重大关切，深入分析了民营经济发展面临的困难和挑战，精准部署了支持民营经济发展壮大的政策和举措。习近平在讲话中，强调要大力支持民营企业发展壮大。党中央对民营经济的支持，既有"两个毫不动摇"方略引领，又有解决融资难题、减轻税费负担等具体措施。习近平明确指出，基本经济制度是我们必须长期坚持的制度。民营经济是我国经济制度的内在要素，民营企业和民营企业家是我们自己人。[①]这一重要论断，明确将民营经济上升到基本经济制度"内在要素"的高度，这是关于非公有制经济定位进一步深化认识而形成的又一重要创新观点，不仅强调了民营企业和民营企业家的重要地位，也为社会主义基本经济制度的创新和发展做好了铺垫。[②]

2019 年 8 月 29 日，在新中国成立 70 周年之际，为表彰先进、树立典型，进一步激励广大非公人士坚定理想信念、坚持高质量发展、自觉诚信守法、积极承担社会责任，中央统战部等五部门共同开展了全国非公有制经济人士优秀中国特色社会主义事业建设者评选表彰活动，充分体现了党和国家对非公有制经济人士的殷切期望和深情嘱托。同年 10 月，党的十九届四中全会通过的《中共中央关于坚持和完善中国特色社会主义制度 推进国家治理体系和治理能力现代化若干重大问题的决定》强调："健全支持民营经济、

---

① 人心向背、力量对比是决定党和人民事业成败的关键，是最大的政治。民营企业和民营企业家是我们自己人，民营经济人士是中国特色社会主义事业的建设者，是我们党长期执政必须团结和依靠的重要力量。能否将民营经济人士这一社会群体团结凝聚在党的周围，直接关系到"党领导一切"的最高准则在民营经济领域能否有效实现，关系到"四个自信"的思想根基在民营经济人士中能否切实筑牢，关系到"高质量发展"的时代要求在民营经济中能否贯彻落实。

② 朱鹏华、王天义：《民营经济是我国经济制度的内在要素——习近平关于社会主义基本经济制度的创新和发展》，《中共中央党校(国家行政学院)学报》，2020 年第 4 期。

外商投资企业的法治环境,完善构建亲清新型政商关系的政策体系,健全支持中小企业发展制度,促进非公有制经济健康发展和非公有制经济人士健康成长。"①

2020年底,中共中央对《中国共产党统一战线工作条例(试行)》进行了适时修订,体现了新形势新任务对统一战线工作的新要求,对于提高统战工作科学化、规范化、制度化水平具有重要意义。修订后的条例对统一战线各领域工作有关规定和具体表述作了进一步完善。在非公领域统战工作中,强调要全面贯彻信任、团结、服务、引导、教育的方针,构建亲清政商关系,促进非公有制经济健康发展和非公有制经济人士健康成长。

2020年9月,中共中央办公厅印发《关于加强新时代民营经济统战工作的意见》。这是改革开放以来党中央就民营经济统战工作第一次制定专门文件,充分肯定了民营经济在国家经济社会生活中的重要作用和重要贡献,对做好新时代民营经济统战工作作出了一系列管根本、管长远的部署。《意见》在多年实践探索和理论研究的基础上,提出了一系列思想理论上的重大创新成果,明确了五个方面的重要任务,从工作布局和政策、制度层面作出了许多新的安排。《意见》首次作出民营经济"两个始终是"的新论断:"民营经济作为我国经济制度的内在要素,始终是坚持和发展中国特色社会主义的重要经济基础;民营经济人士作为我们自己人,始终是我们党长期执政必须团结和依靠的重要力量。"②《意见》首次把"信任"纳入民营经济统战工作方

---

① 《中共中央关于坚持和完善中国特色社会主义制度 推进国家治理体系和治理能力现代化若干重大问题的决定》,人民出版社,2019年,第19页。

② 《中办印发关于加强新时代民营经济统战工作的意见》,《人民日报》,2020年9月16日。

针并摆在首位,形成了"信任、团结、服务、引导、教育"①的十字方针。针对社会上曾一度出现的"民营经济离场论""新公私合营论"等错误思想,《意见》为民营企业吃下"定心丸",为提振民营企业发展信心,推动民营企业干事创业注入了强劲动力。

全国民营经济统战工作会议也于2020年9月在北京召开。会议传达了习近平对新时代民营经济统战工作的重要指示。习近平指出,改革开放特别是党的十八大以来,民营经济统战工作不断加强和完善,在服务党和国家中心工作中发挥了重要作用。非公有制经济是社会主义市场经济的重要组成部分,促进非公有制经济健康发展和非公有制经济人士健康成长具有十分重要的意义。习近平强调,要坚持"两个毫不动摇",把团结好、引导好民营经济人士作为一项重要任务。各级党委要加强对民营经济统战工作的领导,全面贯彻党的方针政策,抓好党中央各项决策部署贯彻落实。各级统一战线工作领导小组和党委统战部要发挥牵头协调作用,工商联要发挥群团组织作

---

①　民营经济统战工作的基本方针,直接反映党对民营经济人士的基本立场和态度,直接决定着开展工作的内容和方式。做好新时代民营经济统战工作,总的要求是全面贯彻"信任、团结、服务、引导、教育"的方针,坚持信任尊重和教育引导并重,做到把握政治方向和服务企业发展"两手抓",思想困惑和发展难题"两关注"。信任是前提,就是要把广大民营经济人士真正看作党和政府的自己人,看作致力于创业创新创造、共同建设中国特色社会主义事业的重要群体,做到充分信任、关心支持、不分亲疏、一视同仁。团结是目的,就是要积极主动地团结依靠他们,用人所长、容人之短,在经济决策中尊重他们的知情权和参与权,在创业创新创造中发挥他们的主体作用,在经济社会治理中用好他们的智慧和才干,为他们提供干事创业的机会和平台,为实现中华民族伟大复兴凝聚共识、汇聚力量。服务是手段,就是要反映民营经济人士的利益诉求,帮助解决实际困难和思想困惑,为他们创业创新、实现企业高质量发展和自身健康成长营造良好外部环境。引导是方法,就是要引导广大民营经济人士自觉接受和维护党的领导,坚定"四个自信",弘扬企业家精神,积极践行社会主义核心价值观,争做爱国敬业、守法经营、创业创新、回报社会的典范。教育是责任,就是要加强对民营经济人士思想政治、创新能力、法治意识、道德修养、经营管理等方面的教育培养,提高综合素质,打牢发展根基,使之成为合格的中国特色社会主义事业建设者。"十字方针"对于落实好习近平"自己人"的重要论断,调动和保护好民营企业家的积极性、主动性和创造性,促进政企互信互动,降低沟通成本,稳定发展预期,把他们更紧密地团结在党的周围具有重大意义。参见本书编写组:《中央统战工作会议精神学习问答》,人民出版社,2022年,第119~120页。

用,把民营经济人士团结在党的周围,更好推动民营经济健康发展,努力为新时代坚持和发展中国特色社会主义事业、实现中华民族伟大复兴的中国梦贡献力量。[①]

但也应当看到,非公有制经济在迎来重大发展机遇的同时,也面临着来自内外部的风险挑战。从国际形势看,2008 年国际金融危机爆发后,世界各国的经济发展遭受不同程度的损失。伴随着矛盾的积累,一些国家政策内顾倾向加重,保护主义、单边主义明显抬头,逆全球化思潮暗流涌动。从国内形势看,我国经济已由高速增长阶段转向高质量发展阶段,且正处在转变发展方式、优化经济结构、转换增长动力的攻关期。对非公有制经济来说,一方面,由于国际地缘政治变动等不利因素,以及转型升级和数字化变革等破坏性创新因素影响,非公有制经济正在承受前所未有的发展压力。特别是原材料价格大幅上涨,民营企业占比较高的产业链中下游企业和中小微企业,以及直接接触类的生活服务业企业等面临经营成本上升、应收账款增加、融资难融资贵等困难,经营压力较大。另一方面,非公有制经济自身发展也面临问题,一些头部平台企业和特定行业存在的市场垄断、野蛮生长和资本无序扩张等问题,扰乱了市场秩序、破坏了公平竞争。部分企业利用算法优势涉嫌垄断,有的企业凭借市场优势地位挤压中小企业生存空间。教培行业因资本无序扩张而产生的过度商业化问题,更是严重影响教育公平。资本无序扩张还会助长"唯资本论""唯利益论""拜金主义"等不良风气,给社会思想文化带来一定的负面影响。

针对这些突出问题,国家有关部门在 2021 年陆续出台监管措施,加强反垄断监管力度,以实现竞争、增进竞争和规范竞争为根本原则,依法查处有关民营企业存在的垄断和不正当竞争行为。但却引发一些议论,甚至出现

---

① 《习近平对新时代民营经济统战工作作出重要指示强调 坚持"两个毫不动摇" 把民营经济人士团结在党的周围 更好推动民营经济健康发展》,《人民日报》,2020 年 9 月 17 日。

"打压民营经济"的曲解和杂音。应当看到,国家支持非公有制经济发展的方针政策始终没有改变,未来也不会改变,将市场经济治理中常见的现象和手段解读为非公有制经济受到打压,既不客观,也是误导。这些举措是从规范市场秩序,促进和维护公平竞争的市场环境,更好保护消费者权益角度出发,旨在完善社会主义市场经济体制,营造各种所有制主体依法平等使用资源要素、公平公开公正参与竞争的有力举措,也是督促引导企业服从党的领导,服从和服务于经济社会发展大局的必要行动。

因此,此轮监管和依法查处有关企业,针对的是"无序",强调的是"规范",均不是针对特定所有制企业,更不是要限制发展非公有制经济,由此引发的"打压民营经济"的曲解和杂音,是毫无根据的。无论是从当前还是从长远来看,恰恰是为包括民营企业在内的所有市场主体创造更公平、更优化的发展环境,最大的受益者实际上还是占市场主体绝大多数的民营企业、中小企业。从这个意义上说,党中央关于反垄断和防止资本无序扩张的决策部署,是规范行业生态、回应民生关切、有效防范风险、维护公平竞争的务实之举,是贯彻新发展理念、构建新发展格局的重要举措,有利于让更多企业参与创业创新、更好实现经济高质量发展和人民高品质生活。正如《人民日报》评论员文章指出,事实充分证明,非公有制经济在我国经济社会发展中的地位和作用没有变! 毫不动摇鼓励、支持、引导非公有制经济发展的方针政策没有变! 致力于为非公有制经济发展营造良好环境和提供更多机会的方针政策没有变! ①

2022 年 7 月 29 日至 30 日,中央统战工作会议在北京召开。习近平出席会议并发表重要讲话,强调要坚持爱国统一战线发展的正确方向,准确把握新时代爱国统一战线的历史方位。在这次会议上,习近平再次强调"必须促

---

① 《坚持监管规范和促进发展两手并重、两手都要硬》,《人民日报》,2021 年 9 月 8 日。

进非公有制经济健康发展和非公有制经济人士健康成长"，并将其纳入习近平关于做好新时代党的统一战线工作重要思想的"十二个必须"之中，强调"要促进非公有制经济健康发展和非公有制经济人士健康成长，深入开展理想信念教育和社会主义核心价值观教育，帮助他们践行新发展理念，弘扬企业家精神，做合格的中国特色社会主义事业建设者"。促进非公有制经济"两个健康"，由此形成了一个科学完整、内涵丰富、逻辑严密的思想体系，成为做好新时代非公有制经济统战工作的根本指针。新时代新征程，做好新时代非公有制经济统战工作，必须牢牢把握这一主题，为全面建成社会主义现代化强国、实现中华民族伟大复兴汇聚磅礴伟力。①

2022 年 10 月召开的党的二十大站在民族复兴和百年变局的制高点，从战略全局上对党和国家事业作出规划和部署，科学谋划未来 5 年乃至更长时期党和国家事业发展的目标任务和大政方针，提出一系列新思路、新战略、新举措，擘画出全面建成社会主义现代化强国的宏伟蓝图。报告还就促进民营经济发展壮大作出许多新的重大论述，鲜明提出"优化民营企业发展环境""促进民营经济发展壮大"，是牢固坚持"两个毫不动摇"的重要部署，表明了党的一贯立场和支持鼓励民营经济发展的方针政策没有改变，回应了社会重大关切和民营企业的呼声期盼，为民营经济实现高质量发展指明了方向，标志着我国民营经济将迎来新的历史机遇和进入一个新的发展阶段。

2022 年 12 月召开的中央经济工作会议，对坚持"两个毫不动摇"着墨颇多，特别是提出"针对社会上对我们是否坚持'两个毫不动摇'的不正确议论，必须亮明态度，毫不动摇"，强调"要从制度和法律上把对国企民企平等对待的要求落下来，从政策和舆论上鼓励支持民营经济和民营企业发展壮

---

① 王建均：《牢牢把握做好新时代非公有制经济统战工作的主题》，《中国新闻》，2022 年 9 月 27 日。

大。依法保护民营企业产权和企业家权益。各级领导干部要为民营企业解难题、办实事,构建亲清政商关系"。①这次会议观点更加鲜明、表述更加坚定、问题导向更加精准、治本之策更加有力,必将对稳定市场主体预期、提振市场信心,推动经济动力修复与重振增长势头发挥积极作用。更为重要的是,"两个毫不动摇"已经成为不可动摇的重要国策。

2023 年 7 月 19 日,中共中央、国务院发布《关于促进民营经济发展壮大的意见》。这是继 2005 年、2010 年发布的"非公经济 36 条""民间投资 36 条",以及 2019 年 12 月中共中央、国务院印发的《关于营造更好发展环境支持民营企业改革发展的意见》之后,党中央关于民营经济发展的又一重磅文件,对于促进民营经济发展壮大作出了新的重大部署,充分体现了以习近平同志为核心的党中央对民营经济的高度重视和对民营经济人士的深切关怀。从文件名称中出现的促进民营经济"发展壮大"的表述来看,更是在大方向和战略层面体现出对民营经济发展的长期支持。不难看出,这份《意见》为非公经济发展提供了政治保障,对促进新时代非公经济发展壮大和"两个健康"具有重要政治意义和现实价值,也与毛泽东在 1948 年 10 月"引导私人资本纳入'国计民生'的轨道"的指示精神完全一致,②充分显示了中国共产党非公领域统战思想和政策的一脉相承。

---

① 《中央经济工作会议在北京举行》,《光明日报》,2023 年 12 月 17 日。
② 《毛泽东文集》(第五卷),人民出版社,1996 年,第 177 页。

第二章　构建亲清新型政商关系

　　全面构建亲清新型政商关系，是以习近平同志为核心的党中央对党员领导干部同非公人士交往提出的原则性要求，也是在全面建成社会主义现代化强国的背景下政治学、管理学、经济学等多个学科领域研究的重要议题。党的十八大以来，习近平高度重视政商关系问题，多次就构建亲清新型政商关系作出重要指示，强调各级党委和政府要把构建亲清政商关系的要求落到实处。党的十九大报告明确指出，要"构建亲清新型政商关系，促进非公有制经济健康发展和非公有制经济人士健康成长"①。《中国共产党统一战线工作条例》也明确提出，推动构建亲清政商关系，形成有利于非公有制经济发展的政策环境、法治环境、市场环境、社会环境。党的二十大报告再次重申，要"全面构建亲清政商关系，促进非公有制经济健康发展和非公有制经济人士健康成长"②。

　　习近平用"亲""清"二字定位政商关系，揭示了我国新型政商关系的本

---

　　①　习近平：《决胜全面建成小康社会　夺取新时代中国特色社会主义伟大胜利》，人民出版社，2017年，第40页。

　　②　《党的二十大报告学习辅导百问》，党建读物出版社，2022年，第30页。

质,不仅让政商双方在交往中都有规可依,更给党员领导干部同非公人士打交道划出了底线、拓展了空间,也为非公有制经济健康发展和非公有制经济人士健康成长指明了正确道路。

从词义角度理解政商关系,可以将其视为政府管理部门或管理体制与企业等商事主体之间的关系,以及政府官员与企业家之间的关系。从更宏大的视角审视,政商关系还代表着计划与市场、宏观调控和市场决定的关系。在这个意义上说,政商关系的本质在于权力与资本的关系。二者相互联系,密不可分,在缺乏监管和抑制的情形下,越界、腐败等失范行为不可避免。[①]理想的政商关系,意味着政商之间互动密切,但又各自行为独立,边界清晰。在这种关系中,政府"看得见的手"和市场"看不见的手"相得益彰,协调互补,合力发挥作用。良好的政商关系不仅可以推动经济社会改革走向纵深,使市场真正在资源配置中发挥决定性作用,而且有利于更好地发挥政府的服务性职能,建设社会主义法治国家。

正确处理权力与资本的关系是当今世界所有国家面临的共同课题,其中,如何有效防止权力资本化和资本权力化成为首要问题,[②]特别是对于中国这种正处在社会转型时期的发展中国家来说,更是一个严峻考验。[③]新型政商关系正是以理顺社会主义市场经济主体间的关系为切入点,旨在深化政治经济体制改革,通过重构权力与资本的关系,指引权力与资本的良性互

---

① 段涵:《亲与清:新型政商关系的困境与出路》,《行政科学论坛》,2022 年第 2 期。

② 所谓权力资本化,就是指掌握和代表公共权力的个人通过非法手段以权谋私,将自己掌握的公共权力资本化和私有化。通常人们所说的腐败现象,本质就是公共权力的资本化和私有化。权力资本化现象,本质上是一种腐败现象,是对公平正义原则的严重损害。所谓资本权力化,是指资本不仅是一种经济力量,而且力图成为一种政治力量,通过对权力人士价值观的扭曲、生活方式的重塑等方式,完成对权力阶层的俘获。参见靳浩辉、常青:《习近平倡导的"亲""清"新型政商关系:权力与资本良性互动的指南针》,《学习论坛》,2017 年第 4 期。

③ 靳浩辉、常青:《习近平倡导的"亲""清"新型政商关系:权力与资本良性互动的指南针》,《学习论坛》,2017 年第 4 期。

动,从而清晰界定政府与市场之间的边界。

广大的非公人士毫无疑问属于"商"的范畴。从总体上看,绝大多数的非公人士都能够做到守法诚信经营,履行社会责任,在推动经济社会发展、提供就业岗位、增加国家税收、开展自主创新、维护社会稳定等方面发挥了重要作用。但是非公人士由于来源多元,构成复杂,自身素质也参差不齐,必然存在一些不容忽视的问题。党的十八大以来,党中央保持惩治腐败的高压态势,反腐败力度持续加大,随着一些政府官员被查处,少数非公人士也深陷其中,腐败官员落马,往往带出一些非公人士,非公人士被查处也往往会牵连出一批腐败官员。非公人士拥有大量的社会资本和要素资源,一旦与权力勾连,在官员腐败犯罪活动中推波助澜,极容易造成恶劣的社会影响,损害国家经济利益,扰乱经济秩序,败坏政商关系,不仅严重影响非公有制经济发展环境和非公有制经济人士形象,而且影响党风政风,侵蚀党的执政基础。①

非公人士违法犯罪成因复杂,主观因素固然是根本原因。正如习近平在2018年的民营企业家座谈会上指出,部分民营企业经营模式粗放,喜欢一味扩张规模,致使负债过高,在环保、质量、信用等环节存在不规范不合法的漏洞,在严格监管执法形势下碰到较大压力。②少数非公人士为获得较大利益,常常与政府官员保持密切联系,企图依靠他们来获得各类重要信息或优惠政策,以达到降低经营风险、获取更大利益的目的。此外,在现阶段,市场在资源配置中尚未完全发挥决定性作用,非公有制企业在市场准入、产业扶持、税收优惠、金融支持等方面仍面临某种程度的不平等、不公平情况,企业不得不通过金钱铺路,获取要素支持。而一些政府部门则掌握大量的行政审

---

① 中央社会主义学院理论学习中心组编:《画出最大的同心圆——习近平在中央统战工作会议上重要讲话精神学习讲座》,中共中央党校出版社,2015年,第106页。

② 习近平:《在民营企业家座谈会上的讲话》,《人民日报》,2018年11月2日。

批权、管理权、处罚权,当政府官员与企业关系过密,往往会给企业"开绿灯",利用手中权力为企业获取不正当利益提供便利。习近平就曾指明腐败违纪的对象多出现在各级领导干部和处于重点岗位、掌握公共资源的干部身上。因此,无论是政府官员还是非公人士,要适应全面深化改革、全面推进依法治国和全面建设社会主义现代化国家的发展要求,必须努力构建新型政商关系。这不仅是顺应经济发展新常态的题中之义,也是非公有制经济发展需要处理好的最重要的关系之一,是国家治理现代化的重要内容,对于推动非公有制经济健康发展、非公有制经济人士健康成长至关重要。

第一节　新型政商关系提出的历史脉络

一、政商关系在我国的发展历史

政商关系是人类政治和经济活动中的重要关系,具有悠久的历史性和广泛的地域性,是国家治理中一个极为重要的问题。作为一种多层次复合型的关系结构,政商关系由制度与非制度性互动所共同组成的多层次交叉型复合关系结构。[1]

商人和企业家一方面由于具有特定的商业意识、企业家精神、管理能力等,是推动经济社会发展与科技创新的重要力量;另一方面作为一个社会阶层,又对政治秩序产生重要影响。综观世界近现代历史,凡是在制度、思想、政策等方面能够平衡商人和企业家对经济活力和政治秩序产生影响的国

---

[1]　毕思斌、张劲松:《论政商关系互动的演变过程与路径重塑——兼评"放管服"改革对政商关系的影响》,《河南师范大学学报(哲学社会科学版)》,2020年第3期。

家，经济发展、技术创新、军事力量都得到了长足发展，执政者的政治基础也更为广泛，反之则往往面临内外部诸多困难。[①]比如苏联为了维持社会主义政治秩序，抑制商人和企业家的发展，虽然短期内巩固了社会主义制度，但从长期来看，对于商人和企业家的抑制，削弱了经济活力和技术创新，最终导致在大国竞争中失败。而如果政界与商界走得过近，彼此不能保持一定的距离，就会造成政企不分甚至官商勾结，不仅会影响政府独立行使行政职能，而且也会妨碍企业经营决策，这当然是不可取的。但如果政商关系过于疏远，彼此互相掣肘，则对政局的稳定和经济发展所产生的负面作用也不言而喻。[②]

人类社会自出现分工伊始，就产生了交换行为。由交换逐渐演化而成的"商事"甚至早于"政事"的出现。恩格斯在《家庭、私有制和国家的起源》中就对市场先于国家诞生的景象进行了描绘，商业活动打破了血缘关系，促使私有制成为新的分配制度核心，最终缔造了国家。经济基础决定上层建筑，展示出政商关系最为宏大的一面，同时也是东、西方社会格局的结构性差异。[③]作为社会关系的一种重要形式，政商关系在我国自古以来也是一个复杂而重要的问题。

早在先秦时期，商人部落就以擅长贸易而知名。商朝灭亡以后，商朝部族为维持生计不得不在各地区之间交易物品。由于商族人贸易活动风生水起，便有"商邑翼翼，四方之极"之说，久而久之，他们及所从事的职业便被称为"商人"和"商业"。周代及春秋战国时期（商鞅变法之前）的政商力量相对平衡，权力难以驾驭资本。诸侯国统治者有富国强兵的需要，大都比较重视

---

① 冯留建：《中国共产党民营经济改革的百年历程与历史启示》，《四川师范大学学报（社会科学版）》，2021 年第 3 期。

② 陈鸿斌：《剪不断理还乱的日本政商关系》，《上海证券报》，2016 年 8 月 15 日。

③ 毕思斌、张劲松：《论政商关系互动的演变过程与路径重塑——兼评"放管服"改革对政商关系的影响》，《河南师范大学学报（哲学社会科学版）》，2020 年第 3 期。

商业，有的商人还直接参与政治活动。管仲就鲜明提出，"万乘之国必有万金之贾，千乘之国必有千金之贾，百乘之国必有百金之贾"。孔子的富商弟子子贡就是积极参与政治活动的典型代表，"子贡结驷连骑，束帛之币以聘享诸侯，所至，国君无不分庭与之抗礼"。吕不韦更是通过商业投资成为秦国宰相。随着商人队伍的不断发展壮大，逐渐产生了"野与市争民"的现象，影响了农业生产，夺取了一部分官府的经济利益。于是在战国时期，便出现了以法家为代表的轻商、抑商政策。从商鞅变法开始，国家推行以农为本、农战结合的政策，提出了重农限商主张。秦朝则把重农抑商作为基本国策。

到了汉代，重农抑商政策继续施行，权力加大了对资本的控制，商人地位进一步降低。如汉朝规定商人不得着丝绸、不准乘车马，市井子孙不得仕宦为吏等。汉武帝时期重农抑商政策基本成型。到了唐代，唐太宗强调"工商杂类不预士伍"，商人没有参加科举考试的权利。宋朝为了扩大执政基础，全面推行科举制度，逐渐废除对商人的各种歧视与禁令。此后历代封建王朝，虽然中间也出现过较为重用商人的现象，但总的来讲，由于在中国古代，封建经济建立在农业经济基础之上，商人地位普遍较低。由于政府掌握着绝对的权力和资源，位于"士农工商"之末社会底层的商人群体，被看作不利于君主统治和人员管控的群体，长期处于从属、依附地位的商业生存空间狭小，不能直接转变为士，也不能被皇帝录用从政。商人群体只能通过寻求与官员结盟以保证对政治环境的敏感性，并获取更多的稀缺性资源和寻求政治权力的庇护以维持生存和发展，逐渐形成了"以权逐利""以利逐权"的政商关系。从商业发展的角度来看，这种政商关系并不成功，扼杀了商人的进取精神。这也是中国没有发展出西方式的近代资本主义的重要因素之一。

晚清以来，随着洋务运动的开展，在清政府的鼓励和培育下，一批官办近代制造业企业应运而生，也产生了一大批从事新式商业活动的商人。他们以官办、官商合办、官督民办等形式从事工商业，推动政商一体化，但也出现了官商勾结现象。一些商人被授予政治头衔,被称之为"红顶商人",政商界限被人为打破。"亦官亦商"一度成为大官僚与大商人在垄断性政治经济权力下生存的身份特征。官员的政治声望和政治地位的上升得到商界的支持,商人也凭借自身经济资源和身份地位的提升获得更多的政治经济利益,间接影响政治、政策走向。①辛亥革命以后,在振兴实业的风潮下,民族资本主义经济发展,商人地位空前提高。在民国初期,官商结合的利益集团逐渐强大,不过由于工商业自治团体的存在,政府的权力依然受到议会和舆论的约束。与此同时,官僚资本主义让政商一体化程度进一步强化,国民党蒋宋孔陈四大家族通过权力与金钱的结合,形成了以政养商、以商辅政的局面。②

新中国成立初期,党和政府一开始实行新民主主义经济政策,即"没收大银行、大工厂、大商业归新民主主义国家所有",但"允许不能操纵国计民生的资本主义生产的发展"。《中国人民政治协商会议共同纲领》就规定:"凡有利于国计民生的私营经济事业,应鼓励其经营的积极性,并扶助其发展;在必要和可能的条件下,应鼓励私人资本向国家资本主义方向发展。"③这一时期,在对正常商人采取经济接纳的同时,还进一步实施了政治吸纳。大批爱国商人进入各级政协参政议政,有的还被任命为政府管理人员。但不久之后,一些不法商人不满足于以正常方式获取利润,而是希望通过行贿、偷税漏税、盗骗国家财产、偷工减料、盗窃国家情报(即"五毒")等方式牟取不正当利润,严重损害人民利益、败坏党风政风。

为此,中国共产党在 1952 年开展了一场针对上述"五毒"的"五反"运动。自此之后,社会主义过渡时期开始,至 1956 年,在全国范围内基本完成

---

① 杨典:《政商关系与国家治理体系现代化》,《国家行政学院学报》,2017 年第 2 期。

② 中国纪检监察杂志社课题组:《构建亲清政商关系助推经济高质量发展》,《中国纪检监察》,2023 年第 8 期。

③ 中共党史研究室编:《中国共产党历史:第 2 卷》,中共党史出版社,2011 年,第 14~15 页。

了对生产资料的社会主义改造。随着国家对私营工商业进行社会主义改造，私营经济被消除。政府对所有生产环境和销售渠道严格管控，只剩下国有企业和集体企业，民营性质的企业商人几乎绝迹，传统意义上的"商人"不复存在。加之长期施行计划经济，基本不存在当代意义上的政商关系，政商关系单一体现为政府与公有制企业的关系，双方同质化倾向十分明显。[①]这个时期的政商关系可以看作政企关系，政府在资源配置方面占有绝对主导地位。而国有企业和集体企业负责人虽然在经济活动中可以被看作"商"，但在政治上与作为领导干部的"官"并无本质区别。

改革开放以后，发展社会主义市场经济，政商关系仍然是绕不开的重要话题。1979 年改革开放刚刚拉开帷幕，邓小平就强调："经济工作是当前最大的政治，经济问题是压倒一切的政治问题。"[②]伴随着市场主体的日益增多，多种所有制经济的共同发展，使得我国政商关系的面貌变得更加复杂，政商关系多元化地表现为政府部门与各类所有制主体之间的关系。随着私营经济重新出现并不断发展，成为社会主义市场经济的重要参与者和组成部分，社会主义市场经济也培育出了新一代的民营企业家，现代意义上的政商关系在中国社会应运而生。

2000 年 1 月 24 日，《人民日报》报道了浙江推举 12 位私营企业经营者成为省劳动模范的新闻，引发社会广泛热议。其后，中央统战部指出，通过诚实劳动和合法经营先富起来的个体劳动者和私营企业主，是政策允许的，也是光荣的。伴随着非公有制经济的不断发展，政商关系逐步理顺，并在推动经济社会发展过程中起到了积极作用。当然，针对不同的所有制形式，这一时期政商关系存在的问题也不尽相同。对公有制企业而言，政企不分及其导

---

① 段涵：《亲与清：新型政商关系的困境与出路》，《行政科学论坛》，2022 年第 2 期。

② 邓小平：《经济工作是当前最大的政治，经济问题是压倒一切的政治问题》，http://cpc.people.com.cn/n/2013/0819/c69710-22616488.html。

致的软预算约束是主要问题。因此,应该建立"产权明晰、权责明确、政企分开、管理科学"的现代企业制度。对非公有制企业而言,政商关系则缺乏适当边界。部分官员公器私用,通过与非公人士结成不适当关系片面追求个人政绩和不正当利益。一些非公人士为获取便利和竞争优势,也精心编织与官员的利益网络,通过官员庇护拉近政商关系获取市场资源、超额利润和政治利益。①对政府而言,则提出要推动政府从管理型向服务型转变,主张厘清政府与市场的权责边界,政府应秉持"不能越位,也不能缺位"的准则,并倡导提高政府效能,提出"放管服"改革。

通过简要梳理我国政商关系的发展脉络不难看出,政商关系归根到底是公权力与市场主体之间在资源配置、服务供给、政策保障、利益维护等方面的互动,其中公权力的具象化体现就是官员,市场主体的具象化呈现则是商人。政商关系的互动效果,既受到国家社会政治环境的影响,是一个时期国家社会政治发展的产物,同时又深刻影响着国家的经济发展和社会风气。一般来说,权力对资源的占有和支配越少,政对商的影响就越小,商对政的依附越少,经济的健康发展就越快;而权力对资源的占有和支配越多,商对政的依附越大,就越影响经济的健康发展。经济发展畸形,就容易形成政商勾连,商人想方设法腐蚀官员,以换取权力控制下的资源,进而获得更多的利益,由此则必然带来官员腐败,败坏社会风气。

二、世界范围内政商关系互动模式

政府与企业之间的亲近关系,是市场经济背景下世界经济运行的普遍性现象。政商亲近,乃至政商结盟,有其存在的客观原因。西方国家及其政府

---

① 杨典:《政商关系与国家治理体系现代化》,《国家行政学院学报》,2017 年第 2 期。

早在全球化起步阶段，就充分认识到全球化带来的深刻影响，其国家硬实力与软实力的落实，都离不开企业，政商亲近也就成为西方国家及其政府推进国家战略的重要手段。[①]从全球范围来看，西方国家虽然自诩实行"完全市场经济"，但事实上西方国家绝大多数的超级企业在全世界扩张都可以看到其背后政府的影子，资本和权力的关系也错综复杂。

西方社会的政商关系，根植于其特有的经济与政治制度，同时反过来也形成其特有的关系模式。一方面，自由竞争的市场经济以及在此基础上形成的多元利益格局，要求各主体拥有表达利益的充分机会，包括主动接触政府及政治人物的机会；另一方面，多党制、权力分散、竞争性选举等制度安排，则为众多企业影响政治选举与政策过程提供了制度基础。[②]具体来看，包括企业和财团在内的不同利益主体，通过多种政治参与形式影响政治过程和政策制定。有学者归纳总结为如下四种：

（一）政治献金与选举支持

商人影响政治的最直接方式是政治献金，即向从事竞选活动的政党或者政党代表提供各种资金支持。而来自大公司和大财团政治献金的捐赠额和捐赠对象数，与其所获得的预期回报基本成正相关关系。美国的政治献金最为典型。美国《联邦选举竞选法》对政治献金的定义是：所谓政治捐献是指金钱或有价物的赠予、捐赠、借贷、垫付或储存，用以影响联邦公职人员的选举。根据规定，任何个人在同一年内，对同一竞选人的捐款不得超过1000美元，对所有候选人的捐款不得超过25000美元，对同一政治行动委员会的捐款不得超过5000美元，对同一政党的全国委员会捐款不得超过20000美元。任何政治行动委员会在一年内对同一候选人的捐款不得超过5000美

---

① 张洪为：《全球比较视角下"亲"与"清"新型政商关系的构建》，《行政论坛》，2018年第6期。
② 陈家喜、郭少青：《西方国家政商关系的建构路径与约束机制》，《新视野》，2020年第4期。

元,对同一政党的全国委员会捐款不得超过 15000 美元,参议院的民主党、共和党两个参议员选举委员会对同一候选人的捐款不得超过 17500 美元。虽然法律对竞选经费进行了严格的控制,但实际还是存在着很大的漏洞。因为《联邦选举竞选法》将美国选举中的政治献金区分为"硬钱"和"软钱"。所有竞选捐款中的"硬钱"都要来自个人,并受到严格限制。但是"软钱"则无上限,任何个人、公司和利益团体都可以向政党的"非联邦账户"提供捐款,用于该党州和地方层面的"政党活动"。因此,捐赠者往往通过捐"软钱"的方式回避法律约束。许多大公司和大财团虽然不直接向政党和政治候选人捐款,但是通过设立政治行动委员会为联邦选举筹集资金。在英国,保守党一直被视为大企业和财团的政治代表,2004 年该党总收入中约 70%来自大公司的捐赠和各种募款。当然,囿于英国选举法规限制,企业家捐款表面上并未直接捐给保守党,而是捐给了英国联合企业家、经济同盟、政策研究中心等保守党的外围组织。

"在西方国家的政商关系中,日本可说是个特例。因为在诸如美国等国,通常只在大选年,企业才会向政党提供献金,但日本企业却是常年连续不断为政府提供献金。"①日本政商关系亲近具有很长的历史传统。早在第二次世界大战以前,日本政商亲近就共同推动了国家经济在全世界的扩张。第二次世界大战以后,日本财界的力量被保留下来,其政商关系也得以延续。"虽然作为推动日本军事扩张重要力量的财阀已经不存在, 但是这些保守性和垄断性的企业并没有被隔断历史联系, 反而在战后的商界体系中得到新发展。"②日本的这种极为亲密的政商关系,不断地渗透进其政府体系中,进而利用这种密切关系,利用国家为企业谋取利益。③日本政治工商界对政治人

---

① 陈鸿斌:《剪不断理还乱的日本政商关系》,《上海证券报》,2016 年 8 月 15 日。
② 于悦:《日本政治中的政商关系的历史传承性》,《当代世界社会主义问题》,2006 年第 1 期。
③ 张洪为:《全球比较视角下"亲"与"清"新型政商关系的构建》,《行政论坛》,2018 年第 6 期。

物的捐款主要通过政治后援会完成,它们或是按月交纳 5000 日元至 5 万日元不等的会费,或是不定期的大额捐款。如果每个当选议员手下有 500 个这样的企业,每月便可收入 500 万日元至 1000 万日元的会费。[①]

(二)游说活动与政策制定

游说是指利益集团与政府官员开展信息交换的活动。这里的利益集团泛指任何有利益诉求的政府、企业、社会组织和个人。在美国,作为公民请愿权的实现方式之一,游说受到宪法第一修正案的保护。美国规范游说活动的法案主要可分为内、外两部分:1995 年颁布的《游说公开法案》(*Lobbying Disclosure Act,LDA*)规范的是国内利益集团的游说活动。1938 年颁布的《外方代理人注册法案》(*Foreign Agents Registration Act,FARA*)规范的是国外利益集团的游说活动。换句话说,在法定范围内的游说活动通常会受到国家法律机关的保护,不用担心腐败或权钱交易等社会指责。[②]在相关法案的规范下,大量西方国家政府与企业通过聘请职业说客(Lobbyist)积极参与游说政府官员,频繁同政府官员共享信息与政治互动。

相较于政治献金而言,大公司和财团更青睐于通过游说活动影响具体的政策制定,因此投入经费数额也相对较多。2012 年,美国利益集团在游说联邦政府方面所花费的金额高达 35 亿美元,而利益集团的政治行动委员会、超级政治行动委员会(PAC)和“527 委员会”在选举周期的竞选捐款花费约为 15.5 亿美元,每年平均约 7.5 亿美元。掌握资源的多寡往往决定着政府部门在游说活动过程中的重要性,国会、美国财政部证券交易委员会、联邦法院、州政府是美国大公司比较集中的游说对象。美国利益集团围绕上述对象开展游说活动的费用则逐年攀升。英国的游说活动也十分普遍,2007 年英

---

① 王振锁:《自民党的兴衰:日本“金钱政治”研究》,天津人民出版社,1996 年,第 96 页。

② 张友浪:《华盛顿特区的国际游说活动:美国外交中的“里子”》,《北京日报》,2021 年 7 月 9 日。

国游说团体工作人员达 14000 人，涉及金额 19 亿英镑，每周接触 100 多名国会议员。①

（三）利益集团与政治影响

在西方国家，大公司除了政治捐款和游说活动之外，还往往通过组织利益集团以影响政党、选举及政策。利益集团是西式选举民主制下最具政治影响力的存在，其为维护自身小集团利益，极力影响政治议程，阻挠对其不利的政策决定，致使许多符合社会公共利益和国家长远利益的决策难以及时做出和有效执行。②与其他西方国家相比，在美国的政治生活中，利益集团更加活跃，更有组织性，也更具影响力。利益集团是"美国政治进程中十分重要的因素"。与以前相比，政治生活中其他的政治角色特别是政党的作用正在被削弱，因而利益集团组织也更有影响力。③它们为了自己的利益而向政府施加压力，影响公共政策，其行动常常妨碍既有民主程序的运作，造成政府低效和腐败，政策倾向于维护大财团和权势者的利益。④美国的大公司组织了许多协会和商会，如商业圆桌会议、美国商会以及全美制造商协会等。作为代表诸多企业、财团利益的强大游说组织，美国商会 2013 年投入院外游说活动的经费高达 7450 万美元。英国商业领域的利益集团影响也十分巨大，具有代表性的就包括英国商会、英国保险公司商会、小企业联合会等。其中，英国工业联合会是英国最大的商业组织，被视为"英国最大的商业压力集团"，代表着 1500 家直属会员单位以及贸易协会，其目标是促进英国所有类型和领域的商业环境的改善，同时与社会分享价值。⑤

---

① 陈家喜、郭少青：《西方国家政商关系的建构路径与约束机制》，《新视野》，2020 年第 4 期。
② 张程：《揭穿西式选举民主的"神话"》，《红旗文稿》，2017 年第 4 期。
③ 袁征：《西方利益集团何以陷入恶性政治博弈》，《人民论坛》，2017 年 8 月上。
④ 陈刚：《被利益集团挟持的美国民主》，《湖北日报》，2016 年 9 月 12 日。
⑤ 陈家喜、郭少青：《西方国家政商关系的建构路径与约束机制》，《新视野》，2020 年第 4 期。

　　日本工商业界最高层次的组织则是被称作"财界"的、表面上代表工商业界整体利益的四大团体,即"经济团体联合会"(简称"经团联")、"日本经营者团体联盟"(简称"日经联")、日本商工会议所(简称"日商")、"经济同友会"(简称"同友会")。这些组织内部均设立了从事政策研究的相关部门,并同政府部门保持着密切联系。其中,"经团联"在日本财界四团体中作用最大,其会长被称作"财界总理"。该团体成立于1946年8月,最初由大企业经济团体与中小企业经济团体联合组成。1952年代表中小企业利益的"日商"退出"经团联"后,"经团联"遂变成以大企业为中心的经济团体。"经团联"的会长、副会长、理事均为各大财团的主要负责人,他们分别代表着不同的产业团体和企业组织。"经团联"作为财界的核心团体,其主要任务是"凝聚经济界的总意志、动员经济界的总智慧、左右政府的内外政策、贯彻经济界的总要求"。从表面上看,该团体代表了整个工商业界的利益,某些现象也反映了"经团联"拥有这种整合能力,但实际上"经团联"主要代表大企业的利益。为了掌握国家的政治经济命脉,以"经团联"为首的日本财界通过"密室政治"、到行政部门任职、接收政府退职官员等渠道,同政府各部门结成盘根错节的人事网,以期使政府按财界意图行事。日本政客及官僚也经常受邀到这些政策研究机构座谈,征求意见。

(四)政治旋转门与精英角色互换

　　政府官员退休或离职之后下海进入企业、学校任职的现象,被西方的公共行政伦理专家称为"旋转门现象"。在美国,政治体制的运转与金钱密不可分。联邦政府与利益集团之间的权钱勾连只隔着一扇"旋转门",这已成为当下美国政治的常态,也让更多的金主、财阀趋之若鹜,积极利用这一机制影响政府决策并衍生出庞大的政治游说力量。据美国媒体统计,有约半数的离任国会议员都在华盛顿著名的游说公司聚集地K街谋得职位。美国社会学家查尔斯·赖特·米尔斯在《权力精英》一书中将这些进出"旋转门"的人称为美国的"权力精英"。他指出，这些人操纵着国家机器并拥有各种特权，占据着社会结构的关键位置，在经济、政治、军事等领域相互紧密联系，掌握着决策的权力。[①]根据美国法律，竞选上台的总统有权组织政府，并常常将一些政府官职奖赏给对其选举有功人士，特别是那些提供大笔竞选经费的金主。在美国的驻外大使中，通常70%左右是职业外交官，30%为总统特别任命。每个新总统上任之后，都会将大使中的一些肥缺——亦即到那些平安无事的盟国履行基本上是礼仪性的职务——赠予竞选中的功臣。

2009年奥巴马上台后任命了29位有大捐款人背景的大使。其中包括驻英国大使、互联网大鳄CNET高管马修·巴镇（Matthew Barzun）；驻新加坡大使、律师柯克·瓦加（Kirk Wagar）；驻新西兰大使、巴克莱银行高管马克·吉尔伯特（Mark Gilbert）；驻荷兰大使、律师提摩西·布劳斯（Timothy Broas）等。其中绝大多数完全没有外交经验。2016年上台的特朗普，更是将政府119个高级职位中的38%奖赏给其选举"金主"，其中包括直接任命捐款超过千万美元的里基茨为商务部副部长和德沃斯为教育部长、捐款600万美元的女富豪麦克马洪为小企业管理局局长。更大的"回报"则是政策倾斜，当选总统和议员们通过优惠政策、项目外包等方式回馈"金主"。据美国财经博客网披露，2007—2012年间，在政治上最活跃的200家企业，共耗费58亿美元用于联邦游说和竞选捐款，而他们从联邦政府的生意和支持中得到了4.4万亿美元的回报。[②]

"旋转门现象"在其他西方国家同样存在。尽管日本政府2008年12月起实施的日本《国家公务员法》修订案规定，国家公务员不得在任期内向与

---

① 转引自新华社记者：《"旋转门"背后的美国"权力密码"》，载新华网 http://www.xinhuanet.com/world/2021-02/04/c_1127064705.htm。

② 张程：《揭穿西式选举民主的"神话"》，《红旗文稿》，2017年第4期。

有利益关系的企业和团体开展求职活动。利益关系包括行政许可审批、国家经费发放等。原则上，国家公务员退职后两年内，也不得在下属营利企业再就职，但事实上公务员离职后去利益相关企业或高校等团体任职的现象，已经成为日本官场心照不宣的惯例。根据日本《朝日新闻》的调查，2008 年末《国家公务员法》修订案实施后，政府共收到约 1.1 万件国家公务员再就职申请。其中，七成以上是在离职后 90 天内再就职，而离职次日即再就职的比例超过一成，再就职的方向主要为与原职务紧密相关的企业和机构。[①]

鉴于资本与权力结合产生的诸如政治不平等、资本利益的过度表达，乃至寡头民主的出现等消极影响，西方国家也尝试通过完善法律以约束政治献金，设立公开登记制度以监督游说活动以及通过事后监督防范官员腐败等多重方式约束政商关系。[②]

三、政商关系面临的现实问题

改革开放至党的十八大之前的一段时间里，中国的要素市场化改革严重滞后于产品市场化进程，在"半指令，半市场"的制度背景下，中国政府官员仍然掌握着大量企业成长所需的经济资源、行政资源以及自由裁量权，这些资源的分配和权力的使用往往并不透明且缺乏司法监督，[③]政商关系成为腐败和寻租的重灾区。换言之，在向市场经济转型过程中，个别政府官员通过对政策的过度干预和不必要的行政管制来人为地造成资源稀缺，从而形成大量寻租空间。只要有形的手继续过度干预，政府官员有意或无意创租的

---

①　田泓：《人事部门为公务员在利益相关团体谋职日本官场"旋转门"司空见惯》，《人民日报》，2017 年 2 月 11 日。

②　陈家喜、郭少青：《西方国家政商关系的建构路径与约束机制》，《新视野》，2020 年第 4 期。

③　吴敬琏、黄少卿：《权与利的博弈——转型时期的制度环境与企业家行为》，《品牌》，2006 年第 8 期。

空间就不会消失。持续的寻租活动必然会导致大量腐败行为的发生,在破坏市场经济基本规则的同时也会造成不平等的企业间竞争关系,产生"劣币驱逐良币"的现象。许多官员的腐败问题都是由于政策执行过程中的权力设租与寻租所导致的。①因此,打破和规范非正式政商关系是与党的十八大以来推进的高压反腐紧密联系在一起的。一方面,党的十八大以来有大批的党政领导干部被调查,与之关联的企业受到惩处,基于寻租关系构建起来的"官商同盟"被打破。另一方面,党的十八大以来出台的反腐举措直接或间接地影响着中国的政商关系。例如,2013 年 10 月 19 日,中共中央组织部发布了《关于进一步规范党政领导干部在企业兼职(任职)问题的意见》,不允许官员兼任企业独董,制度性解决了政商旋转门问题;中央通过 7 轮巡视,完成了对 55 家国有重要骨干企业的巡视全覆盖,缩小了国有企业管理者凭借"亦官亦商"的身份进行寻租的空间,提高了寻租成本。②但不可否认,当下的政商关系仍面临许多现实问题。

(一)政商交往边界不清,亲而异化

在正风反腐高压态势下,涉企歪风和腐败问题得到有效遏制,但亲清不分、关系异化、吃拿卡要、以权谋私、权钱交易等问题仍然是当前腐败的主要形式。一些领导干部与老板之间保持相对稳定的关系圈子,透过以权力为圆心、以老板和同伙为半径,形成利益均沾的腐败共同体。从近年来违纪个案来看,当领导干部与企业家关系过密时,有的干部往往会给企业"开绿灯",利用手中权力给企业提供获取利益的便捷方式,看似亲密关系的背后实际上可能暗藏着权钱交易。特别是工程建设领域历来是官商勾结权钱交易的

---

① 刘以沛:《构建良性互动的合理政商关系》,《中州学刊》,2016 年第 9 期。

② 王可第:《政商关系转型与中国企业创新——论政府在创新驱动发展中的角色》,南开大学博士论文,2019 年。

重灾区,一直是党和政府治理的重点,同时也是痛点难点。对此,习近平明确指明腐败违纪的对象多出现在各级领导干部和处于重点岗位、掌管公共资源的干部身上。[①]

(二)部分政府部门工作效率低下,清而不为

党的十八大以来,全面从严治党战略布局要求领导干部应严格约束日常行为与规范工作标准。然而部分行政部门仍然对相关政策不积极落实执行,继续坚持传统行政思想观念,采取低效率的工作方式和方法,尤其面对企业在发展中出现的新问题时,不能正确提出可供企业参考的实质性指导意见,甚至消极怠工。清而不为、为清舍亲等不担当不作为现象有所抬头。从调研来看,少数政府部门公职人员为了自己的清白,怀着"宁可不做事、绝对不出事"和"多做多错、不做不错"的心态与企业打交道,习惯做"太平官",突出表现为不敢为、不愿为、不作为"三不"问题。对此,习近平指出:"我们做人一世,为官一任,要有肝胆,要有担当精神,应该对'为官不为'感到羞耻,应该予以严肃批评。"[②]

与此同时,我国发达地区和欠发达地区在"放管服"改革落实上差异较大,部分地区和部门机构存在重叠和职能交叉,权、职、责不明晰现象。部分政府官员对于职责范围内的企业服务事项采取推诿避责的冷处理方式,"门好进、脸好看"但就是"事不办",导致部分涉企公务难以得到有效落实,严重阻滞了企业发展。此外,服务水平较低也是政府部门普遍存在的问题,甚至还出现有的政府公职人员对有关政策不熟悉,不能及时回应企业合理诉求。[③]一些领导干部也没有做到"了解企业家所思所想、所困所惑,涉企政策制定

---

①《习近平重要讲话文章选编》,中央文献出版社,2016年,第235页。

② 习近平:《在党的群众路线教育实践活动总结大会上的讲话》,人民出版社,2014年,第23页。

③ 聂勇钢、曾南权:《习近平关于亲清政商关系重要论述研究》,《决策与信息》,2022年第6期。

要多听企业家意见和建议,同时要坚决防止权钱交易、商业贿赂等问题损害政商关系和营商环境"①。

(三)政企沟通协商不畅

所谓政企协商是指党委政府同民营企业负责人就企业发展面临的重大现实问题和涉及行业发展的方针政策等,通过座谈商讨、约谈协商、民主交流等民主协商形式,实现政府及时了解民营企业存在的困难、帮助民营企业渡过难关,以促进党委政府与民营企业的良性沟通。②政企通畅往来是政商间良性互动的重要体现之一,能够起到及时传递市场信息、政企共同促进、提高政府公信力的重要作用。政商之间交往的"亲"和"清"应该紧密结合,但现实中还存在当企业遇到发展困境时,领导干部并没有切实做到习近平所提出的"亲"的正确要求,甚至不愿意与企业接触,使得企业无法将自身诉求告知政府。再加上客观沟通渠道的局限,使得政商之间的沟通交流不畅,这也潜在地激发了商人通过利益输送打通关节行为的产生。③具体来说,当前政企协商面临的突出问题主要表现在党委政府对政企协商重视程度不够、政企协商工作制度化不强、政企协商渠道不多、政企协商效果不足四个方面。因此,政企沟通机制还有待完善、沟通平台尚待便捷化。

(四)商人"围猎"政府官员问题仍然存在

就商人而言,在向市场经济转型期间,非公人士倾向于通过与掌握大量稀缺资源的政府部门以及政府官员建立超出正式制度外的联系来进行权力

---

① 习近平:《在企业家座谈会上的讲话》,《人民日报》,2020 年 7 月 22 日。
② 贾婷:《政企协商在非公有制经济"两个健康"中的作用研究》,隗贤斌、陆聂海主编:《新时代民营经济发展和企业家成长》,九州出版社,2022 年,第 75 页。
③ 聂勇钢、曾南权:《习近平关于亲清政商关系重要论述研究》,《决策与信息》,2022 年第 6 期。

依附,从而达到减少交易成本、为自身谋取更多发展机会与创造更好发展环境的目的。政治联系的民企相较于无政治联系的民企而言会获得更多的财政补贴,市场化程度越低、政府支配资源越多、产权保护越差和法治水平越低的地区,政治联系的这种财政补贴获取效应越强。①尽管许多商人可能并非出于自愿,但是在政治权力频繁干预市场的情况下,一些商人还是会选择通过输送物质利益来寻求靠山。制度内沟通渠道相对狭窄单一使得许多中小型民营企业不得不借助制度外渠道来和政府建立联系,通过依附于掌握大量资源与审批权力的政府官员来为企业发展获取更多资源与政策扶持。在"政强商弱"的政商关系格局中,并非每个民商都有机会、有实力与党政部门或官员建立紧密联系,更多的民商选择了容忍求全,对他们来说非正式渠道比正式渠道更为有效率。②当然,并非所有的民营企业家都是出于"被动"原因而采取行贿方式与政府官员建立联系。更多情况下,一些具有一定影响力的民营企业家倾向于以非正式渠道主动接近政府官员,通过行贿的方式对官员手中的公权进行"俘获",以期对政府决策过程产生影响。按照公共选择理论,这样一种"俘获"行为对官员和企业家双方都是有利的。然而从长远来看,这种扭曲的竞争环境对于民营企业创新机制的培育和市场与政府关系的健康发展十分不利。③

四、亲清新型政商关系的提出

习近平始终高度重视政商关系问题。他关于新型政商关系问题的思考,

---

① 余明桂、回雅甫、潘红波:《政治联系、寻租与地方政府财政补贴有效性》,《经济学研究》,2010年第3期。
② 张伟:《市场与政治:中国民商阶层脸谱》,中央编译出版社,2015年,第198页。
③ 刘以沛:《构建良性互动的合理政商关系》,《中州学刊》,2016年第9期。

是基于其在地方和中央工作的长期实践探索。早在非公有制经济活跃的福建、浙江地区工作期间，习近平就对政商关系问题多有提及。①

福建是习近平新时代中国特色社会主义思想孕育和实践的重要地方。在福建工作期间，习近平坚持"两个毫不动摇"，倡导建立新型政商关系的生动实践，为推动非公有制经济持续健康发展作出了重要贡献。20世纪80年代末期，我国沿海地区曾兴起下海经商热潮，宁德地区官员也有不少人意欲为之。时任福建省宁德地委书记的习近平在柘荣县考察时就告诫当地官员当官不要以钱为念，而要以理想为基础。他说，不要看到经商发财而感到怅然若失，如果觉得当干部不合算，可以辞职去经商搞实业，但千万不要既想当官又想发财，还想利用手中权力谋取私利，官商结合必然导致官僚主义。他在接受《福建论坛》记者采访时也提道，熊掌和鱼，不可兼得，不要既想当官，又想发财，要当干部就不要想发财。②

浙江是非公有制经济发达地区，也是习近平新时代中国特色社会主义思想的萌发地之一。习近平提出的"八八战略"第一条就是"进一步发挥浙江的体制机制优势，大力推动以公有制为主体的多种所有制经济共同发展，不断完善社会主义市场经济体制"③。2000年初，整个国家对于市场主体的认识还没有完全统一，社会上存在一些质疑的声音：多种所有制经济共同发展，会不会动摇公有制的主体地位？非公有制经济发展，会不会蚕食社会主义公平？效率与公平，孰轻孰重？浙江民营企业家承受着巨大的压力。面对这种情况，习近平在多个场合高度肯定浙江民营企业对浙江经济和全国经济作出的巨大贡献，为民营经济发声助力。2003年3月，习近平在《政策瞭望》杂志

---

① 杨卫敏：《构建"亲""清"政商关系探析》，《江苏省社会主义学院学报》，2016年第3期。

② 习近平：《摆脱贫困》，福建人民出版社，1992年，第74页。

③ 《"习近平同志提出的'八八战略'非常具有前瞻性"——习近平在浙江（一）》，《学习时报》，2021年3月1日。

上发表《民营经济是浙江活力之所在》的文章时指出,为民营企业营造良好的服务环境,是政府及各部门的重要职责。2003年12月13日,1000多位民营企业家走进浙江省人民大会堂,参加首届浙江省民营企业峰会,开全国之先河。习近平向大会发来《致全省民营企业家的一封信》,并在信中"感谢广大民营企业家的创造和奉献"。2004年1月12日,仅仅时隔一个月,在浙江省知名民营企业家座谈会上,习近平再次指出,没有民营经济的快速发展,就不可能有浙江改革开放和经济社会发展的辉煌成就,不可能有今天浙江经济的勃勃生机和强劲活力,民营经济在浙江富民强省建设中功不可没。2004年2月3日,习近平出席浙江省委、省政府召开的全省民营经济工作会议并讲话。他在充分肯定浙江省民营经济重要地位和作用后指出,必须进一步增强机遇意识,抓住机遇,乘势而上,推动民营经济发展实现新的飞跃。①

习近平还是最早参加浙商活动的省委书记。浙江是典型的资源小省,陆域资源少,原有工业基础薄弱。广大浙商"穷则思变",乘着改革开放的春风,艰苦创业。凭借敢闯敢干的"四千精神"(走遍千山万水、吃尽千辛万苦、说尽千言万语、想尽千方百计),浙商逐渐成为一支全国人数较多、分布较广、影响较大的民营企业家队伍。浙商不仅是浙江发展的活力所在,也是浙江经济的竞争力所系。在2005年和2006年,习近平连续两次参加浙商大会,并作重要讲话。在浙商论坛2005年峰会上,习近平指出,在社会主义市场经济大潮中培育和成长起来的浙商群体,在浙江改革开放和经济社会发展中发挥了重要作用,为浙江的改革与发展作出了重大贡献,已经成为浙江发展的一支最活跃的生力军。浙商不仅是浙江发展的活力所在,也是浙江经济的竞争力所系,特别是在浙商身上所体现出的创业精神和商业智慧,集中反映了浙江精神,展示了浙江人的良好形象。这一番讲话对"浙商"概念作了全面阐

---

① 《汇聚磅礴力量 同心勇立潮头——习近平同志在浙江工作期间关于统战工作的探索与实践》,《浙江日报》,2023年8月17日。

述,明确了浙商对浙江经济发展的重要作用,提振了广大浙商的信心。①到中央工作以后,习近平仍然十分关心浙商的发展。2011 年 10 月,以"创业创新闯天下、合心合力强浙江"为主题的首届世界浙商大会召开。习近平专门发来贺信,为浙商加油鼓劲。

在浙江工作期间,习近平对政商关系问题也进一步作了深入思考。担任省委书记期间,习近平在《浙江日报》"之江新语"栏目,发表的多篇文章都涉及政商关系这一重要问题。习近平多次指出,浙江非公有制经济比较发达,各级领导干部一方面要支持非公有制企业发展,要亲商、安商、富商;另一方面,同企业家打交道一定要掌握分寸,公私分明,君子之交淡如水。②针对企业家守法诚信,习近平要求浙商努力学习并践行以"八荣八耻"③为主要内容的社会主义荣辱观,在经营过程中坚持依法诚信、诚信经营,主动接受政府监管和社会监督,切实做到"以诚实守信为荣,以见利忘义为耻"④。针对企业家履行社会责任,习近平寄语浙江商人要努力把自身企业的发展与国家的命运结合起来,把个人的富裕与全体劳动者的共同富裕结合起来,把遵循市场运行法则与发扬社会主义道德结合起来,致富不忘国家,致富不忘人民,更加关注民生、关注社会进步,不断探索回报社会的方式。⑤

党的十八大以来,习近平站在全局和战略高度,持续关心关注非公有制

---

① 《习近平在浙江(三十三):"习书记鼓励浙商发展'地瓜经济'"》,《学习时报》,2021 年 4 月 14 日。

② 习近平:《之江新语》,浙江人民出版社,2007 年,第 38 页。

③ "八荣八耻"是"社会主义荣辱观"的简称,是胡锦涛于 2006 年 3 月 4 日下午在第十届中国人民政治协商会议第四次会议的民盟、民进联组讨论时提出的一种理论思想,目的在于引导广大干部群众特别是青少年树立以"八荣八耻"为主要内容的社会主义荣辱观,坚持以热爱祖国为荣,以危害祖国为耻。以服务人民为荣,以背离人民为耻。以崇尚科学为荣,以愚昧无知为耻。以辛勤劳动为荣,以好逸恶劳为耻。以团结互助为荣,以损人利己为耻。以诚实守信为荣,以见利忘义为耻。以遵纪守法为荣,以违法乱纪为耻。以艰苦奋斗为荣,以骄奢淫逸为耻。

④ 习近平:《干在实处 走在前列》,中共中央党校出版社,2006 年,第 100 页。

⑤ 习近平:《干在实处 走在前列》,中共中央党校出版社,2006 年,第 100 页。

经济健康发展和非公有制经济人士健康成长,在全国两会、中央经济工作会议、民营企业座谈会、企业家座谈会等重要场合多次论及政商关系,并对如何构建亲清新型政商关系指方向、明路径、提要求,要求领导干部同非公有制经济人士的交往成为君子之交。2013 年 3 月 8 日,在出席第十二届全国人民代表大会第一次会议的江苏代表团审议政府工作报告时,习近平就指出,"官""商"交往要有道,君子之交淡如水,相敬如宾,而不要勾肩搭背、不分彼此,要划出公私分明的界限。3 月 17 日,在当选为中华人民共和国国家主席之后, 习近平发表重要讲话指出:"一切非公有制经济人士和其他新的社会阶层人士,要发扬劳动创造精神和创业精神,回馈社会,造福人民,做合格的中国特色社会主义事业的建设者。"①2014 年 5 月 8 日,习近平在中央办公厅视察时强调,做官与发财不能兼得,叮嘱官员"坚决远离各种小圈子、小兄弟,坚决杜绝低俗的投桃报李的行为",更不能把商品交换那一套搞到工作中来。他指出部分官员违纪腐败"原因就是交友不慎",因而"自己要给自己画一个圈"。②在 2015 年 5 月召开的中央统战工作会议上,习近平又专门强调,对非公有制经济人士既要鼓励支持,又要教育引导,并明确提出要形成健康的政商关系。习近平指出,党政领导干部和非公有制经济人士不能搞成封建官僚和"红顶商人"之间的那种关系,也不能搞成西方国家大财团和政界之间的那种关系,更不能搞成吃吃喝喝、酒肉朋友的那种关系。习近平的重要讲话为更好营造清廉政治生态提供了思想指引,也为统战部门加强对非公有制经济人士的政治引导提供了指南。

与此同时,党中央还开展了与政商关系密切关联的举措:一是开展有史以来最彻底的反腐败斗争。严格清查、打击党政干部和企业商人之间的不"清"问题。二是面向企业家倡导培育"企业家精神",严厉整顿、处置非公有

---

① 《习近平谈治国理政》,外文出版社,2014 年,第 42 页。

② 习近平:《办公厅工作要做到"五个坚持"》,《秘书工作》,2014 年第 6 期。

制企业违规、违法行为。这种举措对于构建健康的政商关系及时而必要。但也导致一些干部不能正确理解规范政商关系的内涵和意义，不愿意与企业家打交道，怕"湿脚"，对民营企业家尽量躲避。而一些非公有制企业的商人则担心党的经济政策会有变化，采取资产转移或移民他国。①

针对上述情况，习近平正式提出了以"亲""清"二字为核心理念的新型政商关系。2016 年 3 月 4 日，习近平参加全国政协十二届四次会议民建、工商联界委员联组会时，围绕毫不动摇坚持我国基本经济制度，推动各种所有制经济健康发展，做合格的中国特色社会主义事业建设者发表重要讲话，首次从"亲"和"清"两个方面，就建立新型政商关系作出深刻论述，强调要把握好"亲""清"两字标准。2017 年 10 月，"构建亲清新型政商关系，促进非公有制经济健康发展和非公有制经济人士健康成长"②被写入党的十九大报告。在此之后，习近平在不同场合进一步对新型政商关系进行阐释。从中央到地方纷纷出台各项政策措施，聚焦改善营商环境，构建"亲""清"新型政商关系。例如，2016 年 11 月 27 日，中共中央、国务院发布《关于完善产权保护制度依法保护产权的意见》；2017 年 9 月 25 日，中共中央、国务院发布《关于营造企业家健康成长环境弘扬优秀企业家精神更好发挥企业家作用的意见》；2017 年 2 月 4 日，广东省纪委省监察厅印发《关于推动构建新型政商关系的若干意见（试行）》；2017 年 10 月 16 日云南省委、省政府出台《关于构建"亲""清"新型政商关系的实施意见》；2017 年 11 月 9 日，河北省委、省政府印发《关于构建亲清新型政商关系的意见》；2018 年 5 月 27 日，广西壮族自治区党委、政府印发《关于构建新型政商关系做好亲商安商工作的意见》等。

---

① 高国舫、单凯：《基于历史、现实双重分析的新型政商关系建构思路》，《中共杭州市委党校学报》，2023 年第 4 期。

② 习近平：《决胜全面建成小康社会 夺取新时代中国特色社会主义伟大胜利》，人民出版社，2017 年，第 40 页。

2018 年 11 月 1 日,习近平在民营企业座谈会上发表重要讲话,提出"民营企业和民营企业家是我们自己人"①的重要论断。习近平强调,各级党委和政府要把构建"亲""清"新型政商关系的要求落到实处,不能成为挂在嘴边的口号,要把支持民营企业发展作为一项重要任务,花更多时间和精力关心民营企业发展、民营企业家成长。各相关部门和地方的主要负责同志要经常听取民营企业反映和诉求,特别是在民营企业遇到困难和问题的情况下更要积极作为、靠前服务,帮助解决实际困难。②2019 年党的十九届四中全会提出健全支持民营经济、外商投资企业发展的法治环境,完善构建"亲""清"政商关系的政策体系,健全支持中小企业发展制度,促进非公有制经济健康发展和非公有制经济人士健康成长。③2020 年 7 月 21 日,习近平在北京主持召开企业家座谈会,再次强调构建"亲""清"政商关系,要求各级领导干部光明磊落同企业交往,了解企业家所思所想、所困所惑,涉企政策制定要多听企业家意见和建议,同时要坚决防止权钱交易、商业贿赂等问题损害政商关系和营商环境。要充分发挥市场在资源配置中的决定性作用,更好发挥政府作用。政府是市场规则的制定者,也是市场公平的维护者,要更多提供优质公共服务。要支持企业家心无旁骛、长远打算,以恒心办恒业,扎根中国市场,深耕中国市场。④这次重要讲话再次阐释了以"亲""清"为内核的新型政商关系,为更好引导和推动政商关系亲清与共、和谐有序提供了重要遵循。

2020 年 10 月 14 日,习近平在深圳经济特区建立 40 周年庆祝大会上强调,"要优化政府管理和服务,全面推行权力清单、责任清单、负面清单制度,加快构建亲清政商关系。要进一步激发和弘扬企业家精神,依法保护企业家

---

① 习近平:《在民营企业座谈会上的讲话》,人民出版社,2018 年,第 7 页。

② 习近平:《在民营企业座谈会上的讲话》,人民出版社,2018 年,第 16 页。

③ 《中共中央关于坚持和完善中国特色社会主义制度推进国家治理体系和治理能力现代化若干重大问题的决定》,《人民日报》,2019 年 11 月 6 日。

④ 习近平:《在企业家座谈会上的讲话》,《光明日报》2020 年 7 月 22 日。

合法权益,依法保护产权和知识产权,激励企业家干事创业"①。这篇讲话进一步明确了政府职能和权力边界,为双方良性互动列出了具体清单。

2022年10月16日,习近平在党的二十大报告中指出,"全面构建亲清政商关系,促进非公有制经济健康发展和非公有制经济人士健康成长"②,"全面"两字体现出了以习近平同志为核心的党中央构建"亲""清"政商关系的目标和决心。2023年全国两会期间,习近平再次强调,"要把构建亲清政商关系落到实处,为民营企业和民营企业家排忧解难,让他们放开手脚,轻装上阵,专心致志搞发展"③,为实现民营经济健康发展、高质量发展注入了强大信心和动力。

2023年4月3日,学习贯彻习近平新时代中国特色社会主义思想主题教育工作会议在北京召开,习近平在会议上就政商关系问题强调,要"要廉洁奉公树立新风,教育引导广大党员、干部增强纪律意识、规矩意识,持续纠治'四风',把纠治形式主义、官僚主义摆在更加突出的位置,做到公正用权、依法用权、为民用权、廉洁用权,推动形成清清爽爽的同志关系、规规矩矩的上下级关系、亲清统一的新型政商关系,当好良好政治生态和社会风气的引领者、营造者、维护者"④。这一系列重要论述,对构建"亲""清"政商关系的阐释越来越深刻,为新时代以新型政商关系助力经济社会发展举旗定向。

---

① 习近平:《在深圳经济特区建立40周年庆祝大会上的讲话》,《光明日报》,2020年10月15日。

② 《党的二十大报告学习辅导百问》,党建读物出版社,2022年,第30页。

③ 《习近平在看望参加政协会议的民建工商联界委员时强调正确引导民营经济健康发展高质量发展》,《光明日报》,2023年3月7日。

④ 《学习贯彻习近平新时代中国特色社会主义思想主题教育工作会议在京召开,习近平发表重要讲话强调扎实抓好主题教育 为奋进新征程凝心聚力》,《光明日报》,2023年4月4日。

第二节　新型政商关系的主要内涵和时代价值

政治社会学理论认为:"一种集体性的政治行为,如果是高度组织化的、高度体制性的,并且所追求的社会变革比较小,那就属于常规政治。"①改革开放以来,随着重大政策的调整和确立,我国政商关系已经进入常规政治行列,亟须加强规范性建构。习近平亲自"破题"政商关系,提出建设"亲""清"新型政党关系是指导新时代政商关系建构的根本遵循。

一、主要内涵

"亲""清"两字概括了新型政商关系的核心内涵,深刻阐明了构建新型政商关系的原则和方向,也极大增强了广大非公有制经济人士对中国特色社会主义的信念、对党和政府的信任、对企业发展的信心和对社会的信誉。亲清新型政商关系的提出,不仅是对反腐败阻碍经济发展的错误认识进行的有力驳斥,更是对于净化政治生态和商业生态,理顺市场秩序,还市场以本来面目,起到了十分重要的作用。

习近平提出的"亲""清"新型政商关系,针对党员领导干部和非公有制经济人士两方面分别提出要求,领导干部不能搞权钱交易,非公有制经济人士要守法经营,为政商交往提出了新的标尺。如果在实际的政商交往中做不到其中任意一者,就背离了新型政商关系的要求,必然导致政商关系发生异化。对党员领导干部而言:所谓"亲",就是坦荡真诚地同非公有制企业接触

---

① 赵鼎新:《社会与政治运动讲义》,社会科学文献出版社,2006 年,第 77 页。

交往,特别是在企业遇到困难和问题情况下更要积极作为、靠前服务,对非公有制经济人士多关注、多谈心、多引导,帮助解决实际困难,真心实意支持非公有制企业发展。所谓"清",就是同非公有制经济人士的关系要清白、纯洁,不能有贪心私心,不能以权谋私,不能搞权钱交易。①对非公有制经济人士而言:所谓"亲",就是积极主动同各级党委和政府及部门多沟通多交流,讲真话,说实情,建诤言,满腔热情支持地方发展。所谓"清",就是要洁身自好、走正道,做到遵纪守法办企业、光明正大搞经营。②企业经营遇到困难和问题时,要通过正常渠道反映和解决,如果遇到政府工作人员故意刁难和不作为,可以向有关部门举报,运用法律武器维护自身合法权益。习近平提到,党的十八大以来,我们党查处的大批违纪违法案件中,有些腐败案件涉及民营企业,有些是涉案领导干部主动索贿,有些是企业经营者主动行贿。针对这些情况,习近平指出:"如果是主动索贿,那是我们没有管教好,要加大管教力度。如果是企业经营者主动行贿,那就要引以为戒,千万不能干这种事!"③

二、时代价值

习近平在全国政协十二届四次会议民建、工商联界委员联组会上的重要讲话,是党的十八大以来党中央关于非公有制经济和非公有制经济人士工作全面系统深刻的一次阐述,是党的治国理政方略在非公有制经济领域

① 习近平:《毫不动摇坚持我国基本经济制度,推动各种所有制经济健康发展》,《人民日报》,2016年3月9日。

② 习近平:《毫不动摇坚持我国基本经济制度,推动各种所有制经济健康发展》,《人民日报》,2016年3月9日。

③ 习近平:《毫不动摇坚持我国基本经济制度,推动各种所有制经济健康发展》,《人民日报》,2016年3月9日。

的重要体现,也是新形势下指导非公有制经济领域统战工作的纲领性文献。特别是习近平以朴实生动的话语,精辟阐明了新型政商关系的核心目标与实现路径,澄清了以往关于政商关系的认识误区,不仅让政商双方都有规可依、有度可量、定位分明、界限清楚,更是给领导干部同企业家打交道明确了准则,划出了底线,对坚持和完善我国基本经济制度,教育引导非公有制经济人士成为合格的中国特色社会主义事业建设者, 推动非公有制经济在经济发展新常态下更好发挥作用,具有重要意义。

(一)全面从严治党是新型政商关系提出的题中之义

政商关系与党风、政风、社风息息相关,也影响着政治生态。作为政治生态的重要组成部分,健康的政商关系是实现高质量发展的重要基础。扭曲、畸形、不健康的政商关系严重侵蚀党员干部队伍,恶化干群关系,破坏党风廉政建设,成为党内消极腐败产生的重要根源。全面从严治党的不断深入是新型政商关系提出的题中应有之义,并为后者提供了有力保障。

党的十八大以来, 以习近平同志为核心的党中央以刀刃向内的勇气向党内顽瘴痼疾开刀,以雷霆万钧之势推进全面从严治党,把全面从严治党纳入"四个全面"战略布局,以前所未有的勇气和定力推进党风廉政建设和反腐败斗争,刹住了一些多年未刹住的歪风邪气,解决了许多长期没有解决的顽瘴痼疾,清除了党、国家、军队内部存在的严重隐患,管党治党宽松软状况得到根本扭转,探索出依靠党的自我革命跳出历史周期律的成功路径,全面从严治党取得了历史性、开创性成就,产生了全方位、深层次影响。在政商关系领域,权力寻租得到有效控制,官商勾结的乱象也被有效遏制,引领政商关系不断健康向好。但也要看到,政商关系的陈规陋习虽然得到一定清理,但谈商色变的清而不为、过从甚密的官商不分等问题还不同程度存在,也在一定程度上影响了政治生态。"亲""清"新型政商关系的理论生动概括了领导干部和企业家两个行为主体各自应遵循的原则和规范，为领导干部与企业家如何打交道立下了规矩,让权力得以在制度规范下运行,增加了党员干部履职尽责的压力和敢想敢干的动力,对于全面从严治党,打造政治生态的"绿水青山"具有重要意义。换言之,习近平关于"亲""清"政商关系的重要论述不仅为政府监督提供了理论遵循,促使职能部门加强权力制约,规避"权力寻租"行为,有效降低腐败存量。同时,还为企业"提高经营能力、管理水平,完善法人治理结构"①提供了制度保障,起到了健全企业内部规章制度、完善企业职业道德规范的驱动作用。

(二)厘清政商边界是新型政商关系提出的内在要求

传统的政商关系以政府为主导。随着社会主义市场经济体制的逐步建立和不断完善,由于政府在行使职能时出现的越位、错位和缺位等问题所导致的行政权力边界不清、行政权力错配、行政权力约束较弱等问题也日益突出。减少不必要的行政干预是提高生产要素效率、降低交易成本、激励创业创新的重要途径。因此,厘清政商边界是新型政商关系提出的内在要求。在法治社会,政商边界应由法律和规则加以规范和确定。企业不去干应由政府做的事情,政府也不能去干预或者逾越界线,以行政权力介入商业问题,不能出现"以政代企"或者"以政代商",要做到政商边界"清清楚楚",厘清政府部门的职能边界和企业的经营边界,把应当由市场通过竞争方式进行调节的事项交给市场。

"亲""清"新型政商关系的提出正是针对政商关系的异化问题,将政府作为与政商边界的有机结合,既保证商的自主性和创造性,也发挥政的宏观理性和公益性,既要让政府有所作为,又要防止利益输送,有效消解政商关

---

① 《习近平谈治国理政》(第三卷),外文出版社,2020年,第268页。

系的异化,使政商关系回归良性发展渠道。从这个意义上说,"亲""清"政商关系的构建有利于避免权力和资本勾连,扰乱市场秩序,根除消极腐败顽疾,明晰政商交往界限,促成有为政府与有效市场的完美结合,彰显社会的公平正义,实现"让人民监督权力、让权力在阳光下运行""更好地把政府职能转变过来"①的目标。正如习近平2014年在出席亚太经合组织工商领导人峰会时发表的主旨演讲所说,"市场活力来自于人,特别是来自于企业家,来自于企业家精神。激发市场活力,就是要把该放的权力放到位,该营造的环境营造好,该制定的规则制定好,让企业家有用武之地。我们强调要更好发挥政府作用,更多从管理者转向服务者,为推动经济社会发展服务"②。

(三)激发市场主体活力是新型政商关系提出的现实需要

市场主体是经济发展的基本载体。一个地区或行业市场主体的活力状况,代表了该地区或行业的经济健康状况和发展潜力,也是其营商环境的综合反映。政商关系作为营商环境的核心要素,是政治生态、社会风气的重要指标,健康稳定的政商关系对于提升市场主体创新动力和竞争活力,推动经济高质量发展具有重要意义。③

传统的政商关系由于边界模糊、缺少规范,极易因政商关系太近而导致政企不分,因政商关系太远而导致政府缺位和市场失灵。改革开放以来,我国逐步建立和不断完善社会主义市场经济体制,市场体系不断发展,各类市场主体蓬勃成长,已经成为经济活动的主要参与者、就业机会的主要提供者和技术进步的主要推动者,在国家发展中发挥着十分重要的作用。同时也要看到,在市场经济的发展过程中,也出现了一些抑制市场主体活力、损害公

---

① 《习近平关于党风廉政建设和反腐败斗争论述摘编》,中央文献出版社,2015年,第123页。

② 习近平:《谋求持久发展,共筑亚太梦想》,《人民日报》,2014年11月10日。

③ 田坤:《构建亲清政商关系激发企业活力》,《经济日报》,2020年11月2日。

平竞争的不利因素。保护和激发市场主体活力，需要着力构建亲清新型政商关系，做到"亲"而有度、"清"而有为。政府既是市场规则的制定者，也是市场公平的维护者、公共服务的提供者。各级领导干部同企业、企业家打交道，要光明磊落，既要守住底线，坚决防止权钱交易，又要敢于担当，主动了解企业家所思所想、所困所惑，为企业发展排忧解难。实践证明，只有营造公平、高效、有序的市场竞争环境，才能促进各类市场主体更加规范、更具活力、更重创新，实现更高水平、更深层次、更可持续的健康发展。"亲""清"新型政商关系的提出，清晰厘定政府、市场、企业三方的关系，深化政府职能转变，激发市场活力，理顺市场秩序，使"看不见的手"的决定性作用与"看得见的手"的战略性作用相得益彰、匹配得当，更好激发市场主体活力。

第三节　营商环境视角下政商关系建构的生成逻辑与实现路径

美国政治哲学家罗尔斯在《正义论》中指出："正义是社会制度的第一美德，正如真理是思想体系的第一美德一样。"[1]社会正义的实现需要社会各方面力量各尽其责。"亲""清"政商关系的构建有益于促进政府同企业交往既坦荡真诚、富有热情，又坚守本心、守住底线，同时助推政府服务质量和清廉水平的提升。这表现在营商环境改善工作中，就是"为民营企业打造公平竞争环境，给民营企业发展创造充足市场空间"[2]。良好的营商环境是市场未来发展的基础条件，是促进非公有制经济健康发展和非公有制经济人士健康成长的重要前提。对此，习近平指出："我们要不断为民营经济营造更好发展

---

① ［美］约翰·罗尔斯：《正义论》，何怀宏等译，中国社会科学出版社，2009 年，第 1 页。

② 《习近平谈治国理政》（第三卷），外文出版社，2020 年，第 266 页。

环境。"①

自构建新型政商关系提出以来,各级政府在全面深化改革、全面依法治国、全面从严治党的大背景下,推出了构建新型政商关系的一系列举措,进一步改善了非公有制企业的发展环境,推动了经济社会健康发展。当前,全球政治经济格局和国际关系发生剧烈变动,全球经济收缩和市场萎缩态势加剧,这都给我国非公有制经济发展带来新的压力和变量。这就要求我们必须把加快构建新型政商关系放在更加突出的问题,做到既能调动企业的积极性,又能规范企业发展,打造市场化法治化国际化的营商环境,以支撑经济高质量发展,推进国家治理体系和治理能力现代化。

一、政商关系和营商环境的概念具有密切的逻辑关联

所谓营商环境,是指商事主体在准入、经营、纳税、退出等过程中所涉及的各种境况和条件。②相比于过去经常使用的"投资环境","营商环境"概念更能系统反映一个国家或地区的经济竞争的软实力与经济发展的软环境。良好的营商环境是企业选择进入的重要因素, 也是企业发展壮大的重要平台。③2003 年,世界银行发布了《营商环境报告》(*Doing Business*),该报告阐述和评价了世界主要国家和地区"做生意"的总体环境,即"营商环境"。④这份报告旨在对企业存在周期内所使用的法规进行评估, 并对所涉及的经济体进行排名。自 2003 年开始,世界银行连续发布年度《全球营商环境报告》,依

---

① 《习近平谈治国理政》(第三卷),外文出版社,2020 年,第 264 页。

② 李小迟、何炜、梁程、朱炜:《长三角一体化发展背景下营商环境法治化研究——以构建亲清政商关系为视角》,《上海法学研究》,《集刊》2021 年第 14 卷。

③ 梁平汉:《推动形成营商环境持续改善的体系机制》,《国家治理》,2018 年第 4 期。

④ 谢红星:《法治化营商环境的证成、评价与进路——从理论逻辑到制度展开》,《学习与实践》,2019 年第 11 期。

据该行专家组编制的"营商环境评价指标体系"(Ease of Doing Business Index)，对以国家为基本单位的全球经济体进行量化排名，评价在这些经济体投资经商的便利与友好程度。[①]但世界银行并未直接给出有关营商环境的明确定义。除了世界银行，国际上很多组织或机构也很早就开展不同经济体营商环境的评价活动，并发展出不同的评价指标和体系。这些指标和体系大多着眼于作为市场主体的企业在存续周期内所涉及的各项法律法规。

2008年，世界银行营商环境报告首次发布关于我国的国别报告，并详细提供了我国30个城市有关营商环境的数据。[②]自2018年初开始，国务院要求由国家发展和改革委员会牵头，加快建构具有中国特色的营商环境评价体系。在2018年和2019年，国家发展和改革委员会分别对全国数十个城市开展了营商环境试评估，并在2020年发布了首部《中国营商环境报告(2020)》。此外，在立法方面，国务院于2019年10月8日通过了《优化营商环境条例》，于2020年1月1日起实施。这是我国颁布的第一部关于优化营商环境的综合性行政法规。在该条例中，营商环境被定义为"企业等市场主体在市场经济活动中所涉及的体制机制性因素和条件"[③]，并从市场主体保护、市场环境、政务服务等角度作出明确要求。绝大多数的省、自治区和直辖市也已经出台了地方版的营商环境立法，并且多从政务环境、市场环境、法治环境和人文环境等角度对营商环境的概念进行界定。

营商环境犹如一把标尺，反映一个地区的政治生态和社会生态，检验着政府的行政效能和工作作风。优秀的营商环境是非公有制企业生长的"沃土"。打造良好的营商环境是建设现代化经济体系、促进高质量发展的重要

---

① 程金华：《世界银行营商环境评估之反思与"中国化"道路》，《探索与争鸣》，2021年第8期。

② 董志强、魏下海、汤灿晴：《制度软环境与经济发展——基于30个大城市营商环境的经验研究》，《管理世界》，2012年第4期。

③ 《优化营商环境条例》，中国法制出版社，2019年，第2页。

基础。党的十八大以来，以习近平同志为核心的党中央高度重视优化营商环境，要求"营造稳定公平透明、可预期的营商环境"。党中央、国务院以深化"放管服"①改革为抓手，出台一系列举措，打出政策组合拳，向着打造市场化法治化国际化营商环境的目标大步迈进。"放管服"改革被时任国务院总理李克强称为"刀刃向内的政府自我革命"，主旨是"重塑政府和市场关系，使市场在资源配置中起决定性作用，更好发挥政府作用。通过深化'放管服'改革来优化政商环境，从根本上说就是解放和发展生产力"②。十多年来，我国"放管服"改革持续深化，简政放权不断推进，市场准入大幅放宽，监管机制加快健全，切实为广大市场主体松绑减负，提供了宽松便捷、公平有序的发展环境。

优化营商环境的本质在于厘清政府与市场的关系，打造公平开放透明的市场规则和发展标准。近年来，国家出台的一系列优化营商环境、激发市场主体活力的政策措施取得了积极成效。保护促进中小企业发展的法律法规、政策体系不断完善，为民营企业发展营造了良好环境。受商事制度改革红利影响，民营企业市场主体也不断增加。根据世界银行发布的《全球营商环境报告 2020》显示，我国已经连续两年入列全球优化营商环境改善幅度最大的十大经济体。截至 2021 年 2 月，我国共有在业/存续的市场主体 1.44 亿家，其中民营经济主体占比已经高达 97.25%。③企业开办时间由一个月以上压缩到目前的平均 4 个工作日以内。截至 2022 年 4 月，国务院累计取消和

---

　　①　放管服，就是简政放权、放管结合、优化服务的简称。"放"即简政放权，降低准入门槛。"管"即创新监管，促进公平竞争。"服"即高效服务，营造便利环境。这是党的十八大后深化行政体制改革、推动政府职能转变的一项重大举措。"放管服"改革，对内要改革传统的行政管理体制，提升政府治理体系的现代化水平，对外要提升行政便利化水平，使之更加适应社会主义市场经济发展要求。

　　②　《李克强在全国深化"放管服"改革优化营商环境电视电话会议上的讲话》，http://www.gov.cn/guowuyuan/2019–07/28/content_5416035.htm.

　　③　《让民营经济健康可持续发展更有保障——访中央统战部副部长、全国工商联党组书记徐乐江》，《人民政协报，》2021 年 10 月 23 日。

下放 1098 项行政许可事项。

营商环境的优化让无数市场主体茁壮生长、活力迸发，成为促发展、稳就业、保民生的重要经济基础。地方政府也由过去追求优惠政策"洼地"，转为打造优化营商环境的"高地"，主动研究、积极制定推出各类政策措施，以办事更便利、服务更优良、监管更智慧的环境吸引投资。近年来，优化营商环境已经成为我国社会各界热议的话题之一。当然，优化营商环境远没有"休止符"。一方面，我国企业密度还不高，千人拥有企业数量与发达国家相比还有较大差距，说明企业的成长和发展是下一步改革需要关注的重要目标；另一方面，我国经济仍然处于创业创新的繁荣时期，技术的变革降低了创业门槛，高素质人才的积累提升了创业能力。但目前在融资的便利程度上，还存在不少制度性障碍。例如，在世界银行营商环境调查"获得信贷"这一指标下的"合法权力指数"一二级指标中，我国仅获得 10 分中的 4 分，只有印度和俄罗斯得分的一半，远低于亚太经合组织成员平均得分。此外，我国服务业、民营经济等还面临过多准入限制，在世界因素环境的总体排名还处于中等水平，还有很大的改革空间。[①]因此，我们要进一步完善产权保护、市场准入、公平竞争、社会信用等市场经济基础制度，从制度和法律上把对国企民企平等对待的要求落实下来，从政策和舆论上鼓励支持民营经济和民营企业发展壮大，反对地方保护和行政垄断，打破各种各样的"卷帘门""玻璃门"，提振市场预期和信心，为民营企业发展开辟更多空间。

政商关系是营商环境的核心子系统，二者间的正相关性不证自明，具有密切的逻辑关联。营商环境的核心范畴为政府与市场、与企业的关系，集中表现形式就是政商关系。改善政务服务、保护市场主体的种种举措，实际上都是为了进一步厘清政府和市场、官员和企业家的关系。没有良好的政商关

---

① 梁平汉：《推动形成营商环境持续改善的体系机制》，《国家治理》，2018 年第 4 期。

系,优质的营商环境就无从谈起。在中国这样的后发国家,经济发展需要政府的大力支持和引导,政府官员对于经济活动具有较大裁量权。因此,政商关系是营商环境的核心问题。在实践领域,构建"亲""清"新型政商关系是改善营商环境的重要内容。能否建立健康且稳定的政商关系,直接决定了营商环境的质量。

长期以来,政商关系作为一种统战话语出现,改善政商关系也是以团结非公有制经济人士和新的社会阶层人士为目的。依据这一逻辑,统战部门主要采取政治吸纳的形式,旨在提升非公有制经济人士的政治参与和政治认同。但是对于数量巨大的中小企业难以形成有效的吸引力和凝聚力,很难做到大范围的"亲"与"清"。营商环境概念的出现,为广泛构建"亲""清"政商关系提供了新的思路和抓手。从这个意义上来说,优化营商环境与构建新型政商关系不仅具有逻辑上的密切关联,也在目的和手段上高度契合。①因此,构建"亲""清"新型政商关系既是营商环境建设的应有之义,也是优化营商环境的前提和基础,更是推动非公有制经济发展壮大的重要条件。

二、优化营商环境的地方实践——以大连市为例

2016年4月10日,习近平对东北地区营商环境作出重要批示,"东北地区要建设好投资、营商等软环境,遏制资本、人才流出,吸引投资、促进发展"②。由此,东北地区拉开全面推进营商环境改革的序幕。与此同时,国际国内环境形势发生明显变化,中央在全国层面吹响营商环境改革的号角。2016年,东北地区率先在全国开展营商环境全面改革。为贯彻落实习近平重要指示精神和推进振兴发展,中共辽宁省委将2017年确立为全省营商环境建设

---

① 韩阳:《构建"亲清"政商关系 打造优质营商环境》,《经济日报》,2019年10月22日。

② 王振宏、石庆伟:《重塑营商环境的"沈阳风暴"》,《瞭望》,2017年3月9日。

年。《辽宁省优化营商环境条例》正式施行,成为东北地区首部规范营商环境建设的省级地方法规。2018年9月28日,习近平在沈阳主持召开深入推进东北振兴座谈会并发表重要讲话,明确提出"新时代东北振兴,是全面振兴、全方位振兴"。习近平指出,东北地区维护国家国防安全、粮食安全、生态安全、能源安全、产业安全的战略地位十分重要,关乎国家发展大局。习近平明确提出了"六项重点工作",第一项就是"以优化营商环境为基础,全面深化改革"。这为东北地区推进营商环境改革,实现全面振兴、全方位振兴提供了根本遵循和行动指南。优化营商环境自此成为补齐东北振兴发展短板的先手棋,是贯彻落实习近平关于东北、辽宁振兴发展的重要讲话和指示精神的责任担当。

2023年9月7日,习近平在黑龙江省哈尔滨市主持召开新时代推动东北全面振兴座谈会,强调牢牢把握东北的重要使命,奋力谱写东北全面振兴新篇章。这是党的十八大以来围绕这一区域发展战略专门召开的第二次座谈会。这次座谈会的召开,距离实施东北地区等老工业基地振兴战略提出20年,距离上一次座谈会召开5年。站在强国建设、民族复兴的新征程上,向着中国式现代化进发,总书记对东北全面振兴作出新的战略部署,正当其时、意义重大。在这次座谈会上,习近平强调,当前,推动东北全面振兴面临新的重大机遇:实现高水平科技自立自强,有利于东北把科教和产业优势转化为发展优势;构建新发展格局,进一步凸显东北的重要战略地位;推进中国式现代化,需要强化东北的战略支撑作用。针对营商环境存在的问题,习近平从根源入手,强调要进一步优化政治生态,营造良好营商环境。

营商环境改革具有"小切口、触角多、牵涉面广、抓一点带一面"的改革破冰功能,是响应市场预期和带动体制机制突破创新的切入点。持续推进东北地区营商环境改革有助于破除经济振兴面临的深层次体制机制障碍,激活蛰伏的发展潜能,提高东北地区市场活力和创新驱动内生动力。当前,营商环境建设已经进入深水区，制约营商环境根本好转的深层次体制机制障碍，到了必须全面改革破除的关键阶段。好的营商环境就像阳光、水和空气，是市场主体发展壮大须臾不能缺少的生命要素。随着我国步入高质量发展阶段，城市间竞争的重点也逐渐由政策、成本、资源转向营商环境的竞争。资金、人才、技术等要素越来越多地流向营商环境优良的城市。优良的营商环境是城市经济软实力的重要体现，是城市综合竞争力的重要方面，也是城市社会治理的重要标志之一和经济社会高质量发展的重要保障。

就大连而言，营商环境是事关大连发展全局的重大战略问题。作为东北地区对外开放的龙头和窗口，辽宁自贸试验区最大片区城市，辽宁创建"一带一路"综合试验区的桥头堡，面向 RCEP（区域全面经济伙伴关系）开放合作的前沿阵地，大连产业基础雄厚、产业集群布局成型，拥有国家级新区、自贸试验区、国家创新示范区等多个高层次开放平台。大连在营商环境建设上自然肩负更大改革使命和更高发展要求。近年来，大连市委、市政府深入学习贯彻习近平关于大连振兴发展重要讲话和指示批示精神，着力构建"亲清新型政商关系"，牵住营商环境这个"牛鼻子"，倒逼全面深化改革向纵深推进，破除体制机制障碍，充分保护和激发市场主体活力，营商环境建设取得良好成效。特别是围绕打造"办事方便、法治良好、成本竞争力强、生态宜居"的市场化、法治化、国际化营商环境目标，不断发扬自我革命精神，对标国内国际最高标准，连续打出优化营商环境组合拳，解放生产力、提升竞争力，破除制约发展的体制机制障碍，推动营商环境不断优化，为大连"两先区"①高质量发展和高水平建设注入强劲动力。

---

① 2013 年 8 月底，习近平视察大连，要求"建成产业结构优化的先导区和经济社会发展的先行区"。大连市委、市政府深入贯彻落实习近平关于东北、辽宁、大连振兴发展的重要讲话和指示批示精神，始终把"两先区"建设作为贯彻落实习近平新时代中国特色社会主义思想的生动实践，作为全市坚定不移的追求和奋斗目标，勇于担当，敢于开拓，在辽宁振兴发展中发挥好领头羊作用。

但与先进地区相比，与外界对大连期盼相比，与企业和群众的获得感相比，与"成为市场主体获得感最强的城市"的目标定位相比，大连的营商环境还有较大改进空间。特别是存在政务服务效能与市场需求不相适应，营商服务理念与发展要求不相契合，营商环境理念与公众期盼不相匹配等问题。鉴于上述问题的存在，优化营商环境已经不是战术层面问题，而是事关城市发展的战略问题。大连市第十三次党代会明确提出，聚焦营商环境优化，在全面深化改革上实现新突破。2022年春节假期后第一个工作日，大连市召开1300多人参加的全市优化营商环境工作会议，部署实施未来三年营商环境升级行动方案，明确路线图、时间表和责任状。旗帜鲜明向全社会传递市委、市政府大力创优营商环境的坚定决心，同时，释放大力坚持问题导向，以壮士断腕的魄力打造营商环境升级版的强烈信号。①这次会议，是大连市深入贯彻落实习近平重要讲话精神的实际行动和有力举措。会议提出要全力打造办事方便、法治良好、成本竞争力强、生态宜居的市场化、法治化、国际化一流营商环境，树起营商环境金招牌，构筑要素集聚强磁场，努力把大连打造成为市场主体获得感最强的城市。这一战略要求向外释放出大连要通过优化营商环境，大力激发市场活力、提高经济发展质量、培育城市竞争优势的强烈信号，意味着大连为加快建设"两先区"，打造市场化、法治化、国际化一流营商环境迈出了坚实步伐。根据"第一年进入全国营商环境总体评价优异档、第二年实现东北第一、第三年进入全国前列""打造市场主体获得感最强的城市"目标，全市各地区、各领域、各部门闻令而动，迅速落实，不断深化"放管服"改革，不断推动构建"亲"而有度、"清"而有为的"亲""清"政商关系。

---

① 《构建"亲""清"新型政商关系 创优营商环境助力大连高质量发展》，《大连日报》，2022年7月4日。

（一）加强营商环境法治化建设

"法治是最好的营商环境。"习近平的这一重要论断，为优化营商环境，支持市场主体平等竞争、蓬勃发展，推动中国经济实现高质量发展指明了方向。作为评价营商环境的重要指标，法治是改进和提升营商环境品质的重要保障，对于优化营商环境、促进经济发展具有明显的牵引效应。当前，人才、技术、资金的流动，已呈现出向法治环境良好区域集中的规律，谁拥有法治化营商环境，谁就拥有竞争优势。2016 年 3 月 7 日，习近平在参加十二届全国人大四次会议黑龙江省代表团审议时指出："法治是一种基本的思维方式和工作方式，法治化环境最能聚人聚财、最有利于发展。"①2019 年《政府工作报告》也指出："打造法治化、国际化、便利化的营商环境，让各类市场主体更加活跃。"同年 10 月颁布的《优化营商环境条例》出台，从国家层面夯实了优化营商环境的法治基础，为各类市场主体投资兴业提供了制度保障。在原则层面，条例对政商关系的规范和界限作出明确规定，对依法应当由市场主体自主决策的各类事项，任何单位和个人不得干预。《优化营商环境条例》的出台意味着我国营商环境优化的方向、总体方案和思路已经确定，为优化营商环境进入法治化轨道提供了有力支撑。党的十九届四中全会也强调："健全支持民营经济、外商投资企业的法治环境，完善构建亲清政商关系的政策体系，健全支持中小企业发展制度，促进非公有制经济健康发展和非公有制经济人士健康成长。营造各种所有制主体依法平等使用资源要素、公开公平公正参与竞争、同等受到法律保护的市场环境。"②正如中国社科院发布的 2020

---

① 《习近平李克强张德江俞正声刘云山王岐山张高丽分别参加全国人大会议一些代表团审议》，《光明日报》，2016 年 3 月 8 日。

② 《中共中央关于坚持和完善中国特色社会主义制度 推进国家治理体系和治理能力现代化若干重大问题的决定》，人民出版社，2019 年，第 19 页。

年《法治蓝皮书》指出："2019 年是中国营商环境法治化建设的开局之年。"①因此，营造一流营商环境必须发挥好法治的保障作用，全面贯彻落实党中央、国务院关于优化营商环境的决策部署以及《优化营商环境条例》等法律法规，坚持科学立法、严格执法、公正司法、全面守法，为各类市场主体营造稳定、公平、透明、可预期的良好环境，进而更好激发市场活力和社会创造力。

根据《大连市营商环境升级行动方案（2022—2024 年）》部署，大连市遵循逐年递进、压茬推进的逻辑顺序，明确了 75 条 223 项具体攻坚举措，主要围绕四个方面推动营商环境建设再升级，其中就包括打造公平公正的法治环境。方案聚焦"多元化纠纷解决""知识产权保护和监管"等热点，从市场主体关注的权益维护、公平执法、纠纷解决等 17 个方面进行任务细化分解。在金融领域方面，要求进一步加强金融领域风险监测预警，提高金融风险和犯罪的发现、防范、打击和处置能力，有效遏制金融领域犯罪特别是涉众型经济犯罪高发势头；在解决"执行难"问题方面，要进一步推进执行案件流程节点管理系统建设和执行指挥中心实体化运作，拓宽执行信息公开的范围、方式和渠道。

（二）建立政企沟通协商机制

非公代表人士是新形势下统一战线工作的重要对象，是党在经济领域必须团结依靠的重要力量。各级党政领导干部要加强与他们的联系沟通，建立政企沟通协商机制。特别是在经济增长速度优化、结构优化、动力转换的新常态下，非公有制企业转型升级迫在眉睫。各级党政领导干部要加强与非公有制经济人士的联系沟通，定期开展政企沟通，针对企业面临的困难和问

---

① 万静：《营商环境法治化建设中国模式效果显著》，《法制日报》，2020 年 6 月 19 日。

题,主动提供融资、技术、信息、人才、法律等服务,优化非公有制经济发展环境。《优化营商环境条例》第48条也明确规定:政府及其有关部门应当按照构建"亲""清"新型政商关系的要求,建立畅通有效的政企沟通机制,采取多种方式及时听取市场主体的反映和诉求,了解市场主体生产经营中遇到的困难和问题,并依法帮助其解决。建立政企沟通机制,应当充分尊重市场主体意愿,增强针对性和有效性,不得干扰市场主体正常生产经营活动,不得增加市场主体负担。

依托统一战线开展政企沟通协商,是构建"亲""清"政商关系的关键之举。近年来,大连市委统战部积极建立民营企业诉求办理机制,研究制定《大连市加强政企沟通协商实施办法》,指导市工商联深入开展"走企业、解难题、聚共识、促发展"大走访大调研大服务活动,帮助解决企业最关心最直接最现实的问题,有力助推了民营企业高质量发展。①2020年底,大连市委统一战线工作领导小组办公室印发《大连市加强政企沟通协商实施办法(试行)》,明确了依托统一战线开展政企沟通协商的内容和形式,建立了政商交往正负面清单,对推动构建新型政商关系在制度保障方面打下了坚实基础。

一是建立领导干部联系民营企业和商会制度、领导干部与民营企业家联谊交友制度,领导班子成员联系本地重点企业、重大项目,领导干部定期到企业走访调研,推动政企沟通协商常态化、制度化。在和非公有制经济人士接触过程中,切实做到把握好分寸,既与他们坦诚相见,真诚沟通,又严格遵守中央八项规定精神,廉洁自律,不谋求个人私利。

二是重视发挥工商联在联系非公有制经济人士方面的桥梁纽带作用和

---

① 2020年,大连市在全市工商联系统开展"走企业、解难题、聚共识、促发展"大走访大调研大服务活动。该项活动坚持以企业发展需求为导向,聚焦民营企业经营发展中的各类痛点、难点、堵点问题和民营经济人士的思想关切,切实倾听企业的诉求反映和意见建议,掌握企业的现实需求和生产经营面临的主要困难,面对面开展针对性服务,得到企业的一致好评。

在政府管理和服务非公有制经济中的助手作用。在这方面，大连市开通民企诉求"直通车"，建立了工商联作为出卷人，书记市长作为答卷人，民营企业家作为阅卷人，每月为企业解决十件实事的工作机制。市工商联作为"娘家人"，代表企业"出卷"，为了保证出题质量，通过调研走访、座谈交流、网上收集等渠道，广泛收集民营企业发展遇到的难点、堵点和痛点。这些问题既有涉及畅通企业获知优惠政策渠道、加大融资信贷支持力度、加快工程建设等民营企业"急难愁盼"的共性问题，也有个别企业遇到的个性化问题。领到"试卷"后，市委市政府主要领导认真"读卷"、审题，与相关市直部门负责人和企业代表，面对面交流，开放式讨论，对"十件实事"逐一研究，提出解决方案。试卷答得怎么样，企业负责人是评卷人，只有企业认可，才能对问题最终销号。市委督查室、市政府督考办全过程跟踪督查。对于收集到的能直接解决的个性事项则直接推送相关部门快速办理。

三是坚持开展沟通协商。定期召开民营企业家座谈会，专题听取意见建议，建立座谈交流的工作机制。发改、科技、金融等政府部门在出台涉企政策前主动听取企业家的意见建议，营商环境建设局在优化完善营商环境建设过程中主动邀请民营企业参与。此外，还积极完善民营企业诉求反映和权益维护机制。坚持问题导向，引导民营经济人士依法理性反映诉求、维护权益。各级统战部门积极配合政法机关依法维护企业正常经营秩序，尊重和保护企业家合法人身和财产权益。

2023年10月，大连市委统战部、市纪委机关、市监察委员会、市委组织部联合印发《大连市党政领导干部与民营经济人士联系交往正面和负面清单》，进一步规范全市党政领导干部与民营经济人士交往行为。清单从"应当做什么""可以做什么""不得做什么"3个方面，对党政领导干部与民营经济人士交往作出明确规定。6个"应当"，从"法定职责必须为"的角度，要求领导干部敢于担当、真抓实干；8个"可以"，从"法无禁止皆可为"的角度，鼓励引导领导干部秉持公心，放下包袱，主动帮助民营企业办实事、解难题；10 个 "不得"，从"法无授权不可为"的角度，要求领导干部遵纪守法、不踩红线、不越底线。

不难看出，这份政商交往的正负面清单是指导公职人员规范从政行为的务实举措，是政商交往的基本遵循。对于公职人员来说，既有约束又有赋权，清晰界定了政商交往的一些模糊地带，规定"行""止"，划清交往底线和红线。对于企业和企业家来说，释放要守法合规经营的信号，知道哪些事找"市场"，哪些事该找"官员"，不回避不纠结，让企业和企业家放心安心交心，解除政商两方面的后顾之忧。

(三)汲取典型案例教训

干部清正是"亲""清"政商关系的基础，是营商环境优良的关键。各级纪检监察机关也要加强对营商环境建设的监督执纪工作，对党员领导干部在政商交往中的各种违纪违规行为"零容忍"，严肃查处各种官商勾结、权钱交易等腐败问题，依纪依规严肃追究相关责任人的责任。

近年来，大连市纪检监察机关认真落实全市优化营商环境工作会议精神，部署开展专项监督行动，聚焦人民群众和市场主体反映最集中、最强烈的"不讲诚信、不守承诺，司法不公、司法腐败，选择执法、徇私枉法，审批任性、设租寻租，监管不当、干扰掣肘，违规操作、造假舞弊，幕后交易、欺瞒侵夺，状态不振、作风不良"8 个方面问题，严惩阻碍振兴发展的腐败毒瘤和作风顽疾，以纪检监察"硬约束"助力提升营商环境"软实力"。应当看到，尽管大连市委、市政府着力从"建设"和"纠治"两个方面持续优化营商环境，取得了长足进步，但仍存在影响和破坏营商环境的问题。依据公开通报的典型案例，从问题性质看，既有不担当、不作为、乱作为等作风问题，也有索要贿赂、徇私舞弊等腐败问题；从发生领域看，既有工程建设领域、司法执法领域，也

有审批环节的问题。针对典型案例暴露出的问题,进一步优化营商环境应从三方面着力:

一是形成立体监督,护航营商环境。在市委统筹领导下,发挥好人大监督、政协监督、纪检监察监督和行业监管的合力作用,形成联动工作机制。各监督主体选派一批政治素质高、业务能力强、经验丰富的机关干部、人大代表、政协委员,到部分重点企业和项目中去,注意发现破坏营商环境的违纪违法、不担当不作为等作风问题,形成线索汇集和移送工作机制。同时,聚焦企业反映的痛点、难点和堵点,通过合适的方式监督涉企政策执行、服务落实情况,全力护航企业发展、项目落地。

二是培育良好法治环境,加大廉政宣传力度。依托融媒体,设计主体,注重将谋划营商环境法治和廉政宣传,作为长期系统工程进行建设,着力讲好"围猎"代价,释放"反围猎"的强烈信号。同时,注重对公司、证券、破产、金融等可能引发的系统性、廉洁性风险领域,充分提示企业及其中小股东依法履职尽责,厘清权利和应承担的责任。

三是把握政策策略,审慎稳妥执纪执法。严肃督查问责,对破坏营商环境的,发现一个、查处一个,把问责的竿子一插到底,真正让营商软环境成为硬指标。严厉打击利益驱动式、选择性执法,推动办事"找关系"向"讲法治"的转变。完善营商环境考评机制,精准把握"三个区分开来"①,正确运用容错纠错机制,建立纪检和组织部门之间的会商机制,划清"可容"的"边线"和

---

① 2020年1月13日,习近平在十九届中央纪委四次全会上发表重要讲话。总书记强调,既要把"严"的主基调长期坚持下去,又要善于做到"三个区分开来";既要合乎民心民意,又要激励干部担当作为,充分运用"四种形态"提供的政策策略,通过有效处置化解存量、强化监督遏制增量,实现政治效果、纪法效果、社会效果有机统一。"三个区分开来"具体是指:要把干部在推进改革中因缺乏经验、先行先试出现的失误和错误,同明知故犯的违纪违法行为区分开来;把上级尚无明确限制的探索性试验中的失误和错误,同上级明令禁止后依然我行我素的违纪违法行为区分开来;把为推动发展的无意过失,同为谋取私利的违纪违法行为区分开来。

"不容"的"红线",对党员干部在服务市场主体中出现的失误合理"容错"。开展失实检举控告澄清工作,依规依纪依法处理诬告陷害行为,激励党员干部主动服务、担当作为。①

(四)破解"新官不理旧账"难题

政贵有恒,治须有常。优化营商环境是一项系统工程,既要改善基础设施、政策供给等硬环境,更要在依法行政、守信践诺等软环境建设上下功夫,努力为各类市场主体营造公平、稳定、可预期的营商环境。"新官不理旧账",是营商环境建设的最大痛点和短板之一。相比于各项优惠政策和投资便利,民营企业更看重政务诚信。长期以来,一些地方或部门新任官员以政府换届或相关责任人更替为由随意变更约定,对已经签订的合法合规协议或前任允诺的优惠政策置之不理。不少市场主体特别是民营企业深受其害,普遍流露出担心"政府领导换届换人"的复杂心态。"政策不稳"在投资主体看来俨然成为一个不可控变量,被很多投资者视为最大风险。"新官不理旧账",不仅是形式主义、官僚主义的典型表现,有违诚实守信的法治原则,更严重影响政府公信力,恶化营商环境,给地方发展带来长期负面影响。从这个意义上说,破解"新官不理旧账"难题,既是保护市场投资主体利益、推动民营经济高质量发展的现实要求,更是加强诚信政府建设、促进地方经济和社会发展的题中应有之义。

优化大连营商环境,推动民营经济高质量发展,必须高度重视政务诚信建设,坚决破解"新官不理旧账"难题。一要增强法治观念,践行契约精神。政府换届或主要领导更替属于正常现象,但是政务活动与施政行为必须依据法定程序规范开展。"新官不理旧账"现象的客观存在,与个别官员法治意识

---

① 刘伟:《深刻汲取典型案例经验,持续优化我市营商环境的对策建议》,中共大连市委党校内刊《市情研究》,2022年第4期。

淡薄、契约观念欠缺，罔顾法律责任和失信后果密不可分。契约精神作为市场经济发展的必然产物和基本要求，是现代社会最基本的价值底线。契约精神所内在蕴含的诚实守信、法律至上、规则意识与诚信政府建设的理念高度一致。具体到营商环境领域，政府与企业基于契约精神签订的一系列合约就成为营商环境的重要组成，直接关乎企业的生存和发展。根据合同法规定，政府与企业间签订的合同是法人之间契约，只要不违反法律法规的强制性规定，必须受到法律保护。即便政府相关负责人更替，合法契约也要依法继续履行。"新官不理旧账"显然有损契约精神，不仅伤及诚信政府建设，更让提振投资者信心成为一句空话。因此，破解"新官不理旧账"难题，政府官员必须增强法治观念，践行契约精神，在解决法治意识、诚信意识淡薄上持续用力，依法行政、守信践诺，严格依法平等保护各类产权，为投资者提供稳定预期。决不能以政府换届、领导更替或官员的个人意志为由随意变更法律文书或政策文件，否则就要承担法律和经济责任。

二要完善政绩评价体系，树立正确的政绩观。新官之所以不理旧账，归根结底在于错误的"政绩观"作祟。面对旧账，一些官员认识狭隘，存在私心，不是勇于承担而是逃避、推脱甚至掩盖，想方设法热衷于铺新摊子、上新项目，千方百计创造属于自己任期新的政绩。正是在这种错误政绩观的支配下，"新官不理旧账"似乎成为官场潜规则，但凡政府换届、官员更替，新任官员面对前任"旧账"往往概不负责。因此要从根本上破解"新官不理旧账"难题，还必须完善政绩评价体系，引导各级官员树立正确的政绩观。一方面，为保持政绩考核的连续性与长效性，建议将政务履约和诚信施政记录纳入考核评价体系，即把旧账清理和守诺服务，作为政绩考核的硬指标。既要检视官员的工作实绩，又要看其是否能够做到政贵有恒。既要鼓励新任职干部大胆创新，又要提醒他们维护政府诚信，确保相关合约依法执行；另一方面，各级官员也应当摒弃"击鼓传花"心态，牢固树立正确的政绩观，遵循"功成不必在我"的执政理念,勇于接过前任的"接力棒",跑好发展的"马拉松","一步一个脚印"的苦干实干、压茬干,为营商环境的持续改善作出应有的贡献。

三要健全惩戒机制,畅通监督渠道。由于惩戒机制不够健全,造成现行法律法规在惩戒"新官不理旧账"行为时缺乏必要力度,失信成本过低。从不少领导干部职务犯罪的案件中可以看出,"新官不理旧账"不仅损害营商环境,更成为滋生腐败的温床。一些长期被不法商人围猎的涉案干部,每任新职,往往急于推行新政,通过不理旧账、违约甚至毁约方式安排特定商人投资,最终实现权钱交易。因此,破解"新官不理旧账"难题,除了提倡契约精神,更新执政观念之外,还需建立健全失信责任追究和惩戒机制,畅通监督渠道。一方面,定期开展政务失信专项治理,全面清理政府部门和国有企业拖欠民营企业账款行为。对拒不履行政策承诺和合同协议的政府部门及相关负责人建立政务失信记录,实施惩戒措施。如果违约行为没有正当理由,就要审视背后是否存在不正当利益。如果确有不正当利益存在,则要根据相关纪法严肃追责。唯有把责任追究落到实处,才能增强政府官员履约践行的内在动力,从而在源头上改变"人来政改、人走政息"这一现象。另一方面,健全惩戒机制还需畅通毁约违约监督举报渠道,强化外在监督和约束。凡所承诺的投资条件,必须严格以书面形式体现并执行,接受社会监督。纪检监察、组织人事等监督部门应重点关注"新官不理旧账"现象,严查可能涉及的贪污腐败行为。

第三章　加强和改进非公党建工作

　　欲筑室者，先治其基。党的基层组织是党在社会基层组织中的战斗堡垒，是党的全部工作和战斗力的基础，在党的事业和党的建设中处于基础性地位。基层党组织在推动事业发展、组织服务群众、加强自身建设等方面发挥了重要作用。注重建设基层组织，也是中国共产党长期以来坚持的党建工作传统。注重基层党组织的建设及延伸是中国共产党加强执政能力建设的一贯传统和重要手段。党的十八大以后，党中央树立大抓基层的鲜明导向，分别召开了农村、城市、国企、高校、社会组织等领域党建工作会议。中央统筹推进各领域基层党组织建设，持续整顿软弱涣散基层党组织，推动更多资源下沉到基层，充分发挥基层党组织在贯彻落实重大战略、重大工作、重大任务中的战斗堡垒作用，让党的旗帜在每个基层阵地高高飘扬。党的二十大修订的《中国共产党章程》第五章规定："企业、农村、机关、学校、医院、科研院所、街道社区、社会组织、人民解放军连队和其他基层单位，凡是有正式党员三人以上的，都应当成立党的基层组织。"[①]习近平在党的二十大报告中亦

---

　　① 《中国共产党第二十次全国代表大会文件汇编》，人民出版社，2022年，第97页。

明确指出:"严密的组织体系是党的优势所在、力量所在。各级党组织要履行党章赋予的各项职责,把党的路线方针政策和党中央决策部署贯彻落实好,把各领域广大群众组织凝聚好。坚持大抓基层的鲜明导向,抓党建促乡村振兴,加强城市社区党建工作,推进以党建引领基层治理,持续整顿软弱涣散基层党组织,把基层党组织建设成为有效实现党的领导的坚强战斗堡垒。"①因此,为确保党的执政基础,在全社会范围内普遍保证党的基层组织全覆盖并发生实质作用是各项工作得以开展的必要前提和组织基础。

在计划经济时代,经济领域的单一性和社会领域的单位化曾为基层党组织工作的顺利推进提供了极为便利的条件。通过在公有制企业和单位社会中高密度地组建基层党组织,中国共产党成功实现了对社会的整合。然而改革开放以来不断发展壮大的非公有制经济,在逐渐改变传统经济体制和社会结构的同时,对党的组织建设构成了严峻挑战,提出了全新课题。②在非公有制企业中成立党的组织因此成为党的基层党建工作的重要领域,也是我国特有的组织现象。③由于我国的非公有制经济是在党的方针政策鼓励下发展起来的,是改革开放以后伴随着我国经济结构和社会结构调整而出现的时代命题,其持续健康发展同样离不开党的支持和引导。为支持、引导、规范非公有制经济发展,把非公有制企业合理纳入到社会主义政治经济体制

---

① 《中国共产党第二十次全国代表大会文件汇编》,人民出版社,2022年,第56页。

② 董明:《非公有制企业的党旗为什么这样红?——对非公党建实践制度逻辑的若干解析》,《观察与思考》,2020年第2期。

③ 学者马骏指出,我国政商关系的发展既是一个自然历史过程,也是一个政策助推过程。从执政党统合视角出发,目前我国企业家的政治联系主要包含两个层面:一是党和政府通过自下而上的政治吸纳过程,赋予企业主政治身份;二是执政党通过自上而下的组织嵌入过程,在企业中设立基层党组织。就个体层面而言,党和政府则主要通过两种方式赋予企业主政治身份:一是中国共产党开放组织体系吸纳企业主党;二是通过政治安排的方式赋予企业家党代表、人大代表、政协委员等政治身份。就组织层面而言,执政党通过党组织嵌入的方式将党的基层组织嵌入企业之中。参见马骏:《新时代我国新型政商关系研究——基于非公有制经济基层党组织建设的权力形态演化视角》,《中央社会主义学院学报》,2023年第5期。

中来，中国共产党在非公有制企业中积极开展党建工作，把党组织覆盖到非公有制企业之中，通过开展党的活动，施加政治影响进而融入企业治理的各个环节。

由此，非公企业党组织在事实上架构了执政党与非公有制企业之间的互动桥梁，构成了一种新型的政企互动关系。通过执政党组织的有机嵌入，执政党与非公有制企业之间形成了组织化、制度化和常态化的互动治理模式。党的十八大以来，中央办公厅印发《关于加强社会组织党的建设工作的意见（试行）》，中央组织部印发《关于集中推进非公有制企业和社会组织党的组织和工作覆盖的通知》以及关于加强互联网企业党建工作的有关意见等文件，并陆续召开全国社会组织党的建设工作座谈会、全国园区非公企业党建工作座谈会、全国互联网企业党建工作座谈会，结合促进非公有制经济健康发展、社会组织管理制度改革等，大力推进党的组织和党的工作覆盖。党的十九大党章修正案增写社会组织中党的基层组织的功能定位和职责任务的内容。党的二十大报告进一步明确指出：要"加强混合所有制企业、非公有制企业党建工作，理顺行业协会、学会、商会党建工作管理体制"[1]。

非公有制企业党建工作主要是以非公有制企业党工委为核心，以非公有制企业党支部为基础，以非公有制企业全体党员为主体，由企业各类基层党组织共同参与的带有行业特点的基层党建工作。[2]作为主要针对在非公经济组织中党组织的建设，非公有制企业党建工作必然主要涉及基层党组织建设的诸多方面，也必然体现基层党组织建设的诸多特点。[3]非公有制企业党建工作是实现党对非公有制经济领导的基础性工作和基本途径，是党的群众工作的新领域，与扩大党组织和党的工作覆盖面的新的着力点。基于其

---

[1] 《中国共产党第二十次全国代表大会文件汇编》，人民出版社，2022年，第56页。

[2] 本书编写组编著：《非公有制企业党建工作问答》，党建读物出版社，2017年，第12页。

[3] 朱茜：《论非公党建的组织重构与功能重塑》，《大连干部学刊》，2019年第1期。

能够直接触及中国经济中最为活跃和剧烈变动的经济与社会力量，接触到非公有制企业中的各种利益团体和在非公有制企业中工作、生活的广大人民群众，加强和改进非公有制企业中的党建工作，既是充分发挥非公有制企业党组织战斗堡垒作用和党员先锋模范作用、提升非公有制企业自身素质的重要举措，也是扩大党执政的群众基础和社会基础的客观需要，必然能够成为中国共产党鼓励、支持、引导非公有制企业健康发展的重要工具和抓手，并对中国共产党执政能力的提升发挥重要作用。

近年来，各级党委及其组织部门适应非公有制经济发展新形势，按照党中央的部署要求，把加强和改进非公有制企业党建工作摆上更加重要的议事日程，不断扩大党在非公有制企业中的组织覆盖和工作覆盖，不断改进党组织的工作方式和方法，引导非公有制企业党组织紧紧围绕企业生产经营开展活动，充分发挥党组织和党员作用，为非公有制经济发展提供了重要的政治保证。实践证明，做好非公有制企业党建工作为非公有制经济健康发展和非公有制经济人士健康成长注入了强大动力。

随着我国开启全面建设社会主义现代化国家的新征程，非公有制企业在我国经济总量中所占的比例越来越大，地位和作用越来越重要。[1]特别是

---

① 学者马骏基于"2000—2020 年中国私营企业调查数据库"中的相关数据，考察了当前我国非公有制企业党组织的覆盖率。数据显示，2000 年以来，我国民营企业党组织覆盖率总体呈上升趋势，从 2000 年的 17.17% 上升至 2020 年的 35.72%。从地区分布特征来看，西藏、安徽、甘肃、山西、山东、北京地区民营企业党组织覆盖率较高，均超过 1/3。吉林、海南地区民营企业党组织覆盖率较低，均不足 20%。总体来说，中西部地区民营企业党组织覆盖率普遍高于东部地区。从行业分布来看，采掘业和制造业的党组织覆盖率最高，分别达到 38.23% 和 35.82%。公共管理和批发零售业党组织覆盖率最低，均不足 20%。可见，中小民营企业中党组织的覆盖率存在较大的行业差异。从规模分布来看，小微企业的党组织覆盖率最低（15.36%），中小企业次之（23.81%），大型企业的党组织覆盖率接近 50%。这表明，随着企业规模的扩大，党组织的覆盖率也随之提高。从企业年龄分布来看，随着企业的成长，党组织的覆盖率逐步提升，从创业初期的 16.59% 上升到稳定期的 45.58%。如同企业规模分布特征，随着企业的成长成熟，来自外部合法性的压力以及内部效率提升的压力，建立时间越长的民营企业确实党组织覆盖率会随着提升。参见马骏：《新时代我国新型政商关系研究——基于非公有制经济基层党组织建设的权力形态演化视角》，《中央社会主义学院学报》，2023 年第 5 期。

中国特色社会主义进入新时代,落实全面从严治党新战略,对加强和改进非公有制企业党建工作提出了新的更高的要求。正如习近平在全国非公有制企业党建工作会议上所说,"非公有制企业的数量和作用决定了非公有制企业党建工作在整个党建工作中越来越重要，必须以更大的工作力度扎扎实实抓好"①。

第一节　非公党建理论创新发展历程

党建实践发展永无止境,党建理论创新永不止步。相较于党建工作的其他领域,非公有制企业党建工作是非公有制经济的伴生物,虽然出现较晚,但在党建工作的整体结构中占据重要地位，并伴随着非公有制经济的发展而不断探索实践。这是一个涉及非公经济发展及党的建设的重要命题,兼具重要的学理和实践价值。研究和探索非公有制企业党建工作的理论和实践问题,是全面从严治党的一项基础性工作,也是深入贯彻落实习近平新时代中国特色社会主义思想的现实需要。通过对相关文献的梳理不难发现,非公有制企业党建工作的概念、内容和要求,早在新中国成立初期就已出现。换言之,中国共产党执掌全国政权之始,就提出了在非公有制企业中建立党的组织、加强党的领导这一课题。

新中国成立之初, 中国共产党把私营经济作为新民主主义经济的组成部分,确立了公私兼顾、劳资两利、城乡互助、内外交流的"四面八方"经济政策。社会主义过渡时期,在对私有经济进行社会主义改造的同时,通过单位制的建立, 中国共产党同步将自身基层组织嵌入直接管理个人的最基础的

---

① 《全国非公有制企业党建工作会议召开》,《人民日报》,2012 年 3 月 22 日。

社会组织——单位之中，从而实现了党的基层组织对于社会绝大部分人口的覆盖。这种覆盖正是中国共产党得以有效发挥其执政党作用的组织基础。在非公有制经济领域，中国共产党在私营企业和个体工商业中普遍建立了党的组织。1952 年 3 月，毛泽东为中共中央起草指示，提出在"五反"斗争中必须达到八个目的，其中之一就是"在一切大的和中等的私营企业中建立党支部，加强党的工作"①。这是有资料可查的党中央第一次要求私营企业建立党的组织，说明刚刚夺取全国政权的中国共产党，高度重视对私营企业的领导，并把这种领导看作私营企业健康发展和对个体工商业进行社会主义改造的前提条件。至 1954 年底，私营工厂中党员人数不断增多，从全国范围来看，包括私营企业在内的产业职工中，党员人数占职工总数在 8% 左右。

1978 年 12 月，党的十一届三中全会召开，开启了我国改革开放的历史进程。随着政策的放开，大量知识青年返回城市，但是城市却无法提供足够的岗位安置这些人员，从而产生大量失业人口，使得城市中没有被控制在传统的单位制体系中的人口数量实际上显著增加。这对于在单位中建立党组织，从而实现对城市人口的组织对接的中国共产党而言，无疑构成了新的挑战。②非公有制企业党建问题在这一历史背景下重新提出，实际上是在中国特色社会主义市场经济条件下，对受到冲击而收缩的以单位制为基础的基层党建模式进行延续和调整的产物，是执政党对基层组织的建设要求与传统党建方式的路径依赖以及经济形势的发展共同作用的产物。改革开放以后，非公有制企业党建最先是从外资企业开始，然后延伸到个体私营企业、改制企业、混合所有制企业等领域，经历了从姓"资"姓"社"、私营企业是否存在剥削等争论，到以私营企业主为代表的新社会阶层成为"中国特色社会

①　《毛泽东文集》（第六卷），人民出版社 1999 年，第 201 页。
②　朱茜：《论非公党建的组织重构与功能重塑》，《大连干部学刊》，2019 年第 1 期。

主义事业的建设者"[1]，抓好"两个覆盖"、发挥"两个作用"、提升"组织力"[2]、构建新型政商关系等的转变。[3]

具体而言，改革开放以后，非公有制企业党建工作发展过程经历了四个主要阶段：

一、尝试开放时期

1978 年党的十一届三中全会决议指出，"一定范围的劳动者个体经济是必要的"，从而为个体经济的回归打开了政治上的通路。随后，个体经济在全国范围内快速发展。这种发展趋势以及个体经济对于吸纳就业，促进经济发展的良好效果，也推动着执政党尝试进一步将政策放开，鼓励个体经济发展。1981 年 7 月，国务院颁布《关于城镇非农业个体经济若干政策性规定》的文件，逐步放开个体经济不得雇工的限制，从而使政策上的探索又向前迈进一步。随着改革开放的不断深化，社会人员大规模流动，个体、私营等非公有制企业是接纳各类流动人员最多的领域。对于个体经济政治限制的放开，已经吸纳了包括"流动党员"在内的部分劳动人口的非公有制企业中的党组织建设问题逐渐引起重视，出现了一些分散性的在非公经济组织中建立党组织的尝试。这无疑给传统的党员管理方式和党建工作带来了新的课题。

1981 年 10 月，中共中央、国务院出台《关于广开门路，搞活经济，解决城镇就业问题的若干决定》指出，"个体劳动者，是我国社会主义的劳动

---

[1] 中共中央文献研究室编：《十三大以来重要文献选编》(下)，中央文献出版社，2011 年，第163 页。

[2] 薛小荣：《对新时代提升"两新"组织党建组织力的新思考》载《毛泽东邓小平理论研究》，2017 年第 12 期。

[3] 付佳迪：《让党建成为看得见的生产力——基于 H 省 100 家非公有制企业"双强百佳党组织"的考察》，《中国延安干部学院学报》，2022 年第 1 期。

者。……对于他们的社会和政治地位，应与国营、集体企业职工一视同仁。……在从事集体经济和个体经济的人员中，要根据需要，逐步建立党、团组织"①。虽然最初的思路主要是为解决非公经济组织从业人员的政治待遇，但是这一文件的出台，确实为在非公有制企业中建立党组织提供了政策依据，也为在非公有制经济不断发展，原有单位制形式下基层党组织的人口覆盖不断缩减的条件下，重新巩固和扩展中国共产党的基层组织，巩固党的执政基础指明了方向。1984 年 2 月，中央组织部颁发的《关于加强中外合资经营企业党的工作的几点意见》中进一步明确了中外合资企业可以建立党组织并开展党的活动。随着 1987 年党的十三大的顺利召开，非公有制企业党建工作的政策性基础得以进一步夯实。

这一时期的非公有制企业党建工作更多来自非公有制经济活跃地区的地方实践。1984 年，福建省泉州市南安县（现为南安市）港资企业"南丰针织厂"（现已发展成为南益集团），成立了改革开放以来第一家非公有制企业党支部。作为一家港资企业，党员在企业创办、发展中起到了关键作用，并为企业有效化解了危机。随着企业的不断发展，1997 年 6 月，集团党支部升格为党委，成为福建第一个跨地区成立的非公有制企业党委。时任福建省委书记的项南同志赞誉其为"闽南的第一枝报春花"。截至 2018 年，集团党委下辖支部 19 个，协管省外支部 3 个，共有党员 241 名。浙江省也于 1985 年在 26 家外资企业中建立了 14 个党组织。

当然，也要看到，这一时期不少非公有制企业党建工作实践，在一定程度上也是非公有制企业为获得外部合法性，在企业内部建立起与单位体制同构的组织机构，以获得外界对非公有制企业的认同。②这表现在不少企业

---

① 中共中央文献研究室编：《改革开放三十年重要文献选编（上）》，中央文献出版社，2008 年，第 225 页。

② 付佳迪、邱观建：《从组织覆盖到工作覆盖：非公党建的制度变迁》，《江汉论坛》，2017 年第 2 期。

出资人为争取政治资源，往往通过挂靠、挂户等形式争戴一顶"红帽子"，装扮成村（社）集体企业或国有企业的下属企业，从而把党组织关系挂靠在所属单位。

随着个体经济和私营经济的快速发展，经济形态、涉及的经济领域以及雇工规模的扩大顺理成章。到 20 世纪 80 年代末，非公有制经济的发展逐渐耗尽原有政策调整所予以释放的政策空间，进一步的政策调整也势在必行。①

二、探索发展时期

以邓小平南方谈话为标志，改革开放进入新时期，非公有制经济得以以个体、私营、外资经济的形式出现在中国的经济、政治和社会舞台之上，非公有制企业党建工作也迎来新的发展阶段。

1992 年 9 月，中共中央政治局会议通过的《中共中央关于加强党的建设，提高党在改革和建设中的战斗力的意见》指出："随着改革的深化和开放的扩大，出现了许多新的经济组织形式。对这些经济组织中党的建设问题，要积极探索，大胆试验。……没有建立党组织的，要积极创造条件。乡镇企业、私营企业等经济组织，也要从各自的实际出发，抓紧建立、健全党组织，创造适应这些企业特点的工作方法和活动方式，逐步形成党的工作规范。企业集团发展很快，党组织如何设置，要抓紧研究和探索。"②

1992 年 10 月，党的十四大报告指出："社会主义市场经济体制是同社会主义基本制度结合在一起的。在所有制结构上，以公有制包括全民所有制和集体所有制经济为主体，个体经济、私营经济、外资经济为补充，多种经济成

---

① 朱茜：《论非公党建的组织重构与功能重塑》，《大连干部学刊》，2019 年第 1 期。
② 中共中央文献研究室编：《十三大以来重要文献选编》（下），人民出版社，1993 年，第 2197 页。

分长期共同发展,不同经济成分还可以自愿实行多种形式的联合经营。"[①]党的十四大还明确提出在全民所有制企业之外的经济组织建立党的基层组织,"要从实际出发,抓紧建立健全党的组织和工作制度"[②]。这是改革开放以后,党中央第一次对包括非公有制经济在内的各种经济组织提出党建工作要求。

党的十四大之后,非公有制经济迅速发展,党中央适时提出要重视这些经济组织中的党的建设问题,要求推动非公有制企业抓紧建立、健全党组织,允许非公有制经济人士入党。1993年8月,中共中央组织部出台了《关于进一步加强外商投资企业党的工作的意见》,这是我国制定的第一份关于非公有制企业党建工作的规范性文件。同年12月,第八届全国人大常委会第五次会议审议通过《公司法》,其中第十九条明确规定:"在公司中,根据中国共产党章程的规定,设立中国共产党的组织,开展党的活动。公司应当为党组织的活动提供必要条件。"首次把公司制企业支持党建工作要求写入法律条文,使非公有制经济组织党建工作走向法制化轨道。[③]1994年1月,中央组织部印发《关于加强党员流动中组织关系管理的暂行规定》,对流动党员如何接转党组织关系、如何建立党组织、如何过党组织生活等作出具体规定。其中第四条明确规定:外来经商党员较多的集贸市场,应在这部分党员中建立党支部或党小组。根据不同情况,这些党支部或党小组,可由乡镇、街道组织领导,也可由当地工商管理部门党组织或个体劳动者协会党组织领导。这是个体劳动者协会及其党组织参与流动党员管理和服务、配合党委组织部门和工商部门推进非公企业党建工作最早的政策依据。

---

① 中共中央文献研究室编:《改革开放三十年重要文献选编》(上),中央文献出版社,2008年,第659~660页。

② 中共中央文献研究室编:《十四大以来重要文献选编》(上),人民出版社,1996年,第43页。

③ 瘦登夫:《非公有制经济组织党建理论创新发展历程》(上),《中国市场监管报》,2021年12月18日。

随着国有企业股份制改革的推进,企业出资人多元化,原有的国有企业党建模式也受到冲击。党组织在股份制企业中的地位和作用问题被提上党建工作日程。1994年4月,中央组织部印发《关于加强股份制企业中党的工作的几点意见》明确提出,在以公有制经济成分为主的股份制企业中,党组织处于政治核心地位,发挥政治核心作用。同年9月,党的十四届四中全会通过的《关于加强党的建设几个重大问题的决定》进一步指出:"随着多种经济成分的发展、利益关系的调整和经营形式的多样化,需要改进基层党组织的工作;各种新建立的经济组织和社会组织日益增多,需要从实际出发建立党的组织,开展党的活动……各种所有制的企业中,都要加强党的工作。没有党组织的,要积极创造条件建立党的组织,采取适应各自特点的工作方法和活动方式,开展党的活动。"①这表明开展非公有制企业党建工作,已经引起党内的高度重视,标志着我们党对非公有制企业党建工作的探索从自发进入自觉阶段。

这一时期,随着鼓励非公有制经济发展的政策逐渐落地见效,阻碍非公有制企业党组织建设的政策壁垒也在逐步清除。特别是伴随着国有企业改革进程的加快,在"抓大放小"逻辑下进行的小型国有企业私有化扩大为更加激进的国有中型企业私有化,一大批中小型乃至规模较大的国有企业通过改制的方式转变为私营企业、外商投资企业等企业形式,大量国企职工通过下岗分流的方式也从公有制经济组织中流动到非公有制经济组织中实现再就业。据不完全统计,1995年至2002年间,约有4600多万工人从国有企业分流,这些下岗职工大多进入非公有制企业。仅1997—1998年的普查就发现,非公有制企业的全部雇员中有11.5%是下岗的国企职工。所有非公有

---

① 中共中央文献研究室编:《改革开放三十年重要文献选编》(上),中央文献出版社2008年,第786~787页。

制企业中有 4.5% 是通过与国企合并,或收购破产的国企而兴办起来。[①]在这一背景下,原先单位制下依照传统模式建立的基层党组织覆盖人员也被转移到非公有制经济组织,从而迅速增加了游离在传统基层党建领域之外的党员人口数量。这一现象日益受到党的各层级领导的重视,非公有制经济党建工作成为从中央到地方的一致共识,并被反复强调。

三、规范运行时期

进入 21 世纪,改革开放迈入新的历史阶段,非公有制经济迅速发展,成为社会主义市场经济的重要组成。2000 年 2 月,江泽民在广东指导"三讲"教育活动并考察工作,首次公开提出"三个代表"重要思想。针对非公有制经济蓬勃发展,而非公有制经济组织中的党建工作却比较滞后,江泽民 2000 年 5 月 14 日在江苏、浙江、上海党建工作座谈会上讲话指出:"目前全国 86% 的私营企业中没有党员,已建立党组织的仅占企业总数的 0.9%,相当一部分企业有党员但没有党组织。各级党委特别是主要领导同志的思想认识要跟上客观形势的发展,抓紧在非公有制经济组织开展党的工作,加强党的建设。这是我们党确立和巩固社会主义初级阶段基本经济制度,引导非公有制经济健康发展的需要, 也是加强党同在非公有制企业劳动的广大职工群众的联系,巩固党在新形势下执政的阶级基础、群众基础的需要。"[②]江泽民还指出:"在非公有制企业开展党建工作,要理直气壮。"[③]

针对越来越多的人在非公有制经济领域就业,江泽民提出了党建工作新课题,即"如何加强党在这些领域中的领导,切实把这些领域的群众团结

---

① 蔡欣怡:《绕过民主:当代中国私营企业主的身份与策略》,浙江人民出版社,2013 年,第 72 页。

② 中共中央文献研究室编:《十五大以来重要文献选编》(中),人民出版社,2001 年,第 1234 页。

③ 中共中央文献研究室编:《十五大以来重要文献选编》(中),人民出版社,2001 年,第 1234 页。

和组织在党的周围"①。2000年9月，中组部印发《关于在个体和私营等非公有制经济组织中加强党的建设工作的意见（试行）》，提出在非公有制经济组织中加强党建工作的指导思想和原则，明确非公有制经济组织中党组织的地位作用和职责任务，是新时期推动非公有制企业党建工作的重要政策依据。《意见》指出：非公有制经济组织是党的建设工作的一个重要领域。在非公有制经济组织中建立党的组织，开展党的工作，加强党的建设，充分发挥党的思想政治优势、组织优势和密切联系群众的优势，是坚持和完善社会主义初级阶段的基本经济制度，保证监督党和国家的方针政策、法律法规贯彻实施，引导非公有制经济健康发展的需要。这份《意见》的颁布，极大促进了非公有制企业党建工作，在党的建设史上具有重要地位。

2001年7月1日，江泽民在庆祝中国共产党成立80周年大会上的讲话中，首次提出"新的社会阶层"概念，并初步阐述了与之相关的基本理论。江泽民指出，"不能简单地把有没有财产、有多少财产当作判断人们政治上先进与落后的标准，而主要应该看他们的思想政治状况和现实表现，看他们的财产是怎么得来的以及对财产怎么支配和使用，看他们以自己的劳动对建设有中国特色社会主义事业所作的贡献"②。因此，为带领全国人民推进中国特色社会主义事业，中国共产党必须与时俱进，"应该把承认党的纲领和章程、自觉为党的路线和纲领而奋斗、经过长期考验、符合党员条件的社会其他方面的优秀分子吸收到党内来，并通过党这个大熔炉不断提高广大党员的思想政治觉悟，从而不断增强我们党在全社会的影响力和凝聚力"③。这一党建理论的重大突破，及时解决了非公有制经济人士能否申请入党和党员能否从事非公有制经济工作的理论困惑，有力地促进了非公有制经济领域

---

① 《江泽民文选》（第三卷），人民出版社，2006年，第18页。

② 《江泽民文选》（第三卷），人民出版社，2006年，第287页。

③ 《江泽民文选》（第三卷），人民出版社，2006年，第286页。

党建工作的发展。

在 2002 年召开的党的十六大上,首次出现了非公有制经济人士身份的党员代表。在各省、自治区、直辖市的党代会上,也出现了非公有制经济人士党员代表。党的十六大还对党章进行了修改,在党的基层组织部分首次将非公有制企业党组织的职责写入党章,标志着非公有制经济党建工作得到党内最高权威法规的确认和规范。修改后的党章规定:非公有制经济组织中党的基层组织,贯彻党的方针政策,引导和监督企业遵守国家的法律法规,领导工会、共青团等群众组织,团结凝聚职工群众,维护各方的合法权益,促进企业健康发展。关于非公有制企业党组织的新规定,为进一步做好非公有制企业党建工作提供了根本的法规依据。

在此之后,不仅非公有制企业党组织数量迅速增加,质量也明显提升,各地都在积极采取措施,致力于组织覆盖,把推进规模以上非公有制企业党建工作,作为基层党建工作的重点工程。2005 年修订的《公司法》规定,在公司中,根据中国共产党章程的规定,设立中国共产党的组织,开展党的活动。公司应当为党组织的活动提供必要条件。这意味着非公有制企业党建工作的合法性问题彻底得到解决。据党内统计,从 2002 年到 2006 年,全国非公有制企业党组织数量由 9.9 万个增长到 17.8 万个,增长了 79.8%。全国有 3 名以上正式党员的非公有制企业建立党组织的比例达到 94.2%。截至 2006 年底,非公有制企业中党员达到 286.3 万人, 个体工商户中也有党员 81 万人。各地还把社会团体和中介组织党建工作纳入基层党建的总体规划,许多地方采取建、联、挂、派等方式建立党组织,理顺党组织隶属关系,努力做到成熟一个建一个,建立一个巩固一个,巩固一个带头一批,充分发挥党组织的作用,取得了良好效果。①经过这一时期成效显著的工作,非公有制企业中

---

① 《十六大以来党的建设成就巡礼:基层组织建设开创新局面》,《人民日报》,2007 年 7 月 13 日。

党的基层组织得以建设起来,并形成了一定的管理体系和工作机制,使得非公有制经济组织中的党建工作不再依赖于地方领导或者非公有制企业主的愿望和热情,而是统一于中国共产党自身建设的整体框架之下,成系统地加以推进,工作的持续性、完整性和质量都能够得到一定程度的保证。①

2006 年 10 月,党的十六届六中全会召开。胡锦涛在工作报告中要求:"推进新经济组织、新社会组织党建工作,扩大党的工作覆盖面,发挥基层党组织凝聚人心、推动发展、促进和谐的作用。"②11 月 12 日,中共中央印发的《关于党的十七大代表选举工作的通知》,要求各省、自治区、直辖市保证适当数量的新经济组织和新社会组织的党员代表。2007 年召开的党的十七大上,在 2217 名代表中,来自非公有制经济领域的代表达到 17 人,体现了党中央对非公有制经济为国家发展所作贡献的充分肯定。2009 年 9 月 18 日,党的十七届四中全会审议通过的《中共中央关于加强和改进新形势下党的建设若干重大问题的决定》,对非公有制经济领域党组织的组建、职能作用、党员发展和选好配强党组织负责人等方面提出了明确要求,进一步要求抓紧在非公有制经济组织中建立党组织,并明确了"积极做好在非公有制经济组织、新社会组织中发展党员工作"的方针。决定指出:"非公有制经济组织、新社会组织中的党组织要围绕贯彻党的方针政策、引导和监督遵守国家法律法规、团结凝聚职工群众、维护各方合法权益、促进健康发展等职能探索发挥作用的途径和方法。"③

从 2010 年 4 月起,根据中央统一部署,由中央统战部牵头,工业和信息化部、国家市场监督管理总局、全国工商联参加,成立了全国非公有制经济组织创先争优活动指导小组,以"推动加快经济发展方式转变,促进企业实

---

① 朱茜:《论非公党建的组织重构与功能重塑》,《大连干部学刊》,2019 年第 1 期。
② 中共中央文献研究室编:《十六大以来重要文献选编》(下),人民出版社,2008 年,第 670 页。
③ 中共中央文献研究室编:《十七大以来重要文献选编》(中),人民出版社,2011 年,第 155 页。

现科学发展"为主题,在全国非公有制经济组织党组织和党员中开展创先争优活动。这是改革开放以来在非公有制经济组织中开展的持续时间长、参加人数多、服务科学发展成效显著的一次党内教育实践活动,非公有制经济组织中60万个基层党组织和400多万名党员参加了这次活动。

党的十七大之后,作为中央政治局常委的习近平直接分管党建工作,对非公有制企业党建工作进一步提出明确要求。2009年召开的全国组织部长会议,时任中央政治局常委、国家副主席的习近平指出:"在非公有制经济组织和新社会组织中组建党组织,是当前的重点工作领域,也是工作的难点所在,各地要加强区域统筹、科学规划、分类指导,创新党组织设置方式,加大组建力度,做到成熟一个、组建一个、建立一个、巩固一个、带动一批;对暂时不具备建立党组织条件的,可采取选派组织员和党建工作指导员、输送党员骨干等方式首先把党的工作开展起来, 也可通过建立联合党支部或行业党组织开展党的活动。"[1]同年12月,习近平在部分省区市学习实践科学发展观活动座谈会上强调:"要不断扩大非公有制经济组织和社会组织中党的组织和党的工作覆盖面,选好配强党组织负责人,做好在非公有制经济组织和社会组织中发展党员工作,探索党组织发挥作用的有效途径,推动非公有制经济组织和社会组织党建工作取得新进展。"[2]

2011年12月,习近平进一步提出,要从扩大党的组织覆盖、配强党组织负责人, 以及创新活动载体和改善保障条件等方面加强非公有制经济组织党的建设,探索非公有制经济组织党组织发挥作用的渠道和方式。2012年3月,全国非公有制企业党的建设工作会议召开,习近平会见了与会代表,并

---

① 中共中央文献研究室编:《十七大以来重要文献选编》(中),中央文献出版社,2011年,第300页。

② 《推动非公有制经济组织和社会组织学习实践活动不断取得新成效》,《光明日报》,2009年12月10日。

做了重要讲话。他总结改革开放以后非公有制企业党建工作的实践经验,对非公有制企业党建工作的许多重大问题作出明确回答。他指出,非公企业是发展社会主义市场经济的重要力量,非公企业的数量和作用决定了非公企业党建工作在整个党建工作中越来越重要,必须以更大的工作力度扎扎实实抓好。他在讲话中明确提出加强和改进非公有制企业党建工作的目标,就是抓好"两个覆盖"、发挥好党组织"两个作用"、加强"两支队伍"建设。抓好"两个覆盖",就是要抓好党组织覆盖和党的工作覆盖,加大党员发展力度,做好流动党员管理服务和引进党员职工工作,不具备建立党组织条件的要采取多种方式积极开展党的工作,增强党的影响力。发挥好党组织"两个作用",就是党组织要在职工群众中发挥政治核心作用,在企业发展中发挥政治引领作用,把贯彻党的路线方针政策、维护职工群众合法权益、引领建设先进企业文化、创先争优推动企业发展贯穿党组织活动始终。加强"两支队伍"建设,就是要加强党组织书记和党建工作指导员队伍建设,为开展非公有制企业党建工作提供组织保障。习近平还强调,非公有制企业面广量大、类型多样,各级党委要切实加强领导、落实责任,健全机构、配强力量,对民营、外资等不同规模、不同类型企业要注重分类指导,增强工作的针对性和实效性。[①]

2012 年 5 月,中共中央办公厅依据全国非公有制企业党建工作会议精神和习近平讲话精神,制定出台了《关于加强和改进非公有制企业党的建设工作的意见(试行)》,成为新时期加强非公有制企业党的建设的工作指南。意见根据新的实践和要求,对 2000 年《关于在个体和私营等非公有制经济组织中加强党的建设工作的意见(试行)》进行了补充和完善。意见明确了非公有制企业党组织的功能定位,指出"非公有制企业党组织是党在企业中的

---

① 《全国非公有制企业党建工作会议召开》,《光明日报》,2012 年 3 月 22 日。

战斗堡垒,在企业职工群众中发挥政治核心作用,在企业发展中发挥政治引领作用"。非公有制企业作为发展社会主义市场经济的重要力量,加强政治引领,多措并举增强非公企业党建工作,不仅是"坚持和完善我国基本经济制度、引导非公有制经济健康发展、推动经济社会发展的需要",而且是"加强和创新社会管理、构建和谐劳动关系、促进社会和谐的需要",更是"增强党的阶级基础、扩大党的群众基础、夯实党的执政基础的需要"。意见还就建立健全领导体制和工作机制,努力推进党的组织和工作覆盖,探索党组织和党员发挥作用的有效途径,加强以党组织书记为重点的党务工作者队伍建设,加强对非公有制企业出资人的教育引导,强化非公有制企业党建工作保障等问题作了明确规定,成为新时期非公有制企业党建工作的指导性文件。

全国非公有制企业党的建设工作会议的召开和《关于加强和改进非公有制企业党的建设工作的意见(试行)》的出台,标志着我国非公有制企业党建工作进入新的发展阶段。此后,各地按照"非公有制经济发展到哪里,党建工作就延伸到哪里"的要求,加快了在非公有制企业组建党组织的工作步伐,普遍采取独立、联合、挂靠、依托、统建等多种方式,在非公有制企业中建立党组织。

四、融合发展时期

新时代非公有制企业党建工作作为基层党建重要内容,既是全面推进新时代党的建设新的伟大工程的题中之义,更是新时代非公有制经济健康发展和非公有制经济人士健康成长的内在要求和必然选择。

党的十八大以前,在非公有制企业中,党建只是工作要求,即以企业发展带动党建发展,做到非公有制企业发展到哪里,党的组织就延伸到哪里,党建工作就开展到哪里,即曾经提出的"+党建"。党的十八大报告把党的建设与经济建设、政治建设、文化建设、社会建设以及生态文明建设并列。这就要求党建要引领并带动包括非公有制经济领域在内的一切工作，"+党建"置换成了"党建+"。非公有制企业党的建设工作日益显示出独特功能，为党的建设增添了丰富内容，党在非公有制企业的影响力不断提高。这也意味着非公有制企业党建的工作重心由组织覆盖逐渐过渡到工作覆盖。如果说组织覆盖回应的是合法性机制，工作覆盖则回应的是效率机制，即党的政治活动要迎合企业的经济活动，为工作覆盖塑造良好的内部环境，以契合效率机制。①在非公有制企业中，党建作为政治优势，更要以党建引领并带动企业发展，把党建优势转化为企业发展优势。②也正是在这一背景下，"生产力"一词也被频繁进入党建话语体系之中，体现出新时代党建工作与生产力之间的密切关联。如"党建也是生产力""党建就是生产力""抓党建就是抓生产力""党建做实了就是生产力""让党建变成看得见的生产力"等。③有分析显示，位居中国民营企业 500 强榜单前列的企业，有一个共同特点，就是企业重视党建工作，企业经营班子与党委班子协调一致、相得益彰。"党建做实了就是生产力，做强了就是竞争力，做细了就是凝聚力"，正在成为越来越多非公有制企业管理者的共识。

习近平始终高度重视非公有制经济发展和非公有制企业党建工作。这与他曾经在福建、浙江、上海等非公有制经济发达地区担任主要领导密不可分。进入中央工作以后，习近平分管党建工作，对做好非公有制企业党建工作又作出了一系列重要部署。党的十八大以来，在以习近平同志为核心的党中央领导下，非公有制企业党的建设工作继续在探索中前进、在创新中加

---

① 付佳迪、邱观建：《从组织覆盖到工作覆盖》，《江汉论坛》，2017 年第 2 期。

② 孙林：《提高互联网企业党建"推重比"》，《学习时报》，2019 年 5 月 3 日。

③ 付佳迪：《让党建成为看得见的生产力——基于 H 省 100 家非公有制企业"双强百佳党组织"的考察》，《中国延安干部学院学报》，2022 年第 1 期。

强,取得了显著成绩。2013年6月,习近平在全国组织工作会议上指出,一些非公有制经济组织和社会组织党建工作还比较薄弱,"越是情况复杂、基础薄弱的地方,越要健全党的组织、做好党的工作,确保全覆盖,固本强基,防止'木桶效应'"①。2014年5月,中共中央办公厅印发《关于加强基层服务型党组织建设的意见》,明确要求非公有制经济组织中的党组织,"围绕促进生产经营、维护各方合法权益搞好服务,在职工群众中发挥政治核心作用,在企业发展中发挥政治引领作用"②。2018年1月,中共中央印发的《中国共产党支部工作条例(试行)》明确规定:"非公有制经济组织中的党支部,引导和监督企业严格遵守国家法律法规,团结凝聚职工群众,依法维护各方合法权益,建设企业先进文化,促进企业健康发展。"2019年中央组织部公布的《2018年中国共产党党内统计公报》显示,截至2018年12月31日,全国有158.5万家非公有制企业法人单位建立了党组织,占全部非公企业的30.8%。③2019年12月4日,中共中央、国务院出台《关于营造更好发展环境支持民营企业改革发展的意见》,明确规定民营企业党建工作机制,要求坚持党对民营企业改革发展工作的领导,教育引导民营企业和企业家拥护党的领导,支持企业党建工作。意见还提出民营企业党组织工作重点是,围绕宣传贯彻党的路线方针政策、团结凝聚职工群众、维护各方合法权益、建设先进企业文化、促进企业健康发展等开展工作,充分发挥党组织的战斗堡垒作用和党员的先锋模范作用,努力提升民营企业党的组织和工作覆盖质量。④总体来看,这一时期更加注重提升覆盖质量,明确非公企业和社会组织等领域党建工作的总体要求、目标任务和重点工作,推动建立健全党建工作机构,

---

① 中共中央文献研究室编:《十八大以来重要文献选编》(上),人民出版社,2014年,第352页。

② 《关于加强基层服务型党组织建设的意见》,人民出版社,2014年,第6页。

③ 《2018年中国共产党党内统计公报》,《人民日报》,2019年7月1日。

④ 《中共中央国务院关于营造更好发展环境支持民营企业改革发展的意见》,《人民日报》,2019年12月23日。

组织开展专项督查，在各类园区、商务楼宇、商圈市场等区域范围，律师、注册会计师、税务师等重点行业，互联网企业等新兴领域加强分类指导，探索快递行业党建工作，做到有形覆盖和有效覆盖相统一。

实践充分证明，我国非公有制企业党建工作为企业发展指明了政治方向、提供了根本保障，非公有制企业党建与非公有制企业发展相得益彰、相互促进。进入新发展阶段，非公有制企业党建工作的逻辑也不再只是政党自身建设或党组织覆盖率的增加，更重要的是将党建引领与非公有制企业生产经营有效联结。也就是说，非公有制企业不仅党建工作要实现高质量发展，生产经营更要努力实现高质量发展。这既是把握新发展阶段的必然要求，也是贯彻新发展理念、构建新发展格局的重要支撑。因此，要高质量做好非公有制企业党的建设工作，坚持把党建工作融入非公有制企业发展总体安排中研究部署，推动企业理解执行好国家的相关政策举措，把党的政治优势和组织优势转化为企业的竞争优势和发展优势，用高质量党建引领和保障企业高质量发展，真正为形成国民经济良性循环作出积极贡献。①

第二节　实现党的全面领导必须加强和改进非公党建工作

党政军民学，东西南北中，党是领导一切的。中国特色社会主义制度具有多方面显著优势，其中中国共产党领导是最大优势，是其他方面优势得以存在和发挥作用的根本保证。坚持和加强党的领导，是党的十八大以来取得的最重要成就之一，也是党和国家事业取得历史性成就、发生历史性变革的

---

① 《第二届新时代民营企业党建经验交流会举行》，《学习时报》，2020 年 11 月 30 日。

最根本保证。坚持党对一切工作的领导,在新时代坚持和发展中国特色社会主义基本方略中更是处于首要位置。习近平对党的领导核心作用作了鲜明生动的概述,他强调:"形象地说是'众星捧月',这个'月'就是中国共产党。"党的十九大将"中国特色社会主义最本质的特征是中国共产党领导,中国特色社会主义制度的最大优势是中国共产党领导,党是最高政治领导力量"确立为习近平新时代中国特色社会主义思想的重要内容,同时把这一重大政治原则写入党章,把"坚持党对一切工作的领导"作为新时代坚持和发展中国特色社会主义的基本方略的第一条。这是中国共产党、中国人民在坚持和发展中国特色社会主义中最根本的经验总结,是道路自信、理论自信、制度自信、文化自信的集中体现。2018 年 3 月,十三届全国人大一次会议通过《中华人民共和国宪法修正案》,在宪法序言确定党的领导地位的基础上,又在总纲中明确规定中国共产党领导是中国特色社会主义最本质的特征,强化了党总揽全局、协调各方的领导地位。宪法以根本法的形式确立党的领导地位,反映的是中国最大的国情,有利于在全体人民中强化党的领导意识,有效地把党的领导落实到国家工作全过程和各方面,确保党和国家事业始终沿着正确方向前进。

党的全面领导是具体的,不是空洞的、抽象的,必须体现到治国理政的方方面面。坚持和加强党对一切工作的领导,这一要求也不是空洞和抽象的,而是要在各方面各环节加以落实和体现。在非公有制经济领域,坚持和加强党的全面领导,毫无疑问包含着党对非公有制经济的领导,这是实现党的全面领导的题中应有之义。

一、加强和改进非公党建工作是实现党的全面领导的必然要求

习近平指出,中国特色社会主义最本质的特征是中国共产党领导,中国

特色社会主义制度的最大优势是中国共产党领导,党是最高政治领导力量。党的领导是做好党和国家各项工作的根本保证,是战胜一切困难和风险的"定海神针"。坚持党对一切工作的领导,发挥党总揽全局、协调各方的领导核心作用,是党和国家的根本所在、命脉所在,是全国各族人民的利益所在、幸福所在。正如习近平深刻指出,坚持和加强党的全面领导,关系党和国家前途命运,我们的全部事业都建立在这个基础之上,都根植于这个最本质特征和最大优势。与此同时,中国特色社会主义进入新时代,我国社会主要矛盾发生转化,但解决主要矛盾的主要手段和战略仍然要以经济建设为中心。党的十九届六中全会通过的《中共中央关于党的百年奋斗重大成就和历史经验的决议》指出:"党的十一届三中全会以后,以邓小平同志为主要代表的中国共产党人,团结带领全党全国各族人民,深刻总结新中国成立以来正反两方面经验,围绕什么是社会主义、怎样建设社会主义这一根本问题,借鉴世界社会主义历史经验,创立了邓小平理论,解放思想,实事求是,作出把党和国家工作中心转移到经济建设上来、实行改革开放的历史性决策,深刻揭示社会主义本质,确立社会主义初级阶段基本路线。"①2021 年底召开的中央经济工作会议也再次强调,必须坚持高质量发展,坚持以经济建设为中心是党的基本路线的要求。因此,党的全面领导首先体现在党对经济工作的领导上。习近平曾经指出:"我们党是执政党,抓好经济工作责无旁贷,义不容辞。"②非公有制经济是我国经济格局中的重要组成部分,要切实实现党对非公有制经济工作的领导,必然要求党在非公企业建立自己的组织作为党的成员开展活动的载体,引领把握非公有制企业的发展方向,担负在非公企业贯彻党的领导意图和各项方针政策的责任。③

---

① 《中共中央关于党的百年奋斗重大成就和历史经验的决议》,《光明日报》,2021 年 11 月 17 日。

② 习近平:《论坚持党对一切工作的领导》,中央文献出版社,2019 年,第 85 页。

③ 曾业松、张国玉、郑赛等主编:《非公企业党建工作培训读本》,中共中央党校出版社,2020 年,第 39~40 页。

针对一些非公有制企业出资人担心企业建立党组织和加强党建工作会使自己失去企业的控制权。习近平在民营企业座谈会上明确指出："有的人说加强企业党建和工会工作是要对民营企业进行控制等等。这些说法是完全错误的,不符合党的大政方针。"[1]党对非公有制经济的领导是宏观的,并不体现在对某个具体企业的领导上,企业党组织在企业内部发挥政治引领作用,并不具有企业具体生产经营的决策权。非公有制企业的基层党组织主要工作是贯彻党的路线方针政策、教育管理党员、凝聚团结群众、推动事业发展。非公有制企业党建工作的目的,是要在企业职工群众中发挥政治核心作用,在企业发展中发挥政治引领作用,最终是为了促进非公企业健康发展,更好地造福国家和社会。[2]

二、加强和改进非公党建工作是巩固和扩大党的群众基础的客观要求

非公领域从业人员是推动国民经济发展的重要队伍。改革开放以来,非公领域就业人数迅速增长,已经成为我国工人阶级队伍中的多数。随着改革的不断深化,新的形势下非公有制企业职工群众的利益需求和价值取向日益多元,做好非公有制企业群众工作尤为紧迫,十分重要,事关党的群众基础的巩固和扩大。一方面,做好群众工作是保持非公有制企业和谐的需要。当前,职工群众利益诉求和不满情绪,大多借助于集体上访、越级上访、媒体炒作等形式表现出来。这就需要依靠扎实有效的群众工作,消除职工群众的思想疑惑,化解职工群众的不满情绪,解决好职工群众的实际问题。另一方

---

① 习近平:《在民营企业座谈会上的讲话》,人民出版社,2018 年,第 6 页。

② 曾业松、张国玉、郑寰等主编:《非公企业党建工作培训读本》,中共中央党校出版社,2020年,第40页。

面,做好职工群众工作是促进非公有制企业健康发展的需要。职工群众是非公有制企业生产经营的直接参与者,对生产技术、工艺流程、过程管理最清楚,是参与和推动创新的主体。①但是相比于国有企业,非公有制企业党建工作仍然存在党员数量和比例较低、流动党员管理难题突出、党组织覆盖仍较困难、党组织战斗堡垒作用和服务能力有待提高等问题。因此,做好非公有制企业党建工作,发挥好党组织的战斗力和影响力,特别是对企业职工的教育引导、团结凝聚、鼓励促进和关心扶助的功能作用,以更加灵活的方式主动破解职工难题,积极维护职工的合法权益,更好地凝聚和带动群众,最大限度发挥职工群众的首创精神和主体作用,对于巩固和扩大党在非公有制经济领域的群众基础具有重要意义。

三、加强和改进非公党建工作是补齐基层党建短板的迫切要求

相比于国有企业党建工作,非公有制企业党建工作仍然存在许多薄弱环节和不足。在思想认识方面,一些非公企业主和非公企业党员职工思想上对党建工作重视不够,认识不到非公有制企业开展党建工作的必要性和重要性,对党建工作存在疑虑和抵触。有的企业主甚至担心企业建立党组织会削弱和制约自己在企业管理中的权力。有的党员职工认为在非公有制企业参加党建活动的动力不足,党员意识淡薄,甚至不愿意亮明党员身份。还有一些党务工作者对于在非公有制企业中开展党建工作缺乏底气;关于非公有制企业党组织的工作定位,也存在着模糊认识,党领导一切并不意味着基层党组织也是领导一切。

党的基层组织是分层级和领域的, 不同层级和领域基层党组织的工作

---

① 本书编写组:《非公有制企业党建工作问答》,党建读物出版社,2018年,第85页。

重点和具体定位存在差异,是否起领导作用也具有差别,并非"上下一般粗""左右一个样"。就非公有制企业而言,基层党组织主要工作是贯彻党的路线方针政策、教育管理党员、凝聚团结群众、推动事业发展。至于能够讨论和决定重大问题特别是能否领导业务工作,则必须具体区分;在组织建设方面,鉴于非公有制企业党组织没有经营管理的领导权,导致一些企业党组织存在感不强,在职工群众中缺乏组织能力,在企业发展中缺乏政治引领力。有的非公有制企业党务工作者开展党建工作积极性不高,方法不多,工作能力和专业化水平有待提高。有的党组织开展活动载体不多,缺乏创新,组织活动流于形式,甚至很难保证按时开展"三会一课"。党建工作与企业中心工作"两张皮"现象在一些企业较为普遍。

此外,党建工作标准化规范化建设不足,容易流于形式化。党的十八大以来,党中央高度重视基层党建标准化规范化建设并取得重大进展。但是在落实过程中,包括非公有制企业在内的一些基层党组织理解存在偏差,使党建标准化规范化沦为了形式化,造成了工作重心的偏离。最突出的表现,就是从"痕迹管理"走向"痕迹主义"。"痕迹管理"要求将党建工作情况以文字和图片等材料的形式呈现出来,弥补了过去党建考核相对虚化的不足。然而在实践中,痕迹管理的要求常常演化为"痕迹化"甚至形式主义。基层党务工作者陷入"文山会海",少了倾听群众呼声、解决群众难题的时间和精力。一些基层党组织为了评比成绩,花重金建设党组织生活馆,阵地建得轰轰烈烈、材料上墙满满当当,却往往并没有发挥实际效用;[1]在管理体制方面,一些地方非公有制企业党建工作的体制机制尚不健全,企业党组织领导管理体制比较混乱。

从全国范围看,一部分省级工商联内部没有专司非公企业党建工作的

---

[1]　陶元浩、杜开鑫:《澄清基层党建工作中的几个误区》,《学习时报》,2022年6月24日。

职能部门，多数地方是在党委统一领导下参与当地非公企业一些具体党建工作，或者根据分工担负一些临时任务。受编制人员力量限制，导致工商联开展相关工作处于有想法、少做法、无人手的尴尬境地。[1]有些地方在成立非公有制经济组织工委时，确定组织部、统战部、工商联等多个单位为委员单位，而在实际工作中，各单位配合不密切，各方资源利用不充分，多头管理不利于对非公企业党组织的领导。[2]还有一些企业党组织的上级管理部门对非公企业党建工作重视不够，不能及时对企业党组织给予应有的指导和帮助。造成这一问题的重要原因在于，对党建工作与党务工作的辩证关系把握不准。[3]导致在实际工作中，不少基层党组织往往陷入将党建工作等同于党务工作的误区，进而导致党建工作部门化，甚至完全视作党务工作者的工作，从而影响了基层党建工作实效。[4]

---

① 徐乐江：《工商联如何参与指导非公有制党建》，《中国党政干部论坛》，2018 年第 8 期。

② 曾业松、张国玉、郑寰等主编：《非公企业党建工作培训读本》，中共中央党校出版社，2020 年，第 43~44 页。

③ 党建工作与党务工作既相互联系又相互区别，没有党建，党务就成了无源之水、无根之木；没有党务，党建就缺少了呈现形式。党务工作是党建过程中的具体呈现，党建则是党务工作的内容，党建工作在内容上更加丰富，包括政治建设、思想建设、组织建设、作风建设、纪律建设、制度建设等，党务工作则更加具体，是实现党建工作的载体、形式、方法和路径。党务工作围绕党的建设开展一系列具体活动，比如，发展党员、"主题党日""三会一课"、收缴党费、党员教育工作等。两者联系紧密，离开党的建设，就不存在党务工作，但是将党建工作狭隘理解为党务工作，谋划党建仅仅局限于党务活动，考核党建也是盯着党务的统计数据、台账资料等，反映出没有树立起"把抓好党建作为最大的政绩"这一重要理念。党务工作的参与主体是多元化的，工作范畴是全方位的。因此，在开展党务工作中必须始终以党建思维为指导，组织党员共同参与到党的各项建设中来，增强党员的参与度，积极推动党员主体发挥作用。参见李弘雯：《避免"党务即党建"误区》，《学习时报》，2023 年 10 月 27 日。

④ 陶元浩、杜开鑫：《澄清基层党建工作中的几个误区》，《学习时报》，2022 年 6 月 24 日。

第三节 非公党建工作存在的主要问题

应当看到,非公有制企业仍属于党建工作新领域,起步较晚,存在不同于体制内党建的新特点、新情况和新问题,工作基础相比于国企党建工作还显薄弱,既有弱化、虚化、边缘化、"两张皮"等共性问题,又有受产权性质制约、私营企业主认同和支持不足、与企业治理结构疏离等个性问题。[①]特别是相比于政府机关、国有企业、群团组织等传统党建领域,非公有制企业党建是随着我国经济社会结构转型而出现的新领域,市场化和社会化的产权结构,与外来的政治组织间存在天然张力,这也是非公有制党建面临的产权困境与基本障碍。[②]此外,尽管《中国共产党章程》和《公司法》等都明确要求符合条件的非公有制企业必须建立党的组织,但这些法律法规在实施过程中并不完全尽如人意。对于符合条件的非公有制企业需要建立党支部或党组织,不少企业仍然抱持犹豫态度。[③]即使建立了党的组织,更多也只是形式上的嵌入,而并没有发挥实际功能。习近平在 2013 年 6 月 28 日召开的全国组织会议上谈到基层党建时,特别指出"一些非公有制经济组织和社会组织党建工作还比较薄弱",并强调"越是情况复杂、基础薄弱的地方,越要健全党的组织、做好党的工作,确保全覆盖,固本强基,防止'木桶效应'"[④]。

---

① 付佳迪:《让党建成为看得见的生产力——基于 H 省 100 家非公有制企业"双强百佳党组织"的考察》,《中国延安干部学院学报》,2022 年第 1 期。

② 王向阳:《非公党建:经验图景、组织基础及其实践路径——以中山市 S 镇为例》,《岭南学刊》,2018 年第 3 期。

③ Yan Xiaojun, and Jie Huang, Navigating Unknown Waters: The Chinese Communist Party's New Presenc in the Private Sector, *China Review*, Vol.17, No.2(February 2017), pp.37–63.

④ 习近平:《在全国组织工作会议上的讲话》,《党建研究》,2013 年第 8 期。

一、企业出资人党建意识薄弱

非公有制企业出资人具备较强的党建意识是做好非公有制企业党建工作的重要基础，其对党建工作的重视程度决定了非公党建的工作力度。然而不少非公有制企业出资人党建意识并不强，对党建工作的重视程度不够。一方面，过度重视经济利益。非公有制企业是私人所有的经济组织。这一特点决定了非公有制企业出资人对企业的发展方向和经营模式拥有绝对的决策权力，并且把追求利润最大化作为企业发展的首要甚至唯一目标。在很多非公有制企业出资人看来，即使是党建活动，也要服务于企业生产经营。如果党建活动在短时间内难以直接产生经济效益，企业出资人开展党建活动的积极性就会大打折扣。有的出资人认为党建活动过多，会增加经费开支，影响企业的正常生产经营活动。有的出资人甚至将党建工作与企业经营对立起来，认为党建工作为企业带来的凝聚员工、增强社会影响力等作用无法直接转化为经济效益。特别是近年来受到经济下行压力的影响，不少出资人"重效益、轻党建"的现象越来越严重。造成党建认知功利化的根本原因在于，对党的建设价值定位和功能部门存在误解，进而在实践中人为降低了党组织的价值定位，将之混同于一般的经济社会组织。[①]另一方面，政治站位不高。部分非公有制企业出资人把党建工作视为"花瓶"，看作投入大于产出的"奢侈品"、生产经营的"附属品"。他们认为在企业中成立党组织或开展党建工作是应付政策的"无奈之举"。加之非公企业党组织与企业不存在领导与被领导的关系，使得非公有制企业的党建工作"重形式、轻实质，重留痕、轻过程"的风气盛行。更有一些非公有制企业以"服务外包"的名义，将民主测

---

① 王向阳：《非公党建：经验图景、组织基础及其实践路径——以中山市 S 镇为例》，《岭南学刊》，2018 年第 3 期。

评等核心党务工作外包,或为美化年终党建工作总结请作家"代笔",助长了基层党建形式主义的不良之风。[①]

二、非公有制企业党员党性观念不强

党建工作是围绕现实中的人展开,党员党性观念的强弱程度决定了非公有制企业党建工作的成效高低。但是现实中不少非公有制企业党员党性观念和党员意识淡薄,对于党员身份的责任与担当不够明确,不能发挥模范作用,进而消极应对党建工作,难以将自己的个人目标跟党的理想以及企业的发展目标结合起来。一方面,有的非公有制企业党员受现实物质因素的影响,存在"雇佣思想",认为自己是"打工人",把企业视作谋生的平台,更关心自己职位的晋升和薪资的上涨,参与党建活动的积极性不高,兴趣也不大,把精力和时间更多用在业务层面,不愿意主动亮明身份参与党建工作,对过不过党的组织生活持无所谓的态度。这在很大程度上影响了非公有制企业党建工作的成效。另一方面,非公有制企业内部流动性党员较多。受到竞争性市场环境的影响,非公有制企业党员员工相比于体制内党员流动性更大,短时间内频繁跳槽。由于非公有制企业生产经营具有的开放性和市场化特点,一些企业主也可以随时根据生产经营需要增加或减少员工,致使党员就业岗位不稳定,一些党组织甚至因为党员流动造成组织撤销的被动局面。也正是因为工作流动性大,非公有制企业中组织关系揣在口袋里的"口袋党员"、不愿暴露身份的"隐形党员"和不参加组织活动的"档案党员"非常普遍,这些问题的存在不仅使得党员对企业缺乏归属感,更难以树立党建主体意识,无法稳定参与党的组织生活。

---

① 静子:《党建事务外包须有"度"》,《南方日报》,2022 年 5 月 11 日。

三、非公有制企业党组织组织力有待提升

中国共产党是按照马克思主义建党原则建立起来的，形成了包括党的中央组织、地方组织、基层组织在内的严密组织体系。这是世界上任何其他政党都不具有的强大优势。这种组织优势是世界上任何其他政党所不具备的，是以马克思主义为指导的中国共产党在百年历史发展中形成的独特优势。中国共产党的组织优势既体现在建立了覆盖全国严密的党的基层组织体系，也体现在通过严密的组织体系所实现的强大的社会动员能力和群众工作能力。

就非公有制企业而言，实现"两个覆盖"是彰显组织优势的关键所在。所谓"两个覆盖"，是指通过党的组织覆盖和工作覆盖，充分发挥党组织的政治功能作用，即在职工中的政治核心作用和企业发展的政治引领作用，引导企业健康发展、企业家健康成长，形成凝聚力和战斗力，促进企业发挥社会价值作用。但也正如习近平所指出，"两个覆盖"，党组织表面上的覆盖容易，真正的覆盖，是宗旨和作用的覆盖。主要体现在：

一是非公有制企业党组织组建率还比较低，而且普遍存在"开展活动难、发挥作用难"等问题。有的党组织领导班子软弱涣散，不能发挥应有作用；有的党组织党员分散、流动性强，难以有效开展活动；有的党组织在活动内容和方式上没有充分考虑党员要求和企业实际，开展活动往往流于形式；由于党员流动性大，一些非公有制企业党组织党员数量骤减，党组织趋于"停摆"状态；部分企业的党组织书记由企业中层管理人员甚至一般党员员工担任，无法对关系企业发展的重大决策问题产生影响等；有的非公有制企业经过努力，党组织覆盖率有很大提高，但作用发挥不够，存在"为建而建""重建轻管"等问题；另外，大量的小微企业限于企业规模、经济实力、党员职

工数量、社会影响等多方面因素,无论是经营者还是相关部门都没有对党建工作引起足够的重视,导致这些企业普遍没有建立党组织。

二是非公有制企业党员数量不平衡。一般而言,非公有制企业规模越大,党员人数越多,党组织的组织力体现的越充分,而规模较小的非公有制企业党员数量则普遍较少甚至没有党员,或者有个别党员但组织关系并不在企业。此外,经济发达地区的非公有制企业党员数量也普遍多于经济较为落后地区的非公有制企业。总的来说,规模较小或是经济欠发达地区的非公有制企业党员数量要么没有达到组建党组织的标准,要么非党员员工入党积极性不高,对建立党组织并不积极。

三是党建活动载体不多,规范化程度有待加强。一方面,党建活动载体少,形式单一。有的定期组织支部成员开展室外文体活动或聚会,有的定期定点组织支部成员扶危济困,对困难职工开展慰问,有的定期参访学习。但这些活动普遍创新性不够,特色不鲜明,与非公有制企业的组织目标、业务流程和关键环节脱节,导致党员身份认同感不强,党性观念淡薄,宗旨意识淡化,对参加党的活动缺少积极性。另一方面,党建工作不够规范。大多数非公有制企业没有配备专职党务工作者,个别党组织书记抓党建工作精力投入不够现象较为突出,落实"三会一课"、组织生活会、谈心谈话、民主评议党员、主题党日等制度不及时、不规范,党建工作与非公有制企业发展结合不够紧密,存在就党建抓党建等问题。还有不少非公有制企业政治意识不强,视党建为负担,消极应付,党建工作与其他工作"两层皮",没有融入单位战略规划、经营决策、管理运营中,党建活动仅停留在做样子、走形式、搞点缀。

四、非公有制企业党建工作力量有待加强

习近平强调,要把抓好党建作为最大的政绩。党建工作的组织者、实践

者、推动者的能力和水平，直接决定着非公有制企业党建工作质量。但与新时代非公有制企业党建工作形势要求相比，在部分地方，党建工作队伍力量不强的问题仍较为突出。一方面，党务工作者理论素养和业务能力不强。非公有制企业党务工作者是党建工作的主体，是实现党企互动、政企联动的纽带。党建工作是一项专业性、技术性、理论性、艺术性较强的工作。[1]对非公有制企业来说，党务工作者理论素养和业务能力水平直接关系到党建工作的成效。但很多在非公有制企业从事党务工作的人员理论功底并不深厚，不能深刻、透彻、全面了解党建工作相关理论和政策法规。表现在学习态度不够端正，对党的基本理论不用心领悟、对党的历史不认真记忆、对党纪党规不踏实对待。[2]实践中还有不少非公有制企业党务工作者多为兼职，日常行政事务牵扯不少精力，对新形势下非公有制企业党建工作出现的新情况、新问题、新动态把握不准，难以找到工作的切入点和着力点，在一定程度上也影响了党务工作者的理论素养和党建业务能力。另一方面，党建指导员作用发挥不明显。向非公有制企业选派党建工作指导员是提升非公有制企业党建水平的创新之举。通过这种方式，可以有效地促进非公有制企业的党建工作向纵深发展。但在实践中则面临党建指导员与非公有制企业工作适配度不高等问题。有的党建指导员对非公有制企业党建工作的规律和模式了解不多，大多依靠在体制内开展党建工作的经验，难以适应非公党建的实际需求。而且不少党建指导员是退休人员，且需要同时指导多家企业，不仅精力有限，而且造成流动性极强，不能深入细致地了解企业实际情况。

---

① 叶麒麟：《非公企业党建研究述评》，《岭南学刊》，2014 年第 3 期。

② 徐鹏、谭华：《新时代青年党员党性修养问题及对策研究》，《重庆电子工程职业学院学报》，2020 年第 9 期。

五、部分联合党组织联而不合,党组织活动质量不高

调研可知,不少规模以下非公有制企业党员人数较少,有的未能达到 3 名党员的标准,无法单独建立党支部,从而使得有相当数量的规模以下非公有制企业属于联合党组织。虽然通过建立联合党组织的方式极大地提高了党在非公有制企业的覆盖率,但也有相当的不足和弊端。"不少联合党组织覆盖企业过多,难以正常开展活动,存在联而不合、合而不活的问题。"[①]在实践中,联合党支部中落实主题党日活动和组织生活会及谈心谈话等基础性和规定性的党建工作,明显少于单独组建的党组织。这显然是因为联合党组织的党员互不熟悉,从而导致党员参与积极性本身不高,至于党员之间的教育监督更是不现实,而且导致活动时间和活动内容难以协调,进而使得党组织活动难以安排。本来,联合党组织因为是多家企业联合组建而成,因而不像单独组建的企业党组织那样可以很好地将党建工作和服务企业发展结合起来,其主要功能目标就是保证党员过上正常的组织生活,确保党组织能对党员进行教育管理监督。[②]

六、针对非公企业党组织的政治监督不足

政治监督是党的政治建设在监督领域实践的具体形态,巡视巡察是党内政治监督的战略性制度安排,是全面从严治党的有力抓手。党的十八大以来,以习近平同志为核心的党中央把巡视巡察作为全面从严治党的重大举

---

① 张金豹:《基层党建新境界》,党建读物出版社,2015 年,第 93 页。

② 肖剑忠、雷舒怡:《规模以下非公企业党建的突出难题与质量提升路径——以杭州市余杭区为个案》,《观察与思考》,2022 年第 3 期。

措。通过巡视巡察充分发挥政治监督作用，抓住重要环节督促党组织履行政治责任，压实管党治党责任，形成了震慑，全面从严治党成效显著。当前，针对非公企业党组织的有效政治监督不足，则是新时代非公企业党建必须解决的重大问题。不少案例表明，非公企业党建仅靠党组织自身远远不够。《中国共产党巡视工作条例》规定，"落实中央巡视工作方针，深化政治巡视，聚焦坚持党的领导、加强党的建设、全面从严治党，发现问题、形成震慑"，"确保党始终成为中国特色社会主义事业的坚强领导核心"，"党的中央和省、自治区、直辖市委员会实行巡视制度，建立专职巡视机构，在一届任期内对所管理的地方、部门、企事业单位党组织全面巡视。中央有关部委、中央国家机关部门党委（党组）可以实行巡视制度，设立巡视机构，对所管理的党组织进行巡视监督。党的市（地、州、盟）和县（市、区、旗）委员会建立巡察制度，设立巡察机构，对所管理的党组织进行巡察监督"。①上述规定为非公企业党组织进行巡视巡察预留出了党内法规空间。根据党内法规，在不干预正常经营的前提下，对规模和影响较大，且已出现问题苗头的非公企业党组织进行巡视巡察，发挥全面从严治党利剑作用，能够在很大程度上化解非公企业的政治风险。②

---

① 《中国共产党巡视工作条例》，《人民日报》，2017 年 7 月 15 日。

② 龚万达、董西飞：《促进民营经济发展防范化解政治风险的三重阐释——对〈中共中央国务院关于促进民营经济发展壮大的意见〉的思考》，《上海市社会主义学院学报》，2023 年第 6 期。

第四节 新时代非公党建工作的着力重点

一、强化政治导向，以党建引领非公有制企业发展方向

政治是统帅，是灵魂，政治工作是一切经济工作的生命线。习近平多次强调指出，政治问题，任何时候都是根本性的大问题。一百多年来，中国共产党始终重视党的政治建设，教育引导广大党员、干部增强政治意识、坚定政治方向、站稳政治立场，坚决贯彻执行党的政治路线，推动全党始终保持统一的思想、坚定的意志、协调的行动、强大的战斗力。

在全面从严治党新形势下，加强非公有制企业党建工作的根本在于强化非公有制企业党组织的政治属性，发挥好党对非公有制企业"把方向、保大局"的重要作用，在政治上、思想上加强引导，凝聚党政部门与非公企业、非公企业党组织与非公企业共同发展的共识，形成良性的互动关系，[①]确保非公有制经济坚定不移地沿着中国特色社会主义道路健康发展。

一要把非公有制企业党建工作切实摆上党委议事日程，着力研究解决非公有制企业党组织建设的重大理论和实践问题。明确落实领导和部门责任制度，明确各级党委主要负责人是第一责任人制度，完善领导干部联系非公有制企业制度，建立健全非公有制企业党建领导小组制度或联席会议制度。通过不断健全完善制度，进一步规范非公有制企业党组织工作，不断提高非公有制企业党建工作制度化、规范化水平。

---

① 广东省江门市委组织部：《新时代如何加强非公企业党建工作》，《中国党政干部论坛》，2018年第8期。

二要牢牢把握非公有制企业党组织是政治组织的定位，坚持发挥好其在企业职工群众中的政治核心作用，在企业发展中的政治引领作用。特别是要加强以党组织为重点的党务工作者队伍建设，探索党组织和党员发挥作用的有效途径，健全非公有制企业党建工作的保障机制。虽然非公有制企业中的党组织一般不直接参与经营，但是应该主动引导和规范其所在单位的内部管理和外部行为，使之服从党中央的政策要求，符合国家法律的相关规定，在政治上不跑偏，始终在其所在的非公有制企业内部保持健康理性的政治氛围。

三要明确非公企业党组织职责定位。一方面，非公有制企业中的党组织要明确职责，把促进"两个健康"作为开展党建工作的出发点和落脚点，围绕贯彻党的方针政策、引导和监督遵守国家法律法规、团结凝聚职工群众、维护各方合法权益等方面充分发挥作用。另一方面，非公企业党组织还要准确定位，正确处理党组织与上级党组织的关系，与企业董事会、经理、监事会的关系，与工会、共青团等群团组织的关系。

四要指导和组织非公有制企业党组织加强理论武装，深学笃行习近平新时代中国特色社会主义思想，进一步增强"四个意识"、坚定"四个自信"、做到"两个维护"，引领非公有制企业感党恩、听党话、跟党走。大力宣传党中央关于非公领域的大政方针，及时回应非公人士的思想关切，引导企业守法合规、诚信经营，引导非公人士自觉践行社会主义核心价值观，自觉构建亲清政商关系，自觉维护社会主义市场经济秩序，自觉履行社会责任。

二、引导非公有制经济人士支持企业建立党的组织，努力扩大党组织的工作覆盖面

加强非公有制企业党建工作，重点是扩大党的组织覆盖和工作覆盖，关

键之处在于让企业出资人真切感受到党建工作对企业经营管理的正向推动作用。实践证明,组织覆盖是基础,工作覆盖是核心。党的组织覆盖是党的工作覆盖的前提,党的工作覆盖是党的组织覆盖的目的。"两个覆盖"有机结合,是实现党对非公有制企业领导的基本要求,也是推动非公有制企业健康成长的必要途径。

一要推动非公有制企业党组织应建尽建。扩大党的组织覆盖面,健全党的组织体系和组织结构,是基层党建的基础工作,也是非公有制企业党建工作的主要载体。凡是具备条件的非公有制企业都应该抓紧建立党的组织,不具备条件的则要采取多种方式积极开展党的工作,努力实现哪里有党员,哪里就有党的组织,哪里有职工群众,哪里就有党的工作。根据地区和企业规模的不同,进行统筹规划、整体部署。规范组建模式,对实践中出现的单独建、联合建、依托建、挂靠建党组织组建类型加以规范。[①]加强班子建设,选好配强非公有制企业党组织负责人。争取非公有制经济人士的支持,引导企业出资人增强党建工作的自觉性。

二要加强对非公有制企业党组织的管理。按照地区不同、行业不同、规模不同,设立专门管理机构,建立专门工作队伍,形成经常工作机制,实行统一组织管理。坚持统一管理,由地方党委领导,上级党工委和本地党委组织部门指导本地区非公有制企业党建工作;坚持行业指导,由与非公有制企业组织联系紧密的行业管理部门和单位归口管理,并指导本行业非公有制企业党建工作;坚持分级负责,根据企业规模大小和企业党组织发展状况,对非公有制企业党组织实行省、市、县、乡镇(街道)和社区党工委分级管理。[②]

---

① 中共中央统战部、全国工商联主编:《〈中共中央国务院关于加强和改进新形势下工商联工作的意见〉学习问答》,中华工商联合出版社,2011年,第99~100页。

② 中共中央统战部、全国工商联主编:《〈中共中央国务院关于加强和改进新形势下工商联工作的意见〉学习问答》,中华工商联合出版社,2011年,第100页。

三要做好在非公有制经济人士中发展党员工作。在非公有制企业中做好党建工作、发挥党组织的政治核心作用,党员队伍是主体力量。只有具备一支数量充足、结构合理、素质相称的党员队伍,党组织才能在民营企业中有效发挥作用。2017 年党的十九大报告指出,应"注重从产业工人、青年农民、高知识群体中和在非公有制经济组织、社会组织中发展党员"①。目前,非公有制企业中要求入党的员工普遍具有年轻化、知识性和业务骨干的特点。从年龄结构看,35 周岁以下申请入党员工占很大比例,年富力强,敢于拼搏。从学历背景看,大多受过高等教育,拥有知识基础和岗位专长,但缺乏一定实践经验。从身份来看,多为各级行政管理人员和各类专业技术人员,生产一线员工比例相对较低。针对上述特点,要始终把政治标准放在党员发展的首要位置,严把政治思想关、业务能力关、发展程序关,确保发展质量。特别是要对入党积极分子的思想政治觉悟和在企业中的现实表现等情况进行综合考察,既要注重能力业绩,更要注重道德和品质。要利用好工会平台,充分发挥工会作为党联系职工群众的桥梁纽带作用,加强对入党积极分子的跟踪培养考察,真正把那些政治素质好、文化程度高、发展潜力大、工作业绩优、群众口碑佳的员工吸收到党组织中来。组织部门还要健全责任追究制度。对发展党员手续不全、政审不严或违反规定发展党员的,视情节轻重和影响大小,分别追究相关党组织及责任人责任,取消入党者资格。

三、推动党建工作与生产经营深度融合

相比于国有企业基层党组织直接作用于企业内部,具有治理机制的职能,非公有制企业党组织,并不直接控制企业资源,而是以一种间接或侧面

---

① 《中国共产党第十九次全国代表大会文件汇编》,人民出版社,2017 年,第 53 页。

的非正式运作方式,影响非公有制企业的经营决策、人事任命和利益分配,主要集中在扶危济困、促进生产、调节矛盾纠纷和组织教育职工等群众工作领域发挥作用,着力点在于探索党组织建设和企业发展间的最佳结合。要按照务实、简便、易行、有效的原则,找准党建工作与企业发展的结合点,努力把党的组织活力转化为发展动力,把党组织的政治优势转化为企业发展优势。改革开放以来的实践充分表明,非公有制企业党建与企业发展不仅不矛盾、不对立,而且相得益彰、相互促进。哪些企业把党的建设与企业改革发展和生产经营管理融合得好,党建工作抓得扎实,富有成效,哪些企业的生产经营效益就会更好,维护职工群众合法权益就更到位,企业文化建设也更先进,企业精神面貌更会积极向上。①实证研究也表明,民营企业党组织虽然不

---

① 以辽宁大连民营企业大杨集团党建工作为例。大杨集团曾经只是偏僻小镇上的一家小服装厂,如今成长为我国纺织服装行业龙头企业、世界著名服装企业。1979 年,在大杨集团创立之初 85 人中,就有 5 名共产党员,服装厂专门成立了党支部,时任厂长兼任党支部书记。1988 年 12 月,大杨集团成立了第一届党委。截至 2022 年 6 月,大杨集团党委下设 12 个党支部、30 个党小组,有党员 306名,设立党员责任区 19 个、党员先锋岗 35 个。现任总经理担任党委书记,并设专职副书记。各党支部书记全部由各部门负责人担任,履行“一岗双责”,肩负党建、管理双重使命。集团在组织建设上建立了“双向进入、交叉任职”制度,双向互动的工作机制使党的工作与企业生产经营同研究、同部署、同落实。长期以来,大杨集团注重发挥党员积极性、主动性,把党员培养成生产经营骨干,也把生产经营骨干发展为党员,走出了一条适合民营企业发展的党建工作新路子。在大杨集团 5000 多名员工中,党员是研发、生产、销售和管理等各个岗位上最活跃、最积极、最优秀的群体,是企业的中坚力量。大杨集团的实践证明,将党建与企业经营相融合,实现党建与经营“一体推进”,能够形成企业党建与发展互相促进、相得益彰的良性格局。2021 年 5 月,大杨集团历史上第一个规范化、系统化的五年规划——《大杨集团“十四五”规划纲要》正式发布。首次将集团战略全面升级为“五个大杨”战略,即“品牌大杨、定制大杨、数字大杨、资本大杨、文化大杨”。这是大杨集团四十多年来以外贸加工为主业形态的一次蜕变,双循环趋势凸显。多年来,大杨集团还累计投入 1.5 亿元用于农业、教育、城镇建设和社会福利公益事业。大杨集团的党建工作也得到各级党委的充分肯定,企业先后获得全国五一劳动奖状、全国文明单位、全国纺织工业先进集体、辽宁省先进集体、大连市先进基层党组织等荣誉称号。集团新老两代党委书记,多次荣获全国劳动模范,省、市优秀共产党员等荣誉称号,多次当选省、市党代会代表。党建兴、企业兴;党建强,发展强。这是大杨集团用实践总结出的成功经验。民营企业要进一步发展壮大,必须紧紧依靠党,紧紧把握新时代党的建设总要求,找准企业党建与企业生产的结合点,推动生产力、创新力和凝聚力整体提升,为企业高质量发展注入不竭动能。

直接参与企业经营和决策，但可以利用自身的优势组织资源围绕企业生产经营等重大问题，提出意见和建议，支持和促进企业发展，最终能够显著提升企业的绩效水平。[①]

　　一段时间以来，如何将在非公有制企业开展党建工作与引领服务企业生产经营相融合，是很多人在思考的问题。在一些产业园、高新区，有的党建负责人曾用"对不上茬"来形容党建与业务的关系，为党建而抓党建，实际效果并不理想。其实，实现党建与经营"一体推进"，关键在于党组织作用的彰显，发挥党员积极性主动性，把党员培养成生产经营骨干，也把生产经营骨干发展为党员，这样就能形成企业党建与发展互相促进、相得益彰的良性格局。目前位居中国民营企业500强榜单前列的不少企业，均有一个共同特点，就是企业重视党建工作，企业经营班子与党委班子协调一致、相得益彰。"党建做实了就是生产力，做强了就是竞争力，做细了就是凝聚力"，正在成为越来越多非公人士的共识。

四、加强党务干部的业务培训

　　党务干部在很大程度上决定着党建工作质量。党的十八大以后，随着全面从严治党的推进，一部又一部的党内法规的制定和印发，不仅党务干部的工作量大大增加，而且党务工作的规范性和专业性越来越强。这意味着，非公有制企业党建工作要取得良好效果，优秀党务干部的配备及其培训则是基本前提。

　　一要保证党务干部每年至少接受一次党务工作培训。考虑到党的十八大后党中央及中组部等部门制定印发的有关基层党务工作的党内法规和其

---

① 何轩、马骏：《党建也是生产力——民营企业党组织建设的机制与效果研究》，《社会学研究》，2018年第3期。

他政策文件较多，而且内容较多、专业性较强，因而包括基层党组织书记、副书记、委员等在内的全体党务干部都应每年接受一次培训。

二是党务培训必须以党内法规和党务实务为重点。党务培训必须主要侧重于《中国共产党支部工作条例（试行）》《中国共产党党员教育管理工作条例》《中国共产党纪律处分条例》《中国共产党基层组织选举工作条例》《中国共产党党员发展工作细则》等党内法规以及其他涉及指导和规范基层党务工作的政策文件。为此，必须邀请既有理论又有实际党务工作经验的专家和优秀党务干部为非公企业党务干部详细讲解精神要点和具体规定，以提高培训实效。

三是编印党务工作手册。虽然党中央及中央组织部等部门制定和印发了多部党内法规和政策文件，但非公有制企业党务干部大多没有学习党内法规的意识和习惯，加之这些党内法规和政策文件不够集成，可以考虑组织专家编写包括党员发展、党员教育管理、党费收缴和使用、党内民主和党内监督、党组织换届、党组织生活等方面内容，具有集成性、全面性、操作性的党务工作手册，从而为非公有制企业党务干部在日常的党务工作中遇到问题和困惑时提供随手能翻、随时可看的便捷、实用的"实务宝典"[1]。

五、依托互联网信息平台，打造非公有制企业党建工作的信息化平台

习近平指出："任何企业存在于社会之中，都是社会的企业。社会是企业家施展才华的舞台。"[2]在互联网普及全民化的趋势下，做好非公有制企业党

---

①　肖剑忠、雷舒怡：《规模以下非公企业党建的突出难题与质量提升路径——以杭州市余杭区为个案》，《观察与思考》，2022 年第 3 期。

②　习近平：《在企业家座谈会上的讲话》，《光明日报》，2020 年 7 月 22 日。

建工作,必须把握时代发展脉搏,与时俱进,迅速适应当前网络信息化时代的要求,充分利用好互联网在覆盖党建工作中的独特优势,打造非公有制企业党建"有效覆盖"的信息化平台,从而实现互联网与非公有制企业党建"有效覆盖"的准确契合。"互联网+党建"在推进非公有制企业党建"有效覆盖"时,能够通过强大的技术支撑,在时间、空间、人员结构等多维度上达到全覆盖效果。当前,互联网技术进入移动终端新阶段,任何人在任何时间段都能在网络覆盖的任何地方参与网络社交活动。非公有制企业的党员职工也可以通过各类党建网站、APP(手机应用程序)随时随地地参与企业党建工作,这种全天候的党建模式能够使非公有制企业党建工作覆盖生活、工作的方方面面,有效提高非公有制企业的覆盖率。

另外,"互联网+党建"能够实现非公有制企业党建"有效覆盖"的高度互动。传统党建工作往往都是单向度的管理和工作模式,党组织与党员之间、党员与党员之间的互动交流存在低效化甚至无效化的情况。通过互联网平台的实时性和互动性,能够使企业职员、党员和党委都积极参与到非公有制企业党建工作中,在广泛的互动交流中实现非公有制企业党建的"有效覆盖"。

总之,推动互联网技术与党建工作的有机融合,能够为非公有制企业党建"有效覆盖"提供新兴技术基础,使非公有制企业党建工作更加便捷、规范、科学地覆盖非公有制企业发展的方方面面。①

六、工商联参与指导非公有制企业党建工作

工商联是中国共产党领导的以非公有制企业和非公有制经济人士为主

---

① 王玉鹏、李鑫:《非公企业党建"有效覆盖"的现实困境及破解路径》,《中州学刊》,2020 年第 10 期。

体的人民团体和商会组织,是党和政府联系非公有制经济人士的桥梁纽带,是政府管理和服务非公有制经济的助手,在非公有制经济党建方面也应该发挥更大作用。《中国共产党统一战线工作条例》第七章第三十条明确规定,工商联按照同级党委安排,参与民营企业党建工作。工商联党组应当支持和配合做好所属会员企业党组织组建工作。工商联党组对所属商会党建工作履行全面从严治党主体责任。①这是对工商联长期实践的充分肯定,是工商联参与指导非公有制企业党建工作的重要依据。

从各地实践来看,工商联如何参与指导非公有制企业党建工作,目前仍处于探索阶段,还存在不少问题。工商联要发挥好参与指导非公有制企业党建工作的职能作用,必须要以习近平新时代中国特色社会主义思想为指导,全面贯彻习近平关于非公有制经济领域统战工作重要指示和中央有关文件精神,落实全国组织工作会议精神,努力把党的理论优势转化为企业的发展优势,把党的组织优势转化为企业的管理优势,推动非公有制企业科学发展和非公有制企业党建工作相互融入、有机结合,促进非公有制经济健康发展和非公有制经济人士健康成长。

一要提高思想认识。一方面,工商联在指导非公有制企业党建工作方面有天然优势,各级工商联组织要充分认识到,做好非公有制企业党建工作是工商联的分内事、责任田,是党中央赋予工商联的重要职责。习近平和党中央对工商联参与非公有制企业党建工作提出了明确要求。另一方面,参与指导非公有制企业党建工作也是工商联促进"两个健康"的内在需要。工商联工作本身是党的统战工作和党的经济工作的有机统一,实现"两个健康",必须以推进非公有制企业党建工作作为重要内容和重点工作,提高党的组织覆盖和工作覆盖。此外,不论是非公有制企业出资人,还是企业党员职工,都

---

① 《中国共产党统一战线工作条例》,法律出版社,2021年,第18页。

希望工商联在党建方面给予明确的指导帮助,从这个意义上说,参与指导非公有制企业党建工作也是顺应广大非公有制企业需求的务实之举。

二要完善内部工作机制。一方面,各级工商联要积极争取党委政府支持,组建专门工作机构或者明确非公有制企业党建工作部门,确保有专门工作力量参与指导非公有制企业党建工作,并力求在全国工商联系统内部构建起相对完善的纵向工作机制,发挥系统合力作用。另一方面,各级工商联要抓好党组织书记、党建工作指导员"两支队伍"建设和非公有制企业出资人的教育引导工作。特别是对数量众多的中小企业,要把企业出资人当作重点对象,通过党建工作,助力小微企业稳健成长。①

三要充分发挥商会作用。统战工作向工商联商会组织全面有效覆盖,是党中央提出的新命题和重要任务。加强商会党建工作,是实现统战工作向商会有效覆盖的根本举措,也是工商联系统具有的独特组织优势。要坚持党建带会建,"会务"促"党务"的工作思路,切实把商会组织网络优势转化为开展好党建工作的渠道优势。注重通过商会做好会员企业党建工作,进而把商会建设成为党建工作的重要阵地,更好实现统战工作向商会的全面有效覆盖。

四要注重差异化指导。以中小企业为主体的非公有制企业,企业的形态和规模差别很大,党建工作的基础和水平也有很大不同。各级工商联组织要坚持分类指导,根据各地各企实际,坚持因地制宜、分类指导,切实增强工作指导的针对性、即时性和实效性。以培训工作为例,工商联做好面向非公有制企业的培训工作,既是做好指导的重要渠道,也是提供服务的重要内容。各级工商联应分别组织对本级党建工作负责人、企业出资人和党建指导员等群体进行培训,切实从根本上和思想上增强对做好非公有制企业党建工作重要性和必要性的认识。

---

① 徐乐江:《工商联如何参与指导非公有制企业党建》,《中国党政干部论坛》,2018 年第 8 期。

第四章　注重对非公代表人士的政治培训

　　木有所养,则根本固而枝叶茂,栋梁之才成。习近平在庆祝中国共产党成立 100 周年大会上强调:"新征程上,我们必须坚持大团结大联合,广泛凝聚共识,广聚天下英才,汇聚起实现民族复兴的磅礴力量。"①党的二十大报告进一步指出,"全面提高人才自主培养质量,着力造就拔尖创新人才,聚天下英才而用之"②。这是新时代实施科教兴国战略、强化现代化建设人才支撑的重要举措,是加快建设人才强国的战略部署。人才成长既要依靠个人努力,更要依靠组织培养。党外代表人士是党和国家人才队伍的重要组成部分,党外代表人士队伍建设在统一战线工作中具有基础性、战略性地位,是建设中国特色社会主义事业的一支重要力量,培养使用包括非公有制经济人士在内的党外代表人士,是中国共产党的一贯政策,也是充分发挥中国特色社会主义政治制度优势的必然要求。

　　中国共产党自成立之日起,就高度重视包括党外代表人士在内的人才

---

　　①　习近平:《在庆祝中国共产党成立 100 周年大会上的讲话》,《光明日报》,2021 年 8 月 2 日。

　　②　习近平:《高举中国特色社会主义伟大旗帜 为全面建设社会主义现代化国家而团结奋斗——在中国共产党第二十次全国代表大会上的报告》,《光明日报》,2022 年 10 月 26 日。

建设工作,始终把党外人才教育放在党的工作大局中谋划和部署。以毛泽东同志为核心的党的第一代中央领导集体,把做好党外代表人士工作摆在决定力量对比、影响革命成败、事关人民政权建立巩固的高度,团结和争取了一大批著名党外代表人士,实现了进步力量的最大团结。以邓小平同志为核心的党的第二代中央领导集体,立足为改革开放和社会主义现代化建设凝心聚力、集智引才,提出了"钱要用起来,人要用起来"的著名论断,高度重视、充分发挥党外人士的智力和资本优势,团结一切可以团结的力量,维护和发展安定团结的政治局面,为把我国建设成为现代化的社会主义强国而共同奋斗。以江泽民同志为核心的党的第三代中央领导集体,把加强党外代表人士队伍建设提高到事关巩固党的执政地位、事关抵御国际敌对势力西化分化、事关改革发展稳定大局的政治高度,推动形成了党外代表人士新老交替、薪火相传的良好局面。进入 21 世纪新阶段,以胡锦涛同志为总书记的党中央高度重视党外代表人士队伍建设。2010 年颁布《国家中长期人才发展规划纲要(2010—2020 年)》,明确要求把党外人才培养选拔和教育培训纳入党政人才队伍规划,特别提出要对社会主义市场经济体制下各种所有制组织中的人才,坚持一视同仁、平等对待。把非公有制经济组织、新社会组织人才开发纳入各级政府人才发展规划。同年,中共中央办公厅印发《2010—2020 年党外代表人士教育培训改革和发展纲要》,这是我国首个党外代表人士教育培训的专门纲要。纲要明确提出,党外代表人士是推进中国特色社会主义事业的重要力量,强调发挥党外代表人士作用,是共同参与管理国家和社会事务、实行人民当家作主的重要体现,是中国特色社会主义政治制度的显著特点和优势。2012 年中共中央首次颁布《关于加强新形势下党外代表人士队伍建设的意见》,体现了党中央推进党和国家人才发展战略的高瞻远瞩,为指导和推动新形势下统一战线事业持续健康发展指明了前进方向,奠定了坚实基础。意见明确把非公有制经济代表人士纳入党外代表人士队伍,明确了党外代表人士队伍建设的总体要求,从党外代表人士的发现、培养、使用、管理四个方面,全面明确了政策原则和工作要求,标志着这项工作走上了制度化、规范化轨道。

党的十八大以来,以习近平同志为核心的党中央坚持把统一战线放在党和国家工作的大局中来定位、来部署、来推动,强调党外代表人士工作的重点是科学使用、发挥作用,关键是加强培养、提高素质,并以党内法规的形式对包括非公代表人士在内的党外代表人士发现、培养、使用、管理等方面作出明确规定。2015 年,习近平在中央统战工作会议上的重要讲话,就党外代表人士培养使用的重要意义、工作原则、重要政策和基本要求作了深刻阐述和政策规范,强调了党外代表人士工作的重点是科学使用、发挥作用,关键是加强培养、提高素质,这是对中国共产党选拔使用党外代表人士历史经验的科学总结,是对党外干部成长和选拔使用基本规律的深刻揭示,也是新形势下党外代表人士培养选拔使用工作必须遵循的基本原则,为推进党外代表人士教育培训工作提供了根本遵循和科学指引。针对非公有制经济人士,习近平在这次会议上还特别强调,"要坚持团结、服务、引导、教育的方针,一手抓鼓励支持,一手抓教育引导"[1],进一步做好非公有制经济领域统战工作。

2016 年 3 月 4 日,习近平在参加政协民建、工商联界联组会讲话时,再次强调广大非公有制经济人士要加强自我学习、自我教育、自我提升。因此,加强对非公有制经济人士的教育引导,是统一战线的重要政治任务,也是促进非公有制经济健康发展和非公有制经济人士健康成长的重要保障。党外代表人士工作的关键是加强培养、提高素质。强化理论培训,在思想政治培养上下功夫。坚持政治培训为主,突出思想政治引领,引导党外代表人士深

---

[1]　中央社会主义学院理论学习中心组编著:《画出最大的同心圆——习近平在中央统战工作会议上重要讲话精神学习讲座》,中共中央党校出版社,2015 年,第 99 页。

入学习贯彻习近平新时代中国特色社会主义思想，深刻领悟"两个确立"的决定性意义，增强"四个意识"、坚定"四个自信"、做到"两个维护"，自觉在思想上政治上行动上同以习近平同志为核心的中共中央保持高度一致。加强实践锻炼，不断提升综合素质能力。实践证明，培养选拔包括非公代表人士在内的党外代表人士不是权宜之计，而是必须长期坚持的重要政策；不是一般工作，而是关系我国政治制度特点和优势发挥的战略任务。要准确把握新形势下党外代表人士的特点和成长规律，积极回应和解决制约党外代表人士队伍建设的重点难点问题，在继承中创新，在创新中发展。

非公人士，是在改革开放和社会主义现代化建设过程中，伴随着非公有制经济发展而出现的社会群体，具体是指个体工商户、私营企业主、股份制公司中的自然人股东等群体中的代表性人物。中国共产党对非公人士的认识有一个逐渐深化的过程。改革开放以来，随着非公有制经济的发展，我国社会阶层结构不断发生新的变化。1982 年全国统战工作会议上，中央提出新时期统战工作对象，除十个传统对象外，还包括个体工商业者。1987 年 5 月，中华全国工商业联合会第五届执行委员会第三次会议正式做出决议，具有一定经营规模和经营能力、爱国守法的私人企业和个体工商户中的代表性人士，由有关单位推荐，可以参加为个人会员。新时期产生的个体工商户由此成为新时期工商联工作新的着力点。随着个体经济的迅速发展，出现了越来越多的个体大户，即私营企业和私营企业主。1989 年 3 月，中央统战部专门印发《关于开展私营企业统战工作的几点意见》，强调私营经济是社会主义公有制经济的补充，鼓励和发展私营企业是我党的一项长期政策。私营企业者已形成一个新的利益群体。

因此，要努力做好私营企业统战工作。自此，非公有制经济人士中的私营企业主正式成为新时期经济统战工作对象，在一段时期里与个体工商户等并列出现在中央、统战系统各有关文件中。1991 年 7 月，中共中央批转中央统战部《关于工商联若干问题的请示》(即中央 15 号文件)明确指出:"工商联作为党领导下的以统战性为主,兼有经济性、民间性的人民团体,可以配合党和政府承担这方面的任务,成为党和政府联系非公有制经济的一个桥梁。工商联的主要工作对象是私营企业、个体工商户、三胞,投资企业和部分乡镇企业,而不是国营企业。"文件首次提出了"非公有制经济代表人士"的称谓,代替了个体工商户、私营企业主等提法。2005 年,中央统战部下发《关于规范使用统一战线中若干重要称谓的意见(试行)》指出,"泛称个体工商户、私营企业主、股份制公司中的自然人股东等非公有制经济人士群体时,宜用'非公有制经济人士'称谓,对其中代表人士可称'非公有制经济代表人士'"。外国投资者和港澳台侨胞投资者均不宜称为"非公有制经济人士"。这就为非公有制经济人士的主要外延进行了明确界定。2006 年,胡锦涛同志在第 20 次全国统战工作会议上指出,新的社会阶层主要由非公有制经济人士和自由择业知识分子组成,主要包括"六种人":私营企业主、个体工商户、私营企业和外资企业的管理技术人员、中介组织从业人员、自由职业人员。由于在群体构成、职业特征、作用发挥等方面存在较大差别,2013 年初, 习近平在第十二届全国人民代表大会第一次会议上的重要讲话中,将"非公有制经济人士"和其他"新的社会阶层人士"并列提出。2015 年 9 月 22 日,《中国共产党统一战线工作条例(试行)》也将"新的社会阶层人士"与"非公有制经济人士"并列作为统战工作对象。也就是说,从统战工作的角度来看,原来的"六种人"中的"私营企业主、个体工商户",一般不再称为"新的社会阶层人士",而应归入"非公有制经济人士"。

第一节　社会主义学院是非公代表人士教育培训的主阵地

在我国现有的干部教育培训体系中，有各级党校、行政学院、社会主义学院和其他各类干部培训院校，以及高等院校和各类培训机构。这些干部院校和培训机构的培训对象、功能定位各不相同，培训理念和目标也不尽一致。社会主义学院作为中国共产党领导的统一战线性质的政治学院，教育培训对象既有各界党外代表人士，又有中共各级统战干部，还有作为统一战线理论创新发展和教学科研骨干力量的专家学者。2023年9月，中共中央发布新修订的《干部教育培训工作条例》进一步明确了社会主义学院的功能定位，即社会主义学院是党领导的统一战线性质的政治学院，应当坚持功能定位，承担好民主党派和无党派人士、统一战线其他领域代表人士、统战干部及统一战线理论研究人才等培训任务。①这种以各界党外代表人士、统战干部及研究人员构成的学员主体，围绕统一战线理论政策和作用发挥的教学内容，在党和国家教育培训体系中是独一无二的。②这种独特性，主要体现在三个方面，一是与成人教育机构、培训中心相比，社会主义学院必须以党外代表人士培养为目标，以教育、科研作为基本任务。二是与高等院校、职业院校等国民教育系列院校不同，社会主义学院教育培训要突出政治培训内容，以理想信念、政治素质、理论水平和履职能力为重点，而不是基本素养和专业知识的传授。三是与党校、行政学院以及其他干部院校不同，社会主义学院以"大团结、大联合"为主题，以凝聚最大共识为使命，在培训内容、教学方

---

① 《中共中央印发〈干部教育培训工作条例〉》，《光明日报》，2023年10月16日。

② 张献生：《准确把握新时代社会主义学院的性质定位》，《团结报》，2019年5月28日。

法和组织管理等方面具有鲜明特色。①

经过 60 多年的建设发展,全国社会主义学院已达 700 多所,构建了从中央到省、市、县的党外代表人士教育培训体系,初步形成培训民主党派和无党派人士为主体,覆盖民族宗教界、非公有制经济、新的社会阶层等各个领域的党外代表人士教育培养主阵地,培养了大批与中国共产党同心同德、亲密合作的高素质党外代表人士,成为坚持和完善中国共产党领导的多党合作和政治协商制度、巩固和壮大爱国统一战线的重要阵地、用中国共产党的创新理论团结教育引导各族各界代表人士的重要平台和在共同思想政治基础上化解矛盾和凝聚共识的重要渠道。

"党校姓党,社院姓社"是习近平对干部院校办学方向的明确要求。"社院姓社"是社会主义学院与生俱来的基因,是贯穿社会主义学院发展立场的一条红线,也是做好社会主义学院长期办学工作的根本遵循。党的十八大以来,以习近平同志为核心的党中央高度重视党外代表人士培养和社会主义学院建设工作,在不同场合围绕党外代表人士教育培养的目标、方向、规律和内涵作出了深刻阐述,科学回答了新时期党外代表人士为什么培训、培训什么、怎么培训这一深层次基本问题,为探索新时代党外代表人士教育培训工作提供了科学指引。2015 年 5 月,习近平在中央统战工作会议上指出,用才之基在于储才,储才之要在于育才。党外代表人士培养要下功夫,尤其要在思想政治培养上下功夫,引导党外优秀人才自觉学习中国特色社会主义理论,自觉践行社会主义核心价值观,自觉弘扬中华传统美德,努力做政治上的"明白人"。②2016 年 10 月,在中央社会主义学院建院 60 周年之际,习近

---

① 孟姗姗、张方园、党健:《社会主义学院正规化建设初探》,《中央社会主义学院学报》,2015 年第 6 期。

② 中央社会主义学院理论学习中心组编著:《画出最大的同心圆——习近平在中央统战工作会议上重要讲话精神学习讲座》,中共中央党校出版社,2015 年,第 179 页。

平又专门发来贺信，对学院建院 60 周年致以热烈祝贺，强调中央社会主义学院作为我国干部教育培训体系的重要组成部分，要"继承和发扬优良传统，坚持'社院姓社'，突出政治培训，强化政治共识，不断增强中国特色社会主义道路自信、理论自信、制度自信、文化自信，不断巩固团结奋斗的共同思想政治基础，努力把学院建设成为民主党派和无党派人士联合党校、统一战线人才教育培养主阵地，为实现全面建设小康社会奋斗目标，实现中华民族伟大复兴的中国梦作出新的更大的贡献"①。贺信既表明了党中央对社会主义学院的期望，也对包括非公人士在内的党外代表人士教育培训工作提出新的明确要求。

2018 年 11 月，中共中央印发的《2018—2022 年全国干部教育培训规划》多处涉及社会主义学院工作，对教学内容、课时安排、师资建设等提出明确要求，强调要加强各级社会主义学院建设。同年 12 月，中共中央印发《社会主义学院工作条例》，着眼新时代统一战线人才教育培养工作面临的新形势新任务，对事关社会主义学院发展的性质定位、指导思想、工作方针、基本职能、培养目标、教学布局等重大问题作出规定，为新时代社会主义学院建设指明了发展方向、提供了根本遵循。这是中国共产党历史上首部关于社会主义学院工作的党内法规，集中体现了中共中央对统一战线人才教育培养和社会主义学院工作的新精神和新要求。与 2003 年中央统战部印发的《社会主义学院工作暂行条例》相比，新印发的工作条例明确了社会主义学院的设置和领导体制，明确了各级党委对社院工作的领导责权，极大拓展了社会主义学院的培训范围与职能定位，在社会主义学院发展史上具有重要的里程碑意义，标志着社会主义学院建设进入新的发展阶段。特别是条例中"党和国家干部教育培训体系的重要组成部分"的性质界定，既反映了社会主

---

① 《习近平致中央社会主义学院建院 60 周年的贺信》，《光明日报》，2016 年 10 月 15 日。

学院在教育对象和内容上的独特性，又明确了统一战线作为一种知识和理论的科学性，要求社会主义学院必须把教学作为中心和主业。①其他各项工作都应当围绕教学工作进行，为完成教学任务、提高教学质量服务。

非公代表人士是社会主义学院的主要培训对象。习近平2016年3月4日在参加政协民建、工商联界联组会讲话时曾经指出，非公有制经济人士都是创业成功人士，是社会公众人物，都是"有头有脸"的人物，举手投足，一言一行，对社会有很强的示范效应。②总体来看，我国广大非公人士思想主流积极健康，拥护党的领导，拥护改革开放，坚持走中国特色社会主义道路，是党执政的群众基础和社会基础。绝大多数的非公人士能够做到守法诚信经营、履行社会责任，在推动经济社会发展、提供就业岗位、增加国家税收、开展自主创新、维护社会稳定等方面发挥了重要作用，是名副其实的中国特色社会主义事业建设者。但是随着非公人士队伍的不断壮大，素质也参差不齐，思想活动的独立性、选择性、多变性、差异性明显。加之非公人士来源多元、构成复杂，他们中间不同程度地存在一些不容忽视的问题。如对企业发展缺乏长远思考和战略谋划，一些行为与中华民族传统美德和社会主义道德要求相背离，对国家基本经济制度和政治制度认识模糊等。特别值得注意的是，党的十八大以来，随着反腐败力度的持续加大，一大批各级官员被查处，不少非公人士也牵涉其中。由于非公人士拥有大量社会资本和资源要素，一旦与权力相勾结，在官员腐败犯罪活动中推波助澜，就很容易造成恶劣的社会影响，损害国家经济利益，扰乱经济秩序，败坏政商关系，不仅严重影响非公有制经济发展环境和非公有制经济人士形象，而且影响党风政风，侵蚀党的执政基础。③非公人士违法犯罪动因复杂，既有客观原因，亦不可忽视主观因

①　张献生：《准确把握新时代社会主义学院的性质定位》，《中国统一战线》，2019年6期。

②　《习近平谈治国理政》（第二卷），外文出版社，2017年，第263页。

③　中央社会主义学院理论学习中心组编著：《画出最大的同心圆——习近平在中央统战工作会议上重要讲话精神学习讲座》，中共中央党校出版社，2015年，第106页。

素。因此，加强对非公人士特别是代表人士政治引导和教育培训，什么时候都不可放松。作为开展非公代表人士教育培训的主阵地，社会主义学院应把针对非公代表人士的共识教育作为教育培训的核心理念。

第二节　共识教育是非公代表人士政治引导和教育培训的核心理念

共识教育是社会主义学院教育培训工作的核心理念，是社会主义学院的鲜明特色和立院之基，也是社会主义学院区别于各级党校、行政学院和其他干部院校的显著标志。[①]正如习近平所指出："人心是最大的政治，共识是奋进的动力。"[②]在非公人士教育培训工作中，社会主义学院同样要把"画出最大同心圆""寻求最大公约数"作为目标任务。一方面，通过开设相关课程直接面向非公人士开展共识教育。另一方面，共识教育贯穿非公人士政治引导和教育培训工作全过程。通过开展共识教育，推动非公有制经济人士把共识理念转化为内在的坚定信念和外在的自觉行动，深刻理解中国共产党是中华民族的坚强领导核心，深刻领悟"两个确立"的决定性意义，增强"四个意识"、坚定"四个自信"、做到"两个维护"，不断巩固团结奋斗的共同思想政治基础，在重大问题上旗帜鲜明，在大风大浪中立场坚定，始终同中国共产党思想上同心同德、目标上同心同向、行动上同心同行，增强走中国特色社会主义道路的自觉性和坚定性，为实现社会主义现代化和中华民族伟大复兴贡献力量。

---

① 中央社会主义学院理论学习中心组编著：《画出最大的同心圆——习近平在中央统战工作会议上重要讲话精神学习讲座》，中共中央党校出版社，2015年，第180页。

② 习近平：《在全国政协新年茶话会上的讲话》，《人民日报》，2018年12月30日。

党的十八大以来,中国特色社会主义进入新时代,我国发展站到了新的历史起点上。伴随着全面建成小康社会,我国又进入全面建设社会主义现代化国家的新发展阶段。立足新阶段,开启全面建设社会主义现代化国家的新征程,离不开包括非公人士在内的党外代表人士发挥人才荟萃、智力密集、联系广泛、资源丰富的独特优势。作为社会主义学院教育培训的首要职责,如何开展好共识教育,把巩固共同思想政治基础作为根本目的,切实发挥"固魂守魄"功能,既是干部教育实践中需要深入研究的重要课题,也是各级社会主义学院开展好非公有制经济人士教育培训工作需要花大力气研究好的首要问题。

一、共识概念的内涵

共识是一个社会维系秩序、稳定、团结的重要精神纽带。共识的英文是"consensus",可追溯的最早词源来自于拉丁文"con"(一起)和"sentine"(感觉)的组合,拉丁文的含义是"一个协定或共同情感",它是"构成一个国家各部分间的普遍关联"[①]。在中国文化中,荀子肯定基于"类"而产生共感的可能,以孔子为代表的儒家学派对"大同"世界的追求,也蕴含着一定的共识思想。[②]从字面意义理解,共识是指一个社会不同阶层、不同利益的个人或群体所寻求的共同认识、价值和理想,是在多样性基础上达成一致意见或协调一致的行为。《布莱克维尔政治学百科全书》的解释是:"共识是指在一定时代生活在一定的地理环境中的人们共有的一系列理想信念、价值观念和规范

---

① ［英］雷蒙·威廉斯:《关键词:文化与社会的词汇》,刘建基译,生活·读书·新知三联书店,2005 年,第 82~84 页。

② 吴瑛、乔丽娟:《从制造共识到重构共识:提升中国声音在国际组织的影响力研究》,《社会科学》,2021 年第 11 期。

准则。"①共识涉及认同，但其实质则是利益问题，不同群体能否寻找到利益交汇点是寻求共识的关键。

西方的古典社会契约理论，表达了个体自由意志与个体理性基础上的"同意的"共识。18世纪，洛克的社会契约思想包含了以上帝权威和自然法为依据的道德共识。法国启蒙思想家和哲学家卢梭，则将共识理解为以契约体现的全体人民的"公意"②。洛克试图建构"道德型共识"的理论体系，其目的是通过宗教的、哲学的、政治的理论阐释，将不同宗教信仰和文化团体的成员团结为统一的政治共同体，以应对多元社会出现的宗教冲突、道德分化与政治纷争，并最终服务于建立一个统一的政治社会和政治秩序的目的。③进入19世纪，涂尔干、托克维尔假设社会中存在某种潜在契约，通过社会制度运作而获得平和与稳定。④在20世纪，政治学领域的伊斯顿、萨托利、阿尔蒙德等学者，则从民主制度与共识的关系角度阐述了共识观念。⑤在当代西方思想领域，哈贝马斯的"话语共识"和罗尔斯的"重叠共识"理论在共识研究领域最有影响。前者认为，现代社会面临整合危机，解决的办法就是在交往中进行沟通，形成共识。哈贝马斯强调通过可领会性、真实性、真诚性与正确性对话取得共识。⑥后者的"重叠共识"理论则是一种"政治正义观念"，各学说的公认理念部分即"重叠共识"。"重叠共识"在承认现有观念存在分歧的

---

① ［英］戴维·米勒、［英］韦农·波格丹诺主编：《布莱克维尔政治学百科全书》，邓正来译，中国政法大学出版社，2002年，第166页。

② 沈湘平：《价值共识是否及如何可能》，《哲学研究》，2007年第2期。

③ 段元秀：《理性、信仰与同意——洛克共识理论评析》，《广西师范大学学报（哲学社会科学版）》，2015年第4期。

④ ［美］安东尼·奥罗姆：《政治社会学导论》，张华青等译，上海人民出版社，2006年，第68页。

⑤ ［美］乔瓦尼·萨托利：《民主新论》，冯克利、阎克文译，上海人民出版社，2009年，第106~107页。

⑥ ［德］哈贝马斯、哈勒：《作为未来的过去：与著名哲学家哈贝马斯对话》，章国峰译，浙江人民出版社，2001年，第123页。

同时,在未来目标上却具有共识,通过交往形成"视域融合"①。

　　政治共识是共识在政治场域的具体体现,是政治体系得以有效运行的基本前提,也是政权合法性的首要基础。《布莱克维尔政治学百科全书》认为,"在政治意义上,它(共识)指的是与政治体系有关的信念。共识成为和平和有秩序地处理社会政治事务的一个头等重要的先决条件,如果没有一些得到广泛接受的价值观念和规范,社会和政治组织就不可能存在"②。政治共识的重要性在现代社会中得到了普遍承认。任何政治的良好运作,都依赖于最低限度的政治共识。

　　作为一个规范的政治学概念,学术界对政治共识的内涵进行了系统剖析,形成了"两分法"和"三分法"两种主要观点。③"两分法"的代表人物是英国政治学者安德鲁·海伍德。他在《政治学核心概念》中将政治共识区分为"程序性共识"和"实质性共识",前者是指政治主体之间通过磋商和妥协作出决定的意愿和规则,后者是指政治主体之间在意识形态取向上的交叉重叠,表现为政策目标上的一致。④"三分法"的代表人物则是美国政治学家萨托利。他借鉴伊斯顿政治权力合法性层次分类和阿尔蒙德结构功能主义的研究路径,将政治共识区分成三个层次:价值信仰和价值目标的共识、制度规则的共识和政策层次的共识。⑤

① 吴瑛、乔丽娟:《从制造共识到重构共识:提升中国声音在国际组织的影响力研究》,《社会科学》,2021年第11期。

② [英]戴维·米勒、[英]韦农·波格丹诺主编:《布莱克维尔政治学百科全书》,邓正来译,中国政法大学出版社,2002年,第166页。

③ 钟园园、张勇:《中国共产党百年政治共识构建:历程、经验与展望》,《中共宁波市委党校学报》,2021年第5期。

④ [英]安德鲁·海伍德:《政治学核心概念》,吴勇译,天津人民出版社,2008年,第21页。

⑤ [美]乔瓦尼·萨托利:《民主新论》,冯克利、阎克文译,东方出版社,2005年,第106~107页。

二、社会主义学院开展共识教育的丰富内涵和着力重点

以政治培训为首要任务，是干部教育培训有别于普通教育的最显著特征。包括非公人士在内的党外代表人士教育培训工作也不例外。2012 年中共中央印发的《关于加强新形势下党外代表人士队伍建设的意见》明确要求，党外代表人士教育培训要"坚持政治培训为主"。这是由党外代表人士的根本属性——代表性所决定。党外代表人士的代表性体现在三个层面，其中政治性是首要属性。党外代表人士的政治性，最根本的就是坚持中国共产党的领导，与中国共产党亲密合作，共同推进改革开放和社会主义现代化建设事业。这也是党外代表人士和中国共产党在长期革命、建设和改革实践中形成的广泛共识。从这个意义上说，本章所讨论的共识教育，主要是依托各级社会主义学院，面向包括非公代表人士在内的党外代表人士教育培训的核心理念，是具有中国特色的，在中国语境和制度实践下形成的专门概念。共识教育作为党外代表人士教育培训需要处理好的一致性和多样性关系的基础和前提，既是中国共产党对党外代表人士政治培训的要求，也是党外代表人士自身建设和成长的需求。习近平曾经语重心长地指出："如果政治上不过关，本事越大，负面作用越大。"①党外代表人士来源广泛、构成多样，特别是非公人士大部分都是改革开放以来成长起来的社会群体。他们成长的社会环境、实践基础和自身状况发生了深刻变化，呈现出鲜明的时代特征。在新的历史条件下，加强对包括非公人士在内的党外代表人士的共识教育越来越具有重要性和紧迫性。

---

① 中央社会主义学院理论学习中心组编著：《画出最大的同心圆——习近平在中央统战工作会议上重要讲话精神学习讲座》，中共中央党校出版社，2015 年，第 179 页。

（一）根本政治共识：深刻领悟"两个确立"的决定性意义

党的十九届六中全会公报指出，党确立习近平同志党中央的核心、全党的核心地位，确立习近平新时代中国特色社会主义思想的指导地位，反映了全党全军全国各族人民共同心愿，对新时代党和国家事业发展、对推进中华民族伟大复兴历史进程具有决定性意义。"两个确立"是中国共产党在新时代取得的重大政治成果，是我们党带领全国各族人民创造新时代伟大成就、实现中华民族伟大复兴的决定性因素，是新时代新征程我们应对一切不确定性的最大确定性、最大底气、最大保证，是新时代最大的政治共识和最根本的政治认同。

1.引导学员深刻领悟"两个确立"蕴含着深刻的马克思主义理论逻辑

确立和维护无产阶级政党的领导核心，始终是马克思主义政党建设的基本原则和重大命题。马克思主义唯物史观在强调人民群众历史伟力的同时，也重视强调领袖权威、核心人物的重要作用。重视思想建党，注重党的理论武装，是马克思主义政党学说的重要方面。思想领导是马克思主义政党领导力的显著标志，更是马克思主义政党先进性的突出表现。党的二十大上，习近平着眼坚定不移全面从严治党，深入推进新时代党的建设新的伟大工程，强调"全面加强党的思想建设，坚持用新时代中国特色社会主义思想统一思想、统一意志、统一行动"。①中国共产党是由马克思主义孕育催生、用马克思主义武装起来的政党。"两个确立"充分体现了我们党对马克思主义政党建设规律的深刻把握，充分体现了我们党对马克思主义建党原则和建党学说的创新发展。对非公代表人士而言，也要引导他们深刻认识"两个确立"本质上是一致的，捍卫"两个确立"本质上也是一致的，就是维护党的权威和

---

① 《中国共产党第二十次全国代表大会文件汇编》，人民出版社，2022年，第54页。

党领导人民群众实践中形成的党的领袖权威、理论权威。

2.引导学员深刻领悟"两个确立"凝结了中国共产党百年奋斗的历史经验

一个国家、一个政党，领导核心至关重要。坚强的领导核心和科学的理论指导，是关乎党和国家前途命运、党和人民事业成败的根本性问题。邓小平曾深刻指出，任何一个领导集体都要有一个核心，没有核心的领导是靠不住的。回顾中国共产党的光辉历程，我们能够深切感受到，每逢重大历史关头，总能产生英明领袖力挽狂澜，扭转乾坤，推进马克思主义中国化，带领党和人民从胜利走向胜利，这是党百年奋斗至为关键的一条宝贵经验。中国共产党的百年奋斗史雄辩证明，坚强的领导核心和科学的理论指导关乎党和国家前途命运，是党领导人民不断取得革命建设和改革伟大成就的根本政治保证。

3.引导学员深刻领悟"两个确立"是新时代伟大实践的必然结论

在我国这样一个有着9800多万党员的大党、有着56个民族和14亿多人口的大国，如果党中央没有核心、全党没有核心，是不可想象的。党的十八大以来，面对世所罕见、史所罕见的国内外复杂严峻环境和艰巨繁重的改革发展稳定任务，习近平以伟大的历史主动精神、巨大的政治勇气、强烈的责任担当，统筹中华民族伟大复兴战略全局和世界百年未有之大变局，团结带领全党全国人民攻克了许多长期没有解决的难题，办成了许多事关长远的大事要事，推动党和国家事业取得历史性成就、发生历史性变革。新时代10年的一系列原创性思想、关键性抉择、战略性举措，一系列变革性实践、突破性进展、标志性成果，都是习近平亲自谋划、亲自部署、亲自智慧的结果，充分彰显习近平作为马克思主义政治家、思想家、战略家的政治胆魄、高超的政治智慧、卓越的领导才能、坚强的意志品质，展现出习近平作为核心的定海神针作用。

（二）基本政治共识：党的基本理论、基本路线和基本方略

党的基本理论、基本路线、基本方略是中国共产党带领人民在开创和发展中国特色社会主义伟大事业的历史进程中形成的，并经过党的十九大报告和党章修正案的凝练概括与深刻阐述得到升华。习近平强调，"前进征程上，我们要坚持中国共产党领导，坚持人民主体地位，坚持中国特色社会主义道路，全面贯彻执行党的基本理论、基本路线、基本方略，不断满足人民对美好生活的向往，不断创造新的历史伟业"[①]。非公人士的思想认识也要统一到党的基本理论、基本路线和基本方略上来，引导学员切实增强贯彻落实的思想自觉和行动自觉。

1.引导学员深刻领悟党的基本理论、基本路线、基本方略的丰富内涵

马克思主义是我们立党立国、兴党兴国的根本指导思想。100 多年来，我们党坚持解放思想和实事求是相统一、培元固本和守正创新相统一，不断开辟马克思主义中国化时代化新境界，产生了毛泽东思想、邓小平理论、"三个代表"重要思想、科学发展观、习近平新时代中国特色社会主义思想，为党和人民事业发展提供了科学理论指导。在当代中国，马克思列宁主义、毛泽东思想、邓小平理论、"三个代表"重要思想、科学发展观、习近平新时代中国特色社会主义思想既一脉相承，又与时俱进，是指导我们党革命、建设和改革的强大思想武器。

党的十三大在科学阐述社会主义初级阶段理论的同时，正式提出了党在社会主义初级阶段的基本路线。党的十三大之后的历次党代会都强调了基本路线的重要性，并不断丰富完善党的基本路线的时代内涵。社会主义初级阶段的基本路线是："领导和团结全国各族人民，以经济建设为中心，坚持

---

① 习近平：《习近平在庆祝中华人民共和国成立 70 周年大会上的讲话》，《人民日报》，2019 年 10 月 2 日。

四项基本原则,坚持改革开放,自力更生,艰苦创业,为把我国建设成为富强民主文明和谐美丽的社会主义现代化强国而奋斗。"①在党的基本路线中,以经济建设为中心是兴国之要,四项基本原则是立国之本,改革开放是强国之路,建设社会主义现代化强国是奋斗目标。

党的基本方略集中体现为党的十九大报告概括提出的"十四个坚持",即坚持党对一切工作的领导,坚持以人民为中心,坚持全面深化改革,坚持新发展理念,坚持人民当家作主,坚持全面依法治国,坚持社会主义核心价值体系,坚持在发展中保障和改善民生,坚持人与自然和谐共生,坚持总体国家安全观,坚持党对人民军队的绝对领导,坚持"一国两制"和推进祖国统一,坚持推动构建人类命运共同体,坚持全面从严治党。这一基本方略既是习近平新时代中国特色社会主义思想的重要组成部分, 又是将这一重要思想贯彻于伟大实践的行动指南。党的基本方略是党的理论创新重大成果,是对以往概括的党的基本纲领、基本经验、基本要求的继承与发展。从党的十二大到党的十八大,我们党相继提出党的基本理论、基本路线、基本纲领、基本经验、基本要求,构成了中国特色社会主义的"五个基本"。其中,基本理论和基本路线是管长远的。相对而言,不同时期形成的基本纲领、基本经验、基本要求,有些内容已经随着实践和理论发展而发展了。党的十九大提出的新时代坚持和发展中国特色社会主义的基本方略, 涵盖了此前提出的党的基本纲领、基本经验、基本要求的基本内容,这样"五个基本"就简化整合为基本理论、基本路线、基本方略这"三个基本"。

2.引导学员深刻领悟党的基本理论、基本路线、基本方略的内在逻辑和实践要求

党的基本理论是时代精华,是引领社会前进的伟大旗帜。党的基本路线

---

① 《二十大党章修正案学习问答》,党建读物出版社,2022年,第7~8页。

是党和国家的生命线,坚持党的基本路线是我们的事业能够经受风险考验、顺利实现中国梦的最可靠保证。党的基本方略从理论和实践的结合上深刻回答了新时代怎样坚持和发展中国特色社会主义的重大时代课题,是新时代党的行动纲领。党的基本理论、基本路线、基本方略内在统一于坚持和发展中国特色社会主义的伟大实践,三者共同构成一个渐次展开、相互贯通、相互依存、辩证统一的完整的科学体系。①坚持党的基本理论、基本路线、基本方略,必须坚持党对中国特色社会主义实践的全面领导,这是新时代引领中国特色社会主义事业走向胜利的根本政治保证。

(三)重要政治共识:党的二十大精神

党的二十大报告科学描绘了在新的历史条件下全面建设社会主义现代化国家、夺取中国特色社会主义新胜利的宏伟蓝图,是团结带领全国各族人民沿着中国特色社会主义道路继续前进、为全面建设社会主义现代化国家而团结奋斗的政治宣言和行动纲领。社会主义学院开展政治共识教育,要引导广大非公代表人士全面把握党的二十大作出的战略部署,锚定以中国式现代化全面推进中华民族伟大复兴这一党和国家的中心任务贡献智慧力量。

1.讲好新时代十年党和国家事业取得的历史性成就

党的二十大报告指出:"十年来,我们经历了对党和人民事业具有重大现实意义和深远历史意义的三件大事:一是迎来中国共产党成立一百周年,二是中国特色社会主义进入新时代,三是完成脱贫攻坚、全面建成小康社会的历史任务,实现第一个百年奋斗目标。"②党的二十大报告从 16 个方面系统总结了新时代十年的伟大变革。总结过去是为了开辟未来,要引导非公人

---

① 杜玉华:《论新时代党的基本理论、基本路线、基本方略的内在统一》,《探索》,2019 年第 1 期。

② 习近平:《高举中国特色社会主义伟大旗帜 为全面建设社会主义现代化国家而团结奋斗——在中国共产党第二十次全国代表大会上的报告》,《光明日报》,2022 年 10 月 26 日。

士深刻感悟新时代十年的伟大变革在党史、新中国史、改革开放史、社会主义发展史、中华民族发展史上的里程碑意义，深刻领会在新时代新征程上必须坚持新时代党的创新理论和战略布局、战略举措不动摇，坚定战略自信，不断深化对中国共产党领导和我国社会主义制度优势的认识，充分认识中国特色社会主义的蓬勃生机和光明前景。

2.讲好党的二十大设定的科学目标和作出的战略部署

党的二十大作出了新的"两步走"的总的战略安排，明确了未来五年的目标任务和2035年我国发展的总体目标，展望了21世纪中叶的奋斗目标，并首次将"科教兴国、依法治国、坚决维护国家安全"列为专章进行部署。社会主义学院开展面向非公代表人士的共识教育，要将党的二十大报告12个方面的部署作为一个有机整体，从"五位一体"总体布局、"四个全面"战略布局出发，紧密联系我国发展面临的新的战略机遇、新的战略任务、新的战略阶段、新的战略要求、新的战略环境来进行解读，引导非公代表人士全面把握党的二十大报告整体与各部分内容的关系，讲清楚各项战略部署之间的关联，引导学员自觉站在全面推进中华民族伟大复兴的全局中去思考，深刻认识实现全面建设社会主义现代化国家目标任务的艰巨性和复杂性，增强贯彻落实党的二十大精神的自觉性和坚定性。

3.讲好中国式现代化的中国特色、本质要求和必须牢牢把握的重大原则

概括提出并深入阐述中国式现代化理论，是党的二十大的一个重大理论创新，是科学社会主义的最新重大成果。要引导非公代表人士全面学习掌握中国式现代化的理论阐述和实践要求，讲清楚中国共产党的领导关系中国式现代化的根本方向、前途命运、最终成败；讲清楚中国式现代化既有各国现代化的共同特征，更有基于中国国情的鲜明特色，是强国建设、民族复兴的唯一正确道路；讲清楚中国式现代化深深植根于中华优秀传统文化，体现科学社会主义的先进本质，借鉴吸收人类一切优秀文明成果，代表人类文

明进步的发展方向,展现了不同于西方式现代化模式的新图景,是一种全新人类文明形态;讲清楚推进中国式现代化是一个系统工程,需要统筹兼顾、系统谋划、整体推进,正确处理好顶层设计与实践探索、战略与策略、守正与创新、效率与公平、活力与秩序、自立自强与对外开放等一系列重大关系,引领学员深刻理解中国式现代化是我们党领导全国各族人民在长期探索和实践中历经千辛万苦、付出巨大代价取得的重大成果,必须倍加珍惜、始终坚持、不断拓展和深化。

　　面向非公代表人士讲好中国式现代化,还必须讲清楚非公人士在助力共同富裕中的重要作用。全体人民共同富裕是中国式现代化的重要特征之一。非公人士作为促进共同富裕的重要力量,要在支持非公有制经济做大做好"蛋糕"的基础上,引导非公人士坚持义利兼顾、以义为先,坚持致富思源、富而思进,积极参与光彩事业、①乡村振兴和公益慈善事业,以实际行动推动

――――――――

　　① 光彩事业是我国民营企业家响应《国家八七扶贫攻坚计划》所发起并实施的一项以扶贫开发为主题事业。1994年4月23日,在全国工商联七届二次常委会上,时任全国工商联副主席刘永好与其他9名常委共10位民营企业家向全国工商联会员和非公有制经济人士发出了《让我们投身到光彩事业中来》的倡议书,提出"到20世纪末共培训7000人才,办700个项目,开发70个资源",光彩事业由此而发起。光彩事业是以广大非公有制经济人士和民营企业家为参与主体,包括港澳台侨工商界人士共同参加,它以自觉自愿、量力而行,互惠互利,义利兼顾为原则,将西部大开发作为重点,面向"老、少、边、穷"地区和中西部地区,以项目投资为中心,开发资源、兴办企业、培训人才、发展贸易,并通过包括捐赠在内的多种方式促进贫困地区的经济发展和教育、卫生、文化等社会事业的进步,共谋利益,共享文明安乐,以先富带未富,促进共同富裕。刘永好在谈到"光彩"这个名称时说,当时社会对个体私营经济还存在着相当的偏见,不少个体私营企业都想办法戴上一顶"红帽子"。"光彩事业"响当当地宣称:民营企业家帮助贫困地区发展经济是光彩的。创始人之一的周晋峰说:"作为企业家在搞好企业的同时,要承担社会责任,而光彩事业作为一项德行并重、义利兼顾的扶贫举措,既是一种互惠互利的经济行为, 也是一种充满感情的道德行为。这就为企业家回报社会找到了切入点。"时任全国政协副主席、中央统战部部长、中国光彩事业促进会会长刘延东认为,光彩事业要坚持把"发扬中华民族传统美德,促进共同富裕"作为根本宗旨,把自愿参加、量力而行,互惠互利、义利兼顾作为基本原则,把引导非公有制经济人士做合格中国特色社会主义事业建设者作为主要内容,把运用统一战线的方式作为有效途径,把依靠党委和政府的支持作为根本保证。参见叶晓楠:《助脱贫致富,解创业之忧,光彩事业10年硕果累累》,《人民日报·海外版》,2004年4月24日。

共同富裕取得更为明显的实质性进展。

4.讲好团结奋斗是中国人民创造历史伟业的必由之路

在以往的党的全国代表大会报告中，更多强调的是努力奋斗、不懈奋斗。团结奋斗被鲜明写入党的二十大报告主题，具有很强的针对性。党的百年奋斗历程反复证明，团结奋斗是中国人民创造历史伟业的必由之路。要引导非公代表人士充分认识团结奋斗的重要意义，牢牢把握团结奋斗的时代要求，筑牢全体中华儿女共同奋斗的钢铁长城，以团结奋斗之力不断创造新的历史伟业。讲清楚一百多年来，团结奋斗是中国共产党和中国人民最显著的精神标识；讲清楚党的十八大以来，中国共产党紧紧依靠人民，取得的一场又一场重大胜利，都是中国人民团结奋斗的结果；讲清楚实现中华民族伟大复兴的中国梦，不是敲锣打鼓、轻轻松松就能实现的，只有全党全军全国各族人民团结成"一块坚硬的钢铁"，心往一处想、劲往一处使，才能不断战胜前进道路上的一切困难挑战。

三、围绕突出政治共识教育，构建社会主义学院教学体系

教学是社会主义学院的中心工作。围绕突出政治培训、强化政治共识构建教学体系是社会主义学院高质量发展的基础性、战略性工程。

（一）紧扣习近平新时代中国特色社会主义思想这一主题主线主干

推进马克思主义中国化时代化是一个追求真理、揭示真理、笃行真理的过程。党的十八大以来，国内外形势新变化和实践新要求，迫切需要我们从理论和实践的结合上深入回答关系党和国家事业发展、党治国理政的一系列重大时代课题。以习近平同志为主要代表的中国共产党人，坚持把马克思

主义基本原理同中国具体实际相结合、同中华优秀传统文化相结合,科学回答了新时代坚持和发展什么样的中国特色社会主义、怎样坚持和发展中国特色社会主义等重大时代课题,创立了习近平新时代中国特色社会主义思想。习近平新时代中国特色社会主义思想是当代中国马克思主义、二十一世纪马克思主义,是中华文化和中国精神的时代精华,实现了马克思主义中国化新的飞跃。深入学习研究阐释这一思想是社会主义学院的首要政治任务,是贯穿非公代表人士教育培训工作的主题主线主干。要全面学习领会习近平新时代中国特色社会主义思想,全面系统掌握这一思想的基本观点、科学体系,把握好这一思想的世界观、方法论,坚持好、运用好贯穿其中的立场观点方法,不断增进对党的创新理论的政治认同、思想认同、理论认同、情感认同。

1. 深刻认识习近平新时代中国特色社会主义思想实现了马克思主义中国化新的飞跃

中国共产党的历史,就是一部不断推进马克思主义中国化的历史。党的百年奋斗坚持理论创新、理论创造,实现了马克思主义中国化的三次飞跃。在新民主主义革命、社会主义革命和建设时期,毛泽东率先提出了"马克思主义中国化"的理论命题,创立了毛泽东思想,实现了马克思主义中国化的第一次历史性飞跃。在改革开放和社会主义现代化建设新时期,以邓小平、江泽民、胡锦涛同志为主要代表的中国共产党人,从新的实践和时代特征出发坚持和发展马克思主义,科学回答了什么是社会主义、怎样建设社会主义,建设什么样的党、怎样建设党,新形势下实现什么样的发展、怎样发展等重大问题,形成了中国特色社会主义理论体系,实现了马克思主义中国化新的飞跃。党的十八大以来,习近平深刻总结并充分运用党成立以来的历史经验,从新的实际出发,创立了习近平新时代中国特色社会主义思想。习近平新时代中国特色社会主义思想以全新视野深化了对共产党执政规律、社会主义建设规律、人类社会发展规律的认识,为丰富发展马克思主义作出了原创性贡献,实现了马克思主义中国化新的飞跃。这一重要思想,深刻回答了新时代坚持和发展什么样的中国特色社会主义、怎样坚持和发展中国特色社会主义,建设什么样的社会主义现代化强国、怎样建设社会主义现代化强国,建设什么样的长期执政的马克思主义政党、怎样建设长期执政的马克思主义政党等重大时代课题。

2.深刻领会习近平新时代中国特色社会主义思想的科学体系

习近平新时代中国特色社会主义内容涵盖改革发展稳定、内政外交国防、治党治国治军等方方面面,构成一个完整的科学体系。党的二十大报告明确指出,"十个明确""十四个坚持""十三个方面成就"概括了这一思想的主要内容。"十个明确"构成一个既各有指向又相互联系的有机整体,是习近平新时代中国特色社会主义的理论成果,是支撑这座理论大厦的主体部分,构成了这一重要思想的"四梁八柱"。"十四个坚持"是对新时代我们党治国理政重大方针原则的高度凝练和科学概括,对我们党不同时期形成的基本纲领、基本经验、基本要求作了整合发展,是落实习近平新时代中国特色社会主义思想的实践要求。"十三个方面成就"全景展示了习近平治国理政的理念、成就和经验,是习近平新时代中国特色社会主义思想的实践成果。"十个明确""十四个坚持""十三个方面成就"相互贯通,构成了系统全面、逻辑严密、内涵丰富、内在统一的科学理论体系。对非公有制经济人士而言,既要全面系统地学习掌握习近平新时代中国特色社会主义思想的主要内容,又要整体把握科学体系,做到融会贯通。

3.深刻把握"两个结合"的丰富内涵和重大意义

2023年6月2日,习近平在文化传承发展座谈会上发表重要讲话,深入阐释了"两个结合"的重大意义,指出"在五千多年中华文明深厚基础上开辟和发展中国特色社会主义,把马克思主义基本原理同中国具体实际、同中华优秀传统文化相结合是必由之路",强调"这是我们在探索中国特色社会主义道路中得出的规律性的认识,是我们取得成功的最大法宝"。①这一重要论述深刻阐明了坚持"两个结合"的历史地位和重大意义,为在新的时代条件下更好坚持和发展马克思主义指明了方向、提供了遵循。

习近平强调,在五千多年中华文明深厚基础上开辟和发展中国特色社会主义,把马克思主义基本原理同中国具体实际、同中华优秀传统文化相结合是必由之路。这是我们在探索中国特色社会主义道路中得出的规律性的认识,是我们取得成功的最大法宝。第一,"结合"的前提是彼此契合。马克思主义和中华优秀传统文化来源不同,但彼此存在高度的契合性。相互契合才能有机结合。第二,"结合"的结果是互相成就,造就了一个有机统一的新的文化生命体,让马克思主义成为中国的,中华优秀传统文化成为现代的,让经由"结合"而形成的新文化成为中国式现代化的文化形态。第三,"结合"筑牢了道路根基,让中国特色社会主义道路有了更加宏阔深远的历史纵深,拓展了中国特色社会主义道路的文化根基。中国式现代化赋予中华文明以现代力量,中华文明赋予中国式现代化以深厚底蕴。第四,"结合"打开了创新空间,让我们掌握了思想和文化主动,并有力地作用于道路、理论和制度。更重要的是,"第二个结合"是又一次的思想解放,让我们能够在更广阔的文化空间中,充分运用中华优秀传统文化的宝贵资源,探索面向未来的理论和制度创新。第五,"结合"巩固了文化主体性,创立新时代中国特色社会主义思想就是这一文化主体性的最有力体现。"第二个结合",是我们党对马克思主义中国化时代化历史经验的深刻总结,是对中华文明发展规律的深刻把握,表明我们党对中国道路、理论、制度的认识达到了新高度,表明我们党的历史自信、文化自信达到了新高度,表明我们党在传承中华优秀传统文化中推

---

　　①　《习近平在文化传承发展座谈会上强调担负起新的文化使命 努力建设中华民族现代文明》,《光明日报》,2023 年 6 月 3 日。

进文化创新的自觉性达到了新高度。①

4.牢牢把握习近平新时代中国特色社会主义思想的世界观、方法论和贯穿其中的立场观点方法

科学的世界观和方法论是我们研究问题、解决问题的"总钥匙"。中国共产党自成立之日起，始终坚持用马克思主义世界观和方法论指导革命、建设、改革，取得了一系列伟大成就。进入新时代，习近平站在辩证唯物主义和历史唯物主义"最高的山巅"，创造性地运用马克思主义立场观点方法观察时代、把握时代、引领时代，形成了"中国人的世界观、方法论"。党的二十大对党的十八大以来的重大理论创新进行深刻总结，从世界观和方法论的高度概括了我们党在推进理论创新过程中获得的规律性认识，明确提出习近平新时代中国特色社会主义思想的世界观和方法论这一重大理论命题，标志着党的理论创新达到了一个新的历史高度，在马克思主义发展史上具有重大意义，在马克思主义中国化时代化的历史进程中具有里程碑意义。习近平新时代中国特色社会主义的世界观方法论和贯穿其中的立场观点方法，把坚持马克思主义和发展马克思主义统一起来，赋予了辩证唯物主义和历史唯物主义新的哲学意蕴和时代内涵，成为开辟马克思主义中国化时代化新境界的标志性成果。只有准确把握包括"两个结合""六个必须坚持"在内的习近平新时代中国特色社会主义的世界观方法论和贯穿其中的立场观点方法，才能更好领会这一思想的精髓要义。

(二)彰显中华优秀传统文化这一中华民族的根与魂

1997 年，为适应向港澳台胞和海外侨胞传播中华文化的需要，经中央有关部门批准，中央社会主义学院加挂"中华文化学院"牌子，成为我国唯一一

---

① 《习近平在文化传承发展座谈会上强调担负起新的文化使命 努力建设中华民族现代文明》，《光明日报》，2023 年 6 月 3 日。

所以"中华文化"命名的中央级教育机构。各地方社会主义学院也纷纷加挂中华文化学院牌子。中国特色社会主义进入新时代,开展中华文化教育的对象更为广泛。由面向港澳台同胞和海外侨胞扩展到了包括非公有制经济人士在内的统一战线广大成员。因此,在社会主义学院讲授中华文化的内涵也更为丰富,既包括中华优秀传统文化,也包括革命文化和社会主义先进文化,以及正在建设中的中华民族现代文明。社会主义学院开展中华文化学院工作的意义也更为重大,由过去赋予文化教学以统战意义向赋予统战教育培训工作以文化意义转变。

第一,习近平新时代中国特色社会主义思想既传承了中华优秀传统文化,也是对中华优秀传统文化进行创造性转化、创新性发展的时代表达。习近平新时代中国特色社会主义思想以中华文明为源头活水,从五千多年璀璨文明中承继人文精神、道德价值、历史智慧的精华养分,把马克思主义的思想精髓与中华优秀传统文化的精神特质融会贯通起来,成为中华优秀传统文化创造性转化、创新性发展的生动典范。习近平新时代中国特色社会主义思想深刻揭示和自觉遵循中华民族传承发展的历史逻辑,深刻反映中华民族自古以来的梦想和追求,特别是近代以后实现中华民族伟大复兴的梦想,凝结着中国人民的伟大创造精神、伟大奋斗精神、伟大团结精神、伟大梦想精神。正因如此,习近平新时代中国特色社会主义思想具有强大的历史穿透力、文化感染力、精神感召力,是彰显文化自信、饱含历史自觉、赓续中华文脉的理论。

第二,中华优秀传统文化塑造中华文明的突出特性。习近平在文化传承发展座谈会上指出,中华优秀传统文化有很多重要元素,共同塑造出中华文明的突出特性,并系统阐述了中华文明的五个突出特性。中华文明具有突出的连续性,从根本上决定了中华民族必然走自己的路。如果不从源远流长的历史连续性来认识中国,就不可能理解古代中国,也不可能理解现代中国,更不可能理解未来中国。中华文明具有突出的创新性，从根本上决定了中华民族守正不守旧、尊古不复古的进取精神，决定了中华民族不惧新挑战、勇于接受新事物的无畏品格。中华文明具有突出的统一性，从根本上决定了中华民族各民族文化融为一体、即使遭遇重大挫折也牢固凝聚，决定了国土不可分、国家不可乱、民族不可散、文明不可断的共同信念，决定了国家统一永远是中国核心利益的核心，决定了一个坚强统一的国家是各族人民的命运所系。中华文明具有突出的包容性，从根本上决定了中华民族交往交流交融的历史取向，决定了中国各宗教信仰多元并存的和谐格局，决定了中华文化对世界文明兼收并蓄的开放胸怀。中华文明具有突出的和平性，从根本上决定了中国始终是世界和平的建设者、全球发展的贡献者、国际秩序的维护者，决定了中国不断追求文明交流互鉴而不搞文化霸权，决定了中国不会把自己的价值观念与政治体制强加于人，决定了中国坚持合作、不搞对抗，决不搞"党同伐异"的小圈子。[1]

第三，在赓续中华优秀传统文化中建设中华民族现代文明。习近平强调，在新的历史起点上继续推动文化繁荣、建设文化强国、建设中华民族现代文明，要坚定文化自信，坚持走自己的路，立足中华民族伟大历史实践和当代实践，用中国道理总结好中国经验，把中国经验提升为中国理论，实现精神上的独立自主。[2]我们所建设的中华民族现代文明，是中国共产党领导的社会主义文明，是植根中华优秀传统、具有中华文化主体性的文明，是借鉴吸收人类一切优秀文明成果的文明，是以习近平新时代中国特色社会主义思想为核心表达的文明。这种新型文明既遵循人类文明发展的普遍规律，

---

[1]　《习近平在文化传承发展座谈会上强调担负起新的文化使命 努力建设中华民族现代文明》，《光明日报》，2023 年 6 月 3 日。

[2]　《习近平在文化传承发展座谈会上强调担负起新的文化使命 努力建设中华民族现代文明》，《光明日报》，2023 年 6 月 3 日。

又具有鲜明的民族特色和时代特征,体现科学主义先进本质,代表人类文明进步的发展方向。要秉持开放包容,坚持马克思主义中国化时代化,传承发展中华优秀传统文化,促进外来文化本土化,不断培育和创造新时代中国特色社会主义文化。要坚守建设中华民族现代文明的道路之正、理论之正、制度之正和文化之正,在五千多年中华文明的深厚基础上开辟和发展中华民族现代文明。要充分运用中华优秀传统文化的宝贵资源,积极推进理论创新、实践创新、制度创新以及其他各方面创新,在更广阔的文化空间中不断深化对中华文明发展规律的真理性认识,切实增强在传承中华优秀传统文化中推进文化创新的自觉性与坚定性,把创新的要求、创新的实质贯彻到建设中华民族现代文明的各领域和各环节,以前瞻性思考、全局性谋划、整体性推进中华民族现代文明和社会主义文化强国建设,以中国式现代化不断赋予中华文明以现代力量。

（三）深入开展非公代表人士理想信念教育和社会主义核心价值观教育

做好新时代非公代表人士教育培训工作,重点是深入开展理想信念教育和社会主义核心价值观教育,帮助非公人士践行新发展理念,做合格的中国特色社会主义事业建设者。

1.非公有制经济人士理想信念教育

要坚持信任、团结、引导、教育的方针,把非公人士理想信念教育融入日常、抓在经常,把握规律性、提升实效性。

一是加强科学理论武装。教育引导非公人士深刻理解习近平新时代中国特色社会主义思想的核心要义、精神实质、丰富内涵、实践要求,突出加强习近平经济思想和习近平关于"两个健康"的重要论述教育,做到真信、真懂、真用,始终做政治上的明白人,更好把握事业发展和自身成长的正确方向,进一步筑牢在中国共产党领导下走中国特色社会主义道路、实现中华民族伟大复兴的共同理想和坚定信念。

二是突出爱国主义教育。引导非公人士厚植家国情怀,进一步增强对国家、对民族的崇高使命感和强烈责任感,把企业发展同国家繁荣、民族兴盛、人民幸福紧密结合在一起。大力宣传中国共产党领导人民进行革命、建设和改革的伟大成就,突出加强改革开放史和非公经济发展史教育,引导非公人士深刻认识中国特色社会主义制度的显著优势。大力弘扬中华优秀传统文化,弘扬民族精神和时代精神,深入挖掘近代以来爱国企业家典范人物的思想内涵和精神风貌,引导非公人士继承发扬实业报国的光荣传统。

三是引导坚定发展信心。准确阐释党中央对形势的科学判断和决策部署,深入解读"十四五"规划和2035年远景目标,宣讲相关法律法规和政策文件,帮助非公有制经济人士把握新发展阶段,抓住新机遇、应对新挑战,更好谋划企业发展。加强世情国情教育,引导非公人士准确把握我国发展新的历史方位和社会主要矛盾变化,胸怀"两个大局",从长远、战略和全局角度正确认识新发展阶段出现的矛盾问题和来自国内外的风险挑战,坚定攻坚克难、创新发展的信心。

2.社会主义核心价值观教育

社会主义核心价值观,是以习近平同志为核心的党中央从新时代坚持和发展中国特色社会主义、实现中华民族伟大复兴的中国梦出发,提出的重大战略思想。党的十九大报告深刻阐述了社会主义核心价值观的丰富内涵和实践要求,对培育和践行社会主义核心价值观作出许多新的重大部署,充分反映了我们党在价值理念和价值实践上达到了一个新的高度。党的二十大报告进一步指出,"社会主义核心价值观是凝聚人心、汇聚民力的强大力量"①。

---

① 习近平:《高举中国特色社会主义伟大旗帜 为全面建设社会主义现代化国家而团结奋斗——在中国共产党第二十次全国代表大会上的报告》,《光明日报》,2022年10月26日。

这一重要论断,深刻阐明了社会主义核心价值观的重要地位和重大意义,为我们广泛践行社会主义核心价值观,不断夯实全民族全社会休戚与共、团结奋进的思想道德基础指明了方向。

社会主义核心价值观是当代中国精神的集中体现,凝结着全体人民共同的价值追求,也是非公有制经济人士共识教育的重要内容。当前,社会思潮和价值取向复杂多样,表现出多元、多变的特点。不少非公人士成长于改革开放时期,他们成长的社会环境、实践基础与老一代相比已经发生了深刻变化,思想观念开放,思维活跃,注重精神追求和个人价值实现,易于接受各种思潮的影响。这就需要因势利导,积极创造条件,弘扬主旋律,最大限度凝聚共识。社会主义核心价值观是以中华优秀传统文化为土壤和基础,以马克思主义为指导,吸收人类优秀文明共同成果所形成的社会共识,是中国特色社会主义制度的价值取向和鲜明标识。中华优秀传统文化则是中华民族的精神命脉,是涵养社会主义核心价值观的重要源泉。需求调研表明,不少非公人士希望社会主义学院多开设中华优秀传统文化课程,力求从中华优秀传统文化中吸取智慧。因此,社会主义学院开展社会主义核心价值观教育,要讲清楚中华优秀传统文化的历史渊源、发展脉络、基本走向,讲清楚中华文化的独特创造、价值理念、鲜明特色,增强文化自信和价值观自信。[1]要深入挖掘和阐发中华优秀传统文化的时代价值,做好传统文化的创造性转化和创新性发展,积极引导非公人士弘扬中华优秀传统文化,培育义利兼顾、以义为先的经营理念和企业操守,自觉履行社会责任,使社会主义核心价值观内化于心、外化于行。

深入开展社会主义核心价值观教育,还要积极引导非公人士把自身企业的发展与国家的发展结合起来,把个人富裕与全体人民的共同富裕结合

---

① 中央社会主义学院理论学习中心组编著:《画出最大的同心圆——习近平在中央统战工作会议上重要讲话精神学习讲座》,中共中央党校出版社,2015年,第184页。

起来,把遵循市场法则与发扬社会主义道德结合起来,树立正确的国家观、法治观、事业观、财富观,做爱国敬业、守法经营、创业创新、回报社会的典范。要增强非公有制经济人士的家国情怀,以产业报国、实业强国为己任,脚踏实地干事,谦虚低调做人。要加强法治宣传和警示教育,筑牢依法合规经营底线,倡导重信誉、守信用、讲信义,不断提升非公有制经济人士法治修养和道德水准。

3.践行新发展理念、弘扬企业家精神

非公经济是我国社会主义市场经济的重要组成部分,引导非公人士完整、准确、全面贯彻新发展理念,对于实现更高质量、更有效率、更加公平、更可持续、更为安全的发展具有重要意义。

一方面,引导非公人士自觉践行创新、协调、绿色、开放、共享的新发展理念,加快改革发展和转型升级,努力成为构建新发展格局、建设现代化经济体系、推动高质量发展的生力军。在创新发展方面,要引导他们自觉转变发展方式,加快转型升级,推进自主创新,走科学发展道路,发挥好创新人才的能动性,提升企业技术创新的主体作用。在协调发展方面,要带动他们协调好企业间、企业内部,以及企业与员工、公众、社区、社会、环境的发展,以人民为中心,积极推进经济民主,为社会创造厚价值,致力于改善大众生活。在绿色发展方面,要鼓励他们承担绿色发展的主体性角色,通过技术创新和管理创新,节能减排,高效生产,兼顾实现经济效益、社会效益和生态效益。在开放发展方面,要落实党中央持续扩大对外开放等方面的部署,推动非公有制企业深度融入全球产业、投资、物流互通,积极参与“一带一路”建设,在扩大开放中寻找发展新机遇。在共享发展方面,要倡导他们为公众、社区、环境和后代考虑,为广泛利益相关者创造价值,改善大众的生活,积极参与社会公益慈善,承担社会责任,致力于建设一个更美好的世界。

另一方面,加强诚信守法教育。引导非公人士不断强化法治意识、契约精神、守约观念，筑牢依法合规经营底线，坚持重信誉、守信用、讲信义，自觉做诚信守法的表率，做践行"亲""清"政商关系的模范。引导非公人士强化自律意识，规范自身言行，把遵循市场法则与发扬社会主义道德结合起来，树立符合社会主义市场经济要求的经营理念、价值观念和道德规范。①

第三节　年轻一代非公人士健康成长问题研究

近年来，在我国非公人士队伍中，伴随着改革开放成长起来的第一代企业家许多已步入"退休"年龄，非公有制经济正处于代际传承的关键时期，年轻一代非公人士正处于接班上岗、继承社会财富的重要时期。根据全国工商联的数据显示，我国家族企业年轻一代已陆续开始登上历史舞台，肩负着推动企业转型升级、新老交替的重任。从这一群体的数量和他们取得的成绩来看，这种大规模的传承和创业在中外企业史上都较为少见。与此同时，随着国家号召大众创业，不少高校毕业生、海外留学生和企业年轻职员也都走上自主创业的道路，年轻一代非公有制经济人士正在逐步成长为一股社会新生力量，在经济生活中发挥着越来越重要的作用。年轻一代非公人士的健康成长，直接关系到中国特色社会主义现代化建设的大局和中华民族伟大复兴的长远利益。因此，对年轻一代非公人士的思想政治引领和教育培训工作也愈显重要和迫切，成为非公统战工作的重要方面。

2015 年 5 月，习近平在中央统战工作会议上强调指出，要"促进非公有制经济人士健康成长"，"引导非公有制经济人士特别是年轻一代致富思源、

---

① 本书编写组：《中央统战工作会议精神学习问答》，人民出版社，2022 年，第 123~124 页。

富而思进,做到爱国、敬业、创新、守法、诚信、贡献"。①"十二字"方针既符合非公有制经济人士的实际,也体现了社会主义核心价值观的理念准则,指明了新形势下做好年轻一代非公人士统战工作的目标方向和价值观要求。2016年3月,习近平看望出席全国政协十二届四次会议民建、工商联界委员并参加联组讨论时再次强调,"我在去年的中央统战工作会议上强调,非公有制经济要健康发展,前提是非公有制经济人士要健康成长……要注重对年轻一代非公有制经济人士的教育培养,引导他们继承发扬老一代企业家的创业精神和听党话、跟党走的光荣传统"②。2017年9月,中共中央、国务院印发《关于营造企业家健康成长环境弘扬优秀企业家精神更好发挥企业家作用的意见》,首次以专门文件形式明确了企业家精神的地位和价值,并特别提到要"引导企业家树立崇高理想信念。加强对企业家特别是年轻一代民营企业家的理想信念教育和社会主义核心价值观教育,开展优良革命传统、形势政策、守法诚信教育培训,培养企业家国家使命感和民族自豪感,引导企业家正确处理国家利益、企业利益、员工利益和个人利益的关系,把个人理想融入民族复兴的伟大实践"③。2018年11月1日,习近平在主持召开民营企业座谈会上也指出,"新一代民营企业家要继承和发扬老一辈人艰苦奋斗、敢闯敢干、聚焦实业、做精主业的精神,努力把企业做强做优"④。这充分说明,以习近平同志为核心的党中央对年轻一代非公有制经济人士给予的亲切关怀和殷切希望。

---

① 《习近平在中央统战工作会议上强调巩固发展最广泛的爱国统一战线为实现中国梦提供广泛力量支持》,《光明日报》,2015年5月21日。

② 《毫不动摇坚持我国基本经济制度 推动各种所有制经济健康发展》,《光明日报》,2016年3月9日。

③ 《中共中央国务院关于营造企业家健康成长环境弘扬优秀企业家精神更好发挥企业家作用的意见》,《光明日报》,2017年9月26日。

④ 《习近平主持召开民营企业座谈会强调毫不动摇鼓励支持引导非公有制经济发展支持民营企业发展并走向更加广阔舞台》,《光明日报》,2018年11月2日。

所谓年轻一代的概念,在理论上并没有进行严格界定,现实中也众说纷纭。一般来说,年轻一代非公有制经济人士是指广泛意义上的创一代接班人,即在年龄上以出生于 20 世纪 70 年代以后,成长于改革开放年代,且现在正在创业以及投资的非公有制经济人士的接班人和自己首创、首投企业的年轻一代。简言之,即包括为"创二代"和"新生代"。前者是相对于"创一代",即改革开放初期第一批下海创业的人来说,是继承和发展其父辈创业精神的年轻一代。后者是指新成长起来的自主创业的一代,比如在大众创业、万众创新时代涌现出来的青年"创客"。①

一、年轻一代非公人士的思想现状——以大连市为例

世代理论认为,社会变迁所形成的"成长环境、经济基础、社会经验、价值观念、政治诉求"等世代差异对新生代年轻人的人生观和价值观具有直接影响。②年轻一代非公人士出生、成长于我国社会主义市场经济建立和完善时期。当他们走上历史舞台的时候,中国经济社会的发展开始进入全面深化改革的深水区和攻坚期,利益格局的深刻调整必然带来人们价值观念的深刻变化。年轻一代非公人士的思想因此具有明显的群体性和时代性特征。

本次调研面向大连市年轻一代非公人士,以问卷调查为主要形式开展。问卷采用不记名方式,共计发放问卷 220 份,收回问卷 206 份,其中有效问卷 202 份。在开展问卷调查的同时,课题组还与部分年轻一代非公人士进行了座谈,以便更为深入地了解其思想现状。参与受访的年轻一代非公人士年

---

① 刘凯、孙海军:《年轻一代非公经济人士价值观教育培养及路径研究》,《福建省社会主义学院学报》,2017 年第 4 期。

② 肖鹏燕、王飞鹏、刘丽:《年轻一代非公经济人士群体及价值观特征浅析》,《中国人事科学》,2021 年第 12 期。

龄范围覆盖 24~42 岁。调查对象所在企业涉及软件和信息技术服务、农产品加工、食品、生物科技、文化传媒、环境保护等不同行业。

（一）群体特征

1.文化程度较高，有丰富的国际视野

与老一代非公人士大多文化程度不高相比，年轻一代非公人士文化程度普遍较高，思想观念具有时代性和开放性。调查显示，拥有本科以上学历的年轻一代非公人士占问卷的 90%以上，且不少拥有硕士学位，但以工商管理专业为主，少数人拥有博士学位。从海外经历来看，有近 20%受访者有在海外学习或工作经历。他们接受新鲜观念较快，对"互联网+"、区块链、元宇宙等热点问题高度关注。

2.参与党派团体热情较高，社会责任意识较强

年轻一代非公人士中，政治面貌为中共党员的比例达 15%，政治面貌为民主党派的比例占到 30%。政治面貌为群众的则表示，希望能够有机会加入中共或民主党派，通过参政议政等活动表达自身诉求和意愿。通过访谈了解到，年轻一代非公人士普遍认为担任人大代表、政协委员或参加工商联组织对于自身企业具有积极意义。年轻一代非公人士还具有较为强烈的责任意识，关注社会问题，关心弱势群体，积极参与乡村振兴、慈善事业等活动，愿意为城市的经济社会发展贡献力量。

3.资历不深，企业规模和经营业绩有更多提升空间

相比于老一代非公人士，参与受访的年轻一代非公人士企业经营年限多在 5 年以下和 5~10 年之间。经营年限在 10 年以上的则多为"非公二代"。资产规模方面，在 500 万元以下的占 54%，500 万元~1000 万元的占 32%。高于 1000 万元的多为家族企业。从受访者经营行业来看，从事软件和信息技术服务业、食品、文化传媒业占比较多。对于当前企业发展遇到的困难，排名

前三位的分别是不确定性、人工成本上升和原材料成本上升。

4.自我认知强烈，阶层认同度高

阶层认同体现了个人在社会结构中对自身所处位置的自我感知。与老一代非公人士不同，年轻一代具有更明确的角色意识，有自己独立的价值期望和追求。问卷调查亦显示，年轻一代非公人士思想比较自主独立，主体意识和自我意识相对突出，阶层认同感较高，有超过半数以上受访者希望参加行业商会协会或者参加各类企业家组织。

5.拥护改革开放，政治态度务实温和

参与受访的年轻一代非公人士，都是伴随着我国改革开放成长起来的，是改革开放的亲历者和受益者，其个人命运与企业发展与改革开放息息相关，普遍拥护改革开放。与上一代非公人士过分看重政治资源，依赖政府权力不同，年轻一代非公人士是在社会主义市场经济体制日益完善，全面依法治国深入推进，营商环境日益优化的发展环境下成长起来，普遍具有明确的规则意识和法治意识，认同市场经济规则和公平公开的商业环境，政治态度务实温和，希望获得平等宽松的政策环境，期盼在健全的法规制度和良好的营商环境下开展经济活动。

（二）价值取向

一是多元的创业理念。关于创业初衷，受访的年轻一代非公人士，有32%表示想要追求更高层次的价值目标，有23%表示想要证明自身的能力，有36%表示想要实现自身纯粹的商业理想。这都说明，年轻一代非公人士的创业目的并非单一追求个人财富的增长，而是有着多元的价值理念，特别是把企业发展作为实现自我人生价值的事业追求。

二是对于企业家评价标准有独到认知。非公有制经济经过40多年的高速发展，年轻一代非公有制经济人士的生存和发展环境已经告别野蛮生长阶段。与上一代不同，他们更明显地意识到只有为社会创造价值、为客户创造价值，企业才会有更为广阔和长远的发展空间。①从对优秀企业家的评价标准来看也能佐证这一结论。调查显示，年轻一代非公人士关于优秀企业家的衡量标准，能够鲜明体现出独到认知。相比于企业规模和财富利润，有32%受访者更看重社会效益，还有30%的受访者把雇主美誉度视作评价企业家的重要标准。在最不喜欢的企业家特征中，有高达72%的受访者选择利益至上，不在意企业的社会信誉和形象。在最为认同的企业家特征中，46%的受访者选择善于创新，25%的受访者选择终身学习，31%的受访者选择重视人才，尊重员工。

三是进取精神较强，对未来经济状况的预期积极乐观。访谈表明，年轻一代非公人士自身素质较高，对社会主义基本经济制度和中国特色社会主义高度认同。关于对目前经济状况的看法，经济发展进入新常态，经济下行压力较大，不少受访者都表示经济现状面临很多复杂因素和不确定性影响，困难和挑战较大。但对于未来经济走势，有87%的受访者表示乐观，相信中国经济长期向好的基本面没有改变。在党和政府的有力领导下，困难是暂时而非长期的，经济发展终将重回向好发展的健康轨道。关于对自身企业未来的前景，有66%的受访者认为，随着创新投入增多，政府一系列减税降费政策的出台，盈利能力会逐步增强。

（三）营商环境

一是对当前政治生态和营商环境总体满意。参与受访的年轻一代非公人士对当前的政治生态和营商环境总体满意，选择"非常满意"和"基本满意"的比例在85%以上。但也有受访者表示，个别政府官员对于非公有制经

———

① 胡伟：《年轻一代非公有制经济人士价值观认同问题研究》，《云南社会主义学院学报》，2020年第3期。

济的重要性、紧迫性认识不足,有的过多追求显性政绩,不重视中小微企业和本地企业,存在对非公有制经济差异对待的现象。具体表现为服务不到位,办事效率低,重招商引资,忽视存量企业的生存和发展,这都在一定程度上影响了年轻一代干事创业的积极性。

二是影响营商环境的因素多元。关于影响因素方面,有25%的受访者认为政企缺少必要的沟通交流。35%的受访者认为是新官不理旧账。还有受访者则从自身寻找原因,认为非公有制经济人士习惯于找关系、钻空子,甚至参与围猎政府官员也是影响营商环境的主要因素。

三是关于优化营商环境的建议。参与受访的过半数年轻一代非公人士,建议从减税降费、办证审批和企业融资等方面优化营商环境。还有26%的受访者则建议通过法治化手段进一步优化营商环境,明确政商合理交往界限。

(四)培训需求

一是培训内容方面,更希望学习企业经营理论。老一代非公人士大多是在市场经济初期,通过抢占市场先机先富起来的创业者,其经营管理能力多是在实践中积累而成。与之相比,参与受访的年轻一代非公人士更愿意接受系统专业的企业经营理论。有37%受访者表示,希望学习企业管理知识。30%的受访者表示,希望学习相关的政策法规,25%的受访者希望学习税收、财务等专业知识。

二是培训方式方面,更希望现场教学或互动交流。参与受访者对于培训方式,更倾向于现场教学或与同行进行互动交流。有38%的受访者表示希望把优秀企业、科技园区等作为现场教学基地,有32%的受访者希望能够组织与同行或者政府部门官员进行面对面交流。还有30%的受访者,表示希望能够在课程类型方面,多开展案例教学。

三是培训地点方面,更倾向于知名高校。关于培训地点,有54%的受访者表示希望到国内知名高等院校的商学院或管理学院参加培训。25%的受访者希望参加由专业培训机构组织的定制化培训。只有不到20%的受访者表示希望到党校或社会主义学院参加培训。不难看出，尽管社会主义学院大多开设非公人士培训班，并且重视程度日益增强，培训频次和时间都有增加，但由于师资配备、管理体制、社会影响和培训周期等因素的影响，受访的年轻一代非公人士还是更倾向于到知名高校参加培训。

二、年轻一代非公有制经济人士思想现状存在的主要问题

通过调研不难发现，年轻一代非公人士群体的构成本身是有层次性和差异性的。由于他们的价值观形成过程，正处在我国社会转型期，各种思想、社会思潮与价值取向交织碰撞，使得他们思想观念多元、道德水准参差不齐，在价值取向方面仍然存在一些问题。特别是第二代接班人和新一代创业者在对待财富、企业发展目标和社会责任担当方面亦有着明显差别。主要体现在以下四个方面：

一是少部分人过度追求经济利益最大化。"人们为之奋斗的一切，都同他们的利益有关。"[①]追求利益是人类行为的动因，"追求最大限度的利润和增加个人财富的积累，是非公有制经济人士经营行为的基本目标"[②]。但资本的逐利性和市场经济的竞争本质使得少部分年轻一代把追逐利益最大化作为唯一奋斗目标，进而把财富的多寡视为衡量自身价值和社会地位的标准，甚至沉迷于物质享受和炫耀性消费。由于没有经历过生活和事业上的艰难困苦磨砺，年轻一代还普遍缺乏吃苦耐劳、敢为人先的拼搏精神。

二是政治功利色彩不容忽视。年轻一代非公人士的政治参与意识较为

---

① 《马克思恩格斯选集》（第一卷），人民出版社，1995年，第187页。

② 何虹：《浅析非公有制经济人士的社会特征》，《陕西社会主义学院学报》，2009年第1期。

强烈,大部分人希望通过合法途径和渠道反映自己的利益诉求。但也有少部分年轻一代非公人士参与政治活动或谋求加入民主党派的动机不纯,具有明显的功利性色彩,希望通过参与政治活动扩展人脉,抬高身价。

三是诚实守信缺失。诚实信用原则是对民事行为能力人参与社会活动的基本法律要求,也是包括非公有制企业在内的参与市场竞争各主体立足之本。大多数年轻一代非公人士能够做到诚信经营,遵守市场规则,自觉维护企业形象和产品信誉。但也有少数受访者坦诚,在企业生产经营过程中存在一定程度的诚信缺失,诸如会计报表虚假,收入、成本、费用或相关资产失真,以及不如实申报税款等。

四是不太重视思想政治教育。对于大多数年轻一代非公人士来说,最关注的并非思想政治教育,而是与企业经营关联度更高的专业知识。诸如不少受访者每年自费参加各类线下商学院课程或在知识付费类网站或 APP 自主学习,而很少人会主动愿意到党校或社会主义学院接受思想政治教育。

三、加强大连市年轻一代非公人士政治引导的对策建议

习近平在 2015 中央统战工作会议上强调指出:"加强对非公有制经济人士的教育引导,什么时候都不可放松。"[1]基于调查分析,加强大连市年轻一代非公人士政治引导要坚持问题导向,按照"爱国、敬业、创新、守法、诚信、贡献"的要求,采取多种方式,促进大连市年轻一代非公人士健康成长。

一是强化顶层设计,发挥统战合力。一方面,建议由市委、市政府出台《促进年轻一代非公有制经济人士健康成长的意见》,对全市培训计划、学员师资等培训资源进行统筹规划,整合资源,增强实效。另一方面,建议由组织

---

[1] 中央社会主义学院理论学习中心组编著:《画出最大的同心圆——习近平在中央统战工作会议上重要讲话精神学习讲座》,中共中央党校出版社,2015 年,第 107 页。

部门和统战部门牵头,成立年轻一代非公人士培训工作领导小组,负责组织开展年轻一代非公人士队伍建设工作,协调解决相关重大问题,形成党委统一领导,组织部和统战部牵头抓总,工商联具体负责,相关部门共同参与的非公有制经济人士教育培训工作格局。

二是畅通参政渠道,发挥政治作用。要切实发挥年轻一代非公人士渴望参与各类党派团体的积极性,畅通搭建多层次、多种类渠道,鼓励、引导年轻一代非公人士积极参政议政,有序参与政治生活和社会事务,在政治协商、民主监督、参政议政方面发挥积极作用,并赋予他们与其社会角色相适应的社会地位。要充分利用各级人大、政协、工商联和有关团体等渠道,通过聘请担任特约人员、参与行风评议和开展政企对话等形式,组织年轻一代非公人士参与地方有关法律法规和方针政策的协商讨论,参与社会事务的管理和监督。根据有较高政治素质、有较大社会贡献、有较强参政议政能力的标准,做好年轻一代非公代表人士的培养选拔和政治安排工作。

三是发挥老一代"传帮带"作用。年轻一代非公人士要以优秀的老一代非公有制经济人士为榜样,传承老一代的优秀企业家精神和家国情怀,将企业发展、个人成长融入国家和民族发展的历史洪流中,将企业目标、个人梦想与实现中华民族伟大复兴的中国梦融合在一起,积极投身到全面建设社会主义现代化国家的伟大实践中。统战部门也要搭建老一辈和年轻一代交流合作的平台,创设"导师"制度,把老一代的企业感悟、人生经验,以及正确的人生观、价值观传达给年轻一代,发挥好老一代非公人士的"传帮带"作用。

四是加强社会责任教育。任何企业都存在于社会之中,都是社会的企业。作为经济活动主体,企业的发展离不开社会的支持。企业的规模发展越大、竞争力发展越强,承担的社会责任也就越大。习近平在民营企业家座谈会上指出:"企业既有经济责任、法律责任,也有社会责任、道德责任。"①勇于承担社会责任,也是优秀企业家精神的重要内容。对于非公人士而言,勇于承担社会责任意味着收获更好的经营环境和更多的资源支持。要积极引导并增强年轻一代非公人士承担社会责任的意识。年轻一代自身也要充分认识承担社会责任对建立友善外部环境、树立良好品牌声誉、赢得消费者信心的重要性。一方面,年轻一代非公人士要树立正确的财富观,强化劳动创造财富的观念,认识到追求财富不是人生价值的全部,要做到吃水不忘挖井人,致富不忘引路人,致富思源、富而思进。另一方面,年轻一代非公人士有责任把创造的财富用于扩大再生产、投资实体经济和公益慈善事业,为社会创造更多的物质财富和精神财富。②

五是重视道德诚信教育。道德诚信对于个人来说,既是一种道德品质和道德信念,也是一种道德责任和人格力量。对于企业来说,道德诚信既是一种形象,也是品牌和信誉。道德诚信的养成不是自然而然的过程,必须通过坚持不懈、持之以恒的教育和引导才能转化为个人和企业的自觉行动。年轻一代非公人士要带头遵守社会公德、职业道德、家庭美德和个人品德,克服个人私欲的膨胀,反对享乐主义,力戒奢靡之风,保持健康向上的生活情趣,努力塑造与社会主义市场经济相适应的价值观念和行为准则。诚信方面,要积极引导年轻一代非公人士,在全面推进诚信社会建设的时代背景下,重视契约精神,遵守公平、公正、平等的市场经济价值观。

六是加强法治教育。市场经济是法治经济,要倡导用法治思维和法律手段解决市场经济发展中的问题,通过立法、执法和司法以及法律服务调整经济关系、规范经济行为、指导经济运行、维护经济秩序、推动经济发展,使市

---

① 习近平:《在企业家座谈会上的讲话》,《光明日报》,2020 年 7 月 22 日。

② 刘凯、孙海军:《年轻一代非公经济人士价值观教育培养及路径研究》,《福建省社会主义学院学报》,2017 年第 4 期。

场经济在法治的轨道上健康有序发展。[①]因此,守法经营是对非公有制企业最有效的保护,也是年轻一代非公人士亟待树立的理念。要针对年轻一代非公人士的特点,广泛开展以守法经营、依法治企为重点的法治教育培训,加强典型正面宣传,开展案例剖析和警示教育,增强年轻一代非公人士法治意识和法治思维,引导他们学法、遵法、守法、用法,从内心深处树立对法律的敬畏,增强法治意识。

七是完善激励机制。激励机制是通过一套理性化的制度来反映激励主体与激励客体相互作用的方式。对于拥有较好政治素质又诚信守法经营的年轻一代非公人士,要按照"三强一好"(指思想政治强、行业代表性强、参政议政能力强、社会信誉好)标准,在各级人大代表、政协委员等政治安排中,对年轻一代非公人士给予重点关注,逐步扩大他们有序参与政治和社会事务的渠道,为他们参与政治活动提供平台。同时,针对年轻一代非公人士大多比较年轻的特点,在工商联、团委、基层商会等社团的人事安排中,适当增加相应的名额和比例。对于企业经营业绩突出、社会综合评价优秀,并自觉投身光彩事业、感恩行动以及各类公益慈善活动的年轻一代非公人士给予表彰和认可。

八是积极营造社会氛围。从社会层面看,要积极营造尊重非公人士、关爱非公人士的社会氛围,提升年轻一代创新创业的热情。新闻媒体应加大对年轻一代非公人士作用贡献的宣传力度,加深社会各界对非公人士工作的认识和理解,特别是年轻一代非公人士对社会作出的重要贡献,充分营造"理解年轻一代非公有制经济人士、尊重年轻一代非公有制经济人士、关爱年轻一代非公有制经济人士"[②]的社会氛围。

---

① 刘武俊:《深刻理解市场经济是法治经济》,《人民日报》,2012年7月2日。

② 肖鹏燕、王飞鹏、刘丽:《年轻一代非公经济人士群体及价值观特征浅析》,《中国人事科学》,2021年第12期。

第四节　非公代表人士教育培训工作的
实践探索
——以大连市社会主义学院为例

党的十八大以来，中央和地方各级社会主义学院以改革创新精神探索新时代党外代表人士教育培养新机制，培训领域不断拓展、培训规模不断扩大、办学层次和质量不断提升。特别是作为党外代表人士教育培训工作的"方面军"，地方社会主义学院着力推动教育培训纳入地方党委干部教育培训总体规划、科研工作纳入哲学社会科学研究总体布局、基础设施建设纳入地方经济社会发展年度计划，各项工作逐步进入规范化轨道。

大连市社会主义学院作为地方副省级城市社会主义学院，近年来全面贯彻习近平新时代中国特色社会主义思想特别是习近平关于做好新时代党的统一战线工作的重要思想，以政治建设为引领，以共识教育为根本，以教研改革为龙头，围绕包括非公代表人士在内的党外代表人士教育培训工作面临的新形势新任务新要求，创新共识教育培训机制，既遵循干部教育培训的一般规律，又注重体现共识教育特色，积极探索体现非公有制经济人士特点的共识教育培训机制，在非公有制经济人士培养、政策宣传和理论研究方面发挥了重要作用。

一、坚持深化教学改革，促进非公代表人士教培工作提质增效

党的十八大以来，大连市社会主义学院始终坚持正确办学方向，突出统战特色，按照多出成果、多出人才的要求，形成了以培训民主党派和无党派

代表人士为主体，覆盖新的社会阶层、非公代表人士和统战干部的分级分类培训格局；构建了以坚定走中国特色社会主义道路为主题，以政治素养、基础理论、统战政策、法律知识、能力培养为主要内容的教学布局；丰富了以重点学科为引领、基础学科、特色学科等多元发展的学科体系。

一是突出统战性质，把握办学方向。大连市社会主义学院始终坚持《社会主义学院工作条例》提出的"社会主义学院是党领导的统一战线性质的政治学院"这一根本定位，把"社院姓社"原则贯穿办学治校全过程，努力夯实团结奋斗的共同思想政治基础。在强化理论武装方面，按照条例明确的培训目标，确保非公代表人士深刻理解习近平新时代中国特色社会主义思想，自觉接受中国共产党的领导，牢固树立"四个意识"，坚定"四个自信"，持续推进习近平新时代中国特色社会主义思想进教材、进课堂、进头脑工作，围绕习近平重要讲话和党的重要会议、法规精神开设解读课程，确保中央精神第一时间进入课堂。

二是优化教学布局，创新教学形式。深入学习研究阐释习近平新时代中国特色社会主义思想，是社会主义学院首要的政治任务，也是贯穿教学科研工作的主题主线。大连市社会主义学院根据非公代表人士特点和新形势新要求安排课程，突出理论重点、工作难点和社会热点，加大教学设计和课程研发力度，持续探索富有时代特征、统战特色、社院特点的共识教育体系，形成了以共识教育为宗旨，以习近平新时代中国特色社会主义思想为中心内容，以坚定走中国特色社会主义道路为主题，以基本理论与前沿问题、政治素养与思想建设、能力培养与素质提升为重点，兼顾学员知识教育和素质能力教育，彰显大连地方特色的教学布局。教学形式方面，在传统讲授式、研讨式、案例式教学基础上，积极开展实践教学和线上培训，成功打造双讲式教学模式，创新开展以问题为导向的结构化小组讨论。针对非公领域主题现场教学不多的问题，组织教师积极开发本市资源，充分利用和挖掘党委统战部门、工商联及社会资源拓展教学活动,不断满足非公有制经济人士教育培训需求。

三是加强教学管理,优化教学过程。近年来,大连市社会主义学院坚持制度先行,实行科学管理,截至 2021 年底,围绕教学计划生成、教学组织实施、教学成效考核三个阶段,建立和完善了 11 项教学管理制度及 11 项相关配套措施,支撑教学闭环管理系统,真正实现了"三个转变",即教学计划生成实现了"三评三审"向分级分类模式转变,教学组织实施实现了班主任由组织管理向组织管理与培训师兼顾转变,教学成效考核实现了学员单一型学习成效向多样化学习成果转变。学院还先后制定并修订了《优秀教学成果奖励办法》,健全完善教学岗位激励机制;制定《教师授课管理办法》,强化意识形态风险把控。修订《教学工作管理规定》,为加强教学管理提供制度依据;鼓励引导教研部门按照主体班次和委托班次课程设计,打造"一人一课",推动建立符合各自研究方向的核心课程体系;严格备课流程,强化对提纲、讲稿的审核把关,力推一批学术研究扎实、学理分析透彻的优秀课程上讲台;安排教师轮流担任指导老师,零距离接触学员,掌握学员思想动态,了解培训需求,增强教师备课授课的针对性。

二、地方社会主义学院非公代表人士教培工作存在的主要短板

作为非公代表人士教育培训的主阵地,对照《社会主义学院工作条例》要求和新形势下教育培训工作的实际需求,地方社会主义学院在非公代表人士教育培训方面尚存在不少短板。以大连市社会主义学院为例,主要表现在以下几个方面:

一是社会主义学院规范化办学水平有待提高。目前,中央和各省级社会主义学院大都独立办学,地市级情况较为复杂,但以地方党校、行政学院、社

会主义学院"三校合一"模式为主。大连市社会主义学院即采取这一模式,实行"一校两院"体制。这一体制优势在于能够实现资源共享,教研部齐全、教师队伍充实,最大程度利用既有办学条件,组织开展非公代表人士教育培训。缺陷在于三校作用发挥不均衡,社会主义学院职能在一定程度上被虚置。

二是人才流失严重。近年来,受到高校马克思主义学院快速发展的影响,地方社院人才流失现象十分严重,加之基于统战理论学科背景下的非公领域人才基数不大,以及在薪资待遇、发展平台等方面条件所限,地方社院难以引进具有引领和带动作用的,在非公研究领域有影响力的专家学者。

三是调训难问题突出。非公代表人士绝大多数来自党政系统之外,组织观念和纪律意识相对淡薄。这给地方社院教学和学员管理工作带来很大难度。

四是培训质量不高。在"一校两院"体制下,调训班次课程设计主要基于党校(行政学院)既有资源,往往"就米下锅",难以为非公学员量身定制带有鲜明非公特色的课程方案。此外,社会主义学院调训班次一般周期短。以大连社院为例,非公代表人士培训班,多为五天时间,不利于课程的系统设计。培训对象方面也有局限,受训对象多为强优企业或商会团体活跃分子,导致培训资源集中在重点骨干企业或有影响力人士, 广大的中小微非公人士缺少培训机会。这都在一定程度上影响了培训质量,成为制约地方社会主义学院教学质量提升的主要问题。

三、提升地方社会主义学院非公代表人士教培工作的对策建议

地方社会主义学院在着力构建同大统战工作格局相适应的统一战线教育培训体系过程中,应进一步加大对非公领域教育培训工作的支持力度。

（一）突出教学中心地位

《社会主义学院工作条例》规定,社会主义学院必须"把教学工作作为中心工作,其他各项工作应当围绕教学工作进行"。

一要聚焦教研主线。坚持以习近平新时代中国特色社会主义思想特别是习近平关于做好新时代党的统一战线工作的重要思想作为教研主线。习近平关于做好新时代党的统一战线工作的重要思想,是习近平新时代中国特色社会主义思想的重要组成部分,为做好新时代统战工作提供了思想指引和行动指南。要着眼于新时代统一战线形势任务和规律特点,深刻理解和把握新时代统一战线本质要求,以及非公代表人士的特点,围绕非公理论政策、新型政商关系、非公党建等理论和实践问题,开发高质量专题课程,引导广大非公代表人士深入学习贯彻习近平新时代中国特色社会主义思想,坚定他们对中国特色社会主义的信念。组织非公人士学习党和政府鼓励支持引导非公有制经济发展、保护民营企业和民营企业家权益的政策措施,提高他们的政策获得感,增强克服困难、实现高质量发展的信心;组织非公有制经济人士学法懂法用法,引导他们坚持依法依规诚信经营,依法保护合法权益。此外,针对非公人士特点,有条件加挂中华文化学院的社会主义学院,还应充分发挥中华文化学院优势,注重利用中华优秀传统文化的诚信观和义利观,引导非公人士树立正确的事业观和价值观。

二要加强学科建设。社会主义学院应充分发挥学科建设在教学、科研和师资队伍建设等方面的带动作用,打造非公领域特色优势学科。要坚持以问题意识为导向,以特色学科建设为支撑,以课程体系建设为抓手,以智库研究和推动成果转化为基础,分类别、有步骤地开展教材和课程研发,逐步形成突出地方社会主义学院特色、满足共识教育培训需要的学科体系。在智库研究方面,要重视对年轻一代非公人士成长规律、家族企业传承等问题的跟踪研究。

三要创新教学方法。为更好贯彻《社会主义学院工作条例》精神,建议社会主义学院进一步创新教育培训方式方法,探索利用新媒体、新技术,建立网上学习平台,支持开发一批高品质在线课程,鼓励教师持续改进教学内容和方式方法,采用研讨式、案例式、模拟式、体验式、辩论式和情景式等多种互动式教学方法,促进线上学习与线下学习、理论教学与实践教学和课堂讲授与互动研讨相结合,增强教育培训的吸引力。①

四要注重机制建设,提升教育培训科学化水平。调训工作是非公代表人士教育培训工作的首要环节,随着非公人士教育培训力度的不断加大,要将其纳入干部教育培训的总体规划统一部署。一方面,通过完善培训计划生成机制,健全组织调训制度,搞好分级分类培训,合理划分培训职责,加强统筹,避免多头调训、重复培训和长期不训。另一方面,学员管理是社会主义学院的重要工作,也是与非公代表人士联系沟通、广泛交友的重要平台。要加强与统战部门、学员单位的沟通联系,建立完善符合非公代表人士教育培训特点、激励与约束相结合的学员管理机制。积极组织学员对课程设置、师资水平、教学管理等进行评价,不断改进教学水平,提高教学质量。在学员主体选择上,也应以党委统战部、工商联为主要推荐单位,注重多样性与代表性相统一,尽可能涵盖不同产业方向、不同学历背景、不同创业发展模式的非公代表人士。

（二）加强人才队伍建设

教学工作的主体是教师。社会主义学院教师的素质、能力和水平,直接影响非公有制经济人士教育培训工作的质量和效果。《社会主义学院工作条

---

① 中共中央统战部、中央社会主义学院编:《〈社会主义学院工作条例〉学习读本》,华文出版社,2020年,第91~92页。

例》规定,社会主义学院应当按照专兼结合的原则,加强教师队伍建设,建设一支政治坚定、师德高尚、业务精湛、作风过硬、充满活力的专职教师队伍。随着统一战线事业和社会主义学院工作的发展,教师队伍建设已经成为制约各级地方社会主义学院发展的主要瓶颈。加强教师队伍建设既要依靠教师的个人努力,也需要组织上采取有效措施,积极为教师发展创造有利条件。要以《社会主义学院工作条例》要求为目标,通过多种途径不断提升教师队伍的理论素养和业务能力,组织社院系统优秀教师专题学习,打造高素质社院教师队伍。

一要积极实施人才强校战略,下大气力引才、育才、聚才、用才,特别要大力引进学科带头人、学术骨干,对特殊事项可采取"一事一议"方式予以解决。地方社会主义学院可以主动依托地方党委、政府人才项目,通过自主招聘、计划考录等方式引进教学科研、决策咨询、信息化建设等急需管用人才。

二要多措并举强化师资培养。采取"一人一策"个性化培养方案,通过安排教师实践锻炼、市情调研、学习进修、交流培养、跟班学习等方式,对现有师资加强培养,围绕增强政治能力、强化理论素养、提升授课本领等方面,精心培养社院名师。考虑到专业特色,视情推荐社院教师作为人大代表、政协委员建议人选,拓宽教师参政议政渠道。择题列席地方党委理论中心组学习会议和政府常务会议、全体会议等,或者列席参与地方人大、政协常委会会议。

三要提高教师待遇。要落实《社会主义学院工作条例》关于社会主义学院教师享受有关待遇的规定,适当提高高级专业技术岗位比例和教师绩效工资水平。建立健全与教学科研、智库建设、管理服务等岗位职责目标相适应的人员绩效考核和内部绩效分配办法,落实好单位内部分配自主权。实施"优课优酬""优绩优酬",对社会主义学院教学名师、科研名家以及高质量教学、科研和决策咨询成果予以激励。

此外,建设一支相对稳定的专职师资队伍,既要拥有理论政策水平和教学技能,还要了解非公领域工作实际。因此,要加强兼职教师选聘,将能够胜任非公人士培训工作的各领域专家学者、领导干部、成功企业家等纳入兼职师资队伍。同时选派优秀青年教师或非公学员到非公有制经济发达地区进修。

(三)强化业务指导

基层是贯彻党的统战方针政策的"终端",是"万丈高楼"的基石。基层社会主义学院(学校)也是开展非公有制经济人士教育培训的"最后一公里",同样承担着人才培养、政策宣传和决策咨询等功能。《社会主义学院工作条例》第五十九条规定,"与其他干部教育培训机构合办的社会主义学院,应当设立专门机构,保证人员和经费,确保社会主义学院职能发挥"①。基层社会主义学院(学校)大多实行与党校(行政学院)合办体制,由于多种原因,始终存在师资力量薄弱、办学条件落后、管理机制不畅、调训制度不科学等问题,社会主义学院(学校)职能作用发挥不够。坚持联合办学、开放办学和汇聚优质资源、提高办学质量,既是《社会主义学院工作条例》明确的一项工作方针,也是推动各级社会主义学院工作,助力基层社院(学校)发展的重要经验。地方社会主义学院要按照《社会主义学院工作条例》要求,持续加强对下级社院的业务指导,加强统筹、相互借力、形成整体、实现共享。基层社会主义学院(学校)也要立足区域实际、善用各方资源、打造特色品牌、发挥比较优势。一方面,要建立非公领域课程联合开发机制。由上级社院牵头打造一批示范课程,指导基层社院(学校)开发一批具有本地特色、体现本校优势的精品课程,推动形成"一校一品牌""一校一特色"。基层社会主义学院(学校)的优质专题课也可进入上级社院课堂授课。另一方面,要建立师资共建共享

---

① 中共中央统战部、中央社会主义学院编:《〈社会主义学院工作条例〉学习读本》,华文出版社,2020年,第22页。

机制。由上级社院牵头建立统一师资库、课程库和现场教学基地库,统筹调配上下级院校优质师资力量,向基层社院(学校)开放非公有制经济领域课题招标,鼓励联合开展集体备课、科研攻关、业务交流等,实现系统资源的共建共享,形成上下联动的良好局面。

（四）完善体制机制

《社会主义学院工作条例》规定:"地方社会主义学院是本级党委直属事业单位,由本级党委统战部门指导和管理。地方党委应当加强对社会主义学院的领导……地方党委统战部门应当加强对社会主义学院的指导和管理。"①就地方社院实际而言,大部分单位均采取与党校合署办学体制。为保证人员和经费,确保社会主义学院职能得到有效发挥,各级党委统战部门应当协助同级党委加强对社会主义学院的领导,重视和支持社会主义学院建设,切实为社会主义学院办学条件的改善和加强创造条件。各级党委统战部门应定期听取社会主义学院学习和贯彻执行党的理论和路线方针政策情况,社会主义学院领导班子建设工作情况,统一战线教育培训规划、计划在社会主义学院的落实情况,协调有关部门支持社会主义学院工作,帮助改善办学条件。

《社会主义学院工作条例》还规定:"社会主义学院可以成立由党委统战部门、各民主党派、工商联及有关部门负责人和无党派代表人士组成的院务咨询委员会,对办学中的重大问题进行咨询和协商。"②作为咨询性质机构,有条件的地方社会主义学院应当成立院务咨询委员会,对社会主义学院办

---

① 中共中央统战部、中央社会主义学院编:《〈社会主义学院工作条例〉学习读本》,华文出版社,2020年,第12页。

② 中共中央统战部、中央社会主义学院编:《〈社会主义学院工作条例〉学习读本》,华文出版社,2020年,第13页。

学中的重大问题进行咨询和协商。院务咨询委员会成员可以包括:地方党委统战部分管日常工作的副部长,地方社会主义学院领导班子成员,各民主党派地方委员会机关专职副主委和无党派人士代表,地方工商联、侨联、台联、民宗局等部门分管教育培训工作的负责人。院务咨询委员会作为社会主义学院工作的咨询机构和协商机构,主要围绕统一战线重点任务,就如何发挥统一战线人才教育培养主阵地、开展党的统一战线工作的重要部门作用,以及社会主义学院办学中的重大问题,通过全体会议、研讨交流、情况通报、书面沟通等方式,开展咨询和协商,确保社会主义学院培训工作与包括非公代表人士在内的党外代表人士培养所需相匹配，提高社会主义学院办学治院水平。

第五章 切实发挥工商联在非公统战工作中的重要作用

　　工商联是爱国统一战线的重要组成部分、人民政协的重要界别。在我国,工商联与工会、共青团、妇联等同被称为人民团体。根据民发(2000)256号《民政部关于对部分团体免予社团登记有关问题的通知》规定,中华全国工商业联合会为免予登记的人民团体。统战性、经济性、民间性有机统一,是工商联的基本特征。其中,统战性是工商联的重要且独有的特征,也是工商联所独有而其他社会团体不具备的政治优势。随着我国产业升级转型不断推进以及国家治理能力的不断优化,我国的社会结构、经济结构也在发生着快速而深刻的变化。工商联作为重要的公共管理主体,是中国共产党领导的面向工商界、以非公有制企业和非公有制经济人士为主体的人民团体和商会组织,是党和政府联系非公有制经济人士的桥梁纽带,是政府管理和服务非公有制经济的助手。工商联工作是党的统一战线工作和经济工作的重要内容。工商联事业是中国特色社会主义事业的重要组成部分。

　　工商联以非公有制经济健康发展和非公有制经济人士健康成长为工作主题,其主要职能体现在充分发挥在非公人士思想政治工作中的引导作用,在非公人士参与国家政治生活和社会事务中的重要作用,在政府管理和服务非公经济中的助手作用，在行业协会商会改革发展中的促进作用，在构建和谐劳动关系过程中的积极作用。做好工商联工作，有利于坚持和完善公有制为主体、多种所有制经济共同发展的基本经济制度，促进非公有制经济健康发展和非公有制经济人士健康成长。

党的十八大以来，习近平高度重视非公有制经济发展，围绕坚持和完善基本经济制度、促进"两个健康"提出了一系列新思想新观点新要求，作出了"内在要素""自己人""两个重大"等重要论断，强调"两手抓""两关注"，引导非公人士争做"四个典范"，并就优化营商环境、推动政策落实、弘扬企业家精神、构建"亲""清"新型政商关系、切实发挥工商联群团组织作用、积极培育和发展中国特色商会组织等作出一系列重要部署。这些重要论述是习近平关于做好新时代党的统一战线工作的重要思想的有机组成部分，也为做好新时代工商联工作提供了根本遵循。

第一节　工商联组织的历史发展

我国的工商联组织是在改造旧中国的商会、同业公会①基础上组建而成。中国共产党在领导中国革命和新中国建设过程中，始终注重把民族工商业者组织起来，做好对他们的团结引导工作。在抗日根据地和解放区，陆续成立了一些人民政府领导下的商会组织。随着解放战争的胜利推进和城市的陆续解放，如何团结民族资产阶级，搞好工商业建设被提上议事日程。为

---

① 同业公会是工商企业按照同行业组织起来，实行协调关系、同业互助、培训人才、维护同行业利益、共谋发展的组织。鸦片战争以后，随着带有资本主义性质的手工业工场作坊和以军火工业为代表的近代企业出现，资本主义性质的同业公会相继涌现并发展起来。随着时代变迁，同业公会历经分化、改组，始终存续。到解放战争时期，全国各地同业公会数量众多，不少市、县的同业公会一般都有几十个到上百个之多。

此,一些地方在人民政府的领导下,在接收和改组旧商会及同业公会的基础上,先后成立了商会、工商业联合会、工商联合会和商联会等新的商会组织。这些商会组织在组织形态、职能范围等方面都与旧商会存在显著差异,基本属于在中国共产党领导下私营工商业者的群众团体。[①]如中共中央和陕甘宁边区政府所在地延安便成立了延安市商会。根据史料记载,1937年河南省西峡县成立过工商联,是目前所知最早成立的工商联组织。这一时期,工商联组织建立最多的是东北解放区,吉林和黑龙江等地市县在人民政府的领导下,接收、改组旧商会和同业公会,陆续成立了工商联组织。

一、中华全国工商业联合会的成立

1948年8月,中共中央批转5月在石家庄召开的华北金融贸易会议上通过的关于《华北金融贸易会议的综合报告》,提出新民主主义经济的指导方针是:发展生产,繁荣经济,公私兼顾,劳资两利。报告根据各解放区发展私营工商业的经验,提出了"组织能得工商业者信任的商会或工商联合会"的指导性意见。同时对这种新型商会组织的性质、职能、会员等作了规定。这份报告被视为中共中央关于建立和规范工商联等新型商会组织的第一份正式文件。

1949年2月,毛泽东同苏共中央政治局委员米高扬在中共中央驻地西柏坡谈到新中国问题时提出:"我们准备成立一个工商联组织,这可以把工商业方面的活跃人物组织起来,其主要任务一是使他们较有组织地发挥自己的积极性;二是使他们有监督地自我改造。"[②]1949年8月,为了适应新中

---

① 《中华全国工商业联合会简史》编写组:《中华全国工商业联合会简史》,中华工商联合出版社,2017年,第6页。

② 师哲:《在历史巨人身边——师哲回忆录》,中央文献出版社,1995年,第383页。

国成立以后对私营工商业进行整顿和改造的需要，中共中央作出《关于组织工商业联合会的指示》。新中国成立后，中共中央进一步明确了组建工商联的政策。1950年3月21日，中央统战部部长李维汉同志在第一次全国统战工作会议上所作的《人民民主统一战线的新形势与新任务》的讲话中指出："工商联合会是重要的人民团体，并且是我们在私营工商业者中进行统一战线工作的重要环节之一。党和政府要经过它去团结教育工商业者执行共同纲领和人民政府的政策、法令，尤其参加工商联合会的公营企业的干部，应当积极地进行这方面的工作。但同时必须承认工商联合会是工商界自己的组织，有权代表工商界的合法权益，把它当作简单的办差机关是不对的。"①

1951年2月28日，中共中央发出《关于进一步加强统一战线工作的指示》，确定当时统一战线的主要工作是：积极争取知识分子、工商业界、宗教界、民主党派、民主人士，在反帝国主义反封建主义的基础上将他们团结起来；帮助各民主党派在大中城市发展党员，并帮助他们训练干部；加强政权机关和协商机关中党与非党人士之间的合作等。关于工商联工作，明确提出：必须加强工商业联合会的工作，准备建立全国工商业联合会。公营企业必须积极参加工商业联合会的活动。中国共产党和人民政府，则经过统战部门和财经部门，去实现对工商业联合会的业务的和政治的领导。在全国工商联正式组建以前，中共中央确定由民主建国会主要联系工商业资本家和与工商业有一定联系的知识分子，参加新中国的各项建设。②在建立全国工商联之前，中国民主建国会承担着代表工商业的使命。③

---

① 中共中央统战部研究室编：《历次全国统战工作会议概况和文献》，档案出版社，1988年，第14页。

② 秦力：《我国工商界的变迁》，华文出版社，1999年，第36页。

③ 1945年12月，章乃器与黄炎培、胡厥文等发起成立由工商界人士和知识分子组成的民主建国会。政纲提出："建国之最高理想，为民有、民治、民享。我认定民治实为其中心。必须政治民主，才是贯彻民有，才能实现民享。"政纲还提出"经济民主"的概念，要求以民主方式制定国家的经济计划，"人民须有充分经营企业之自由，除保护劳工及防止独占法律以外，不得再有其他之限制"。

1952年开始的"五反"运动在沉重打击城市私营经济中的不良行为的同时,也在商业领域出现了盲目限制和排挤私营工商业的现象。同年6月召开的第三次全国统战工作会议,总结了"三反""五反"运动以来私营工商业面临的问题及处理意见。会议认为,要通过工商联这一以私营工商业为主体,由各类工商业联合会组成的人民团体,把工商界人士广泛地组织起来,团结和教育资产阶级分子,培养进步的民族资产家。会议审议和通过的《关于改组工商业联合会的指示》指出:改组后"工商联是各类工商业者(其成员中私营企业占绝大多数,但国营、公私合营及合作社等亦参加在内)联合组织起来的人民团体,既有代表私营工商业者合法利益,以至为此进行合法斗争(允许合法斗争,并适当处理其合理要求,才能消除非法斗争)的权利,又有以共同纲领,五反原则及有关的政策、法令经常教育私营工商业者,并指导他们积极从事合法的生产和经营,监督他们消除五毒的义务。只有结合这两个方面,才能发挥私人资本的有利于国计民生的积极性,才能使工商联成为党和人民政府借以团结、教育和改造私营工商业者,并在广大工商业者中享有适当信仰的组织"①。这次会议通过的《关于民主建国会工作的要点》明确指出:民建会自参加中国人民政治协商会议以来,宣布以《共同纲领》为其纲领,并在中国共产党的领导之下进行了活动,应该肯定其领导路线基本上是正确的。新中国成立3年来,民主建国会团结了一批资本家,并在政治上给予教育,在"三反""五反"运动中起了积极作用。对建国会改造的目的就是使该组织发展成为一个能够代表资产阶级,主要是工业资产阶级的合法利益,并以《共同纲领》和"五反"原则教育资产阶级的政治团体,以达到通过这一组织加强对民族资产阶级进行遵守国家政策法令的教育,使民族资产阶级在工人阶级和国营经济的领导下,更好地发挥有利于国计民生的生产积极

---

① 中共中央统战部研究室编:《历次全国统战工作会议概况和文献》,档案出版社,1988年,第111~112页。

性的目的。

经过与各民主党派协商后，中共中央确定：民主建国会的主要发展对象，应当是对国家经济有重大作用的工商业资本家，尤其是大的工业资本家及其代表人物。同时，中国共产党认为必须改组同业公会。改组同业公会不是要废除这一组织形式，而是要改变同业公会过去由少数上层人物把持操纵，用来对抗国家，压迫中、小工商业者的状况，改变它过去在工商联各种组织中的地位，使之成为工商联领导下的专业性组织。这就为全国工商联成立的性质和目的奠定了基础：它不是类似民主建国会这样的民主党派性质的组织，而是类似工会和妇联这样的中国共产党外围的组织。早在 1949 年 7 月 5 日，周恩来主持新政协筹备会常委会第三次会议，讨论了工商、教育、社会科学 3 个团体的筹备工作，这种并列的位置就已经从国家角度明白地表明了这一组织的功能是和教育、社会等团体的功能一样，是国家的助手。①

1952 年 8 月，在第三次全国统战工作会议以后，政务院颁布了《工商业联合会组织通则》，这是新中国成立以后中央人民政府颁发的关于工商联的第一部具有法规效力的文件，对工商联的性质、基本任务、组织体系、领导关系、会员对象、组织原则、机构、经费等均给予明确规定。

随着国民经济基本恢复，中国共产党提出了过渡时期的总路线。毛泽东1953 年 9 月 7 日在同民主党派和工商界部分代表座谈时强调指出，经过国家资本主义完成由资本主义到社会主义的改造，是改造资本主义工商业的必经之路。②党中央、政务院也在这个时候先后出台一系列有关工商联的方针政策，并在实践中选择产生了工商联组织的牵头人。至此，全国工商联成立的基本条件已经具备。

---

① 韩福国：《市场、组织与国家——中华全国工商联及民间商会（ACFIC）在制度博弈中的双重代理分析》，复旦大学博士论文，2004 年。

② 《毛泽东文集》（第六卷），人民出版社，1999 年，第 291 页。

经过近 2 年的筹备，全国工商联第一届会员代表大会于 1953 年 10 月 23 日至 11 月 12 日在北京举行。会议通过《中华全国工商业联合会章程》，正式宣告中华全国工商业联合会(简称"全国工商联")成立。当时，国家经济建设的根本方针是以公私兼顾、劳资两利、城乡互助、内外交流的政策，达到发展生产、繁荣经济的目的，恢复被旧中国严重破坏了的国民经济。在所有制结构上，以国营经济为领导，五种经济形式并存，对私营经济允许存在和发展，并实行利用、限制的政策。基于上述情况，全国工商联第一届会员代表大会遵循政务院颁布的《工商业联合会组织通则》精神，在章程中明确了五条基本职能，即领导全国工商业者遵守共同纲领及人民政府的政策法令；指导全国私营工商业者在国家总的经济计划下，发展生产，改善经营；代表全国私营工商业者的合法利益，向人民政府或有关机关反映意见，提出建议，并与中华全国总工会协商有关私营工商业劳资关系问题；指导与推动全国私营工商业者进行学习、改造思想和参加各种爱国运动；领导并协助全国各地工商业联合会工作。①

中华全国工商业联合会的成立，翻开了新中国工商业联合会和商会组织发展的新篇章。围绕党在过渡时期的总路线，全国工商联为巩固新生的人民政权，组织广大私营工商业者学习《中国人民政治协商会议共同纲领》、党在过渡时期的总路线，开展工商界整风运动，团结教育广大私营工商业者进行思想改造。同时，大力引导推动私营工商企业进行社会主义改造，参与社会主义革命和建设，在资本主义工商业的社会主义改造过程中发挥了重要作用。

到 1956 年，实行全行业公私合营并实行定息制度后，资本主义工商业的生产关系发生了根本变化，资产阶级私人占有的生产资料已经全部转归

---

① 《中华全国工商业联合会简史》编写组著：《中华全国工商业联合会简史》，中华工商联合出版社，2017 年，第 38 页。

人民政府使用管理，资本家丧失了对生产资料的支配权。人民政府采取国家资本主义的形式，由初级到高级逐步地把资本主义企业基本上改造成社会主义性质的企业，顺利完成了对资本主义工商业的社会主义改造。1956年12月8日，《人民日报》发表社论《继续发挥工商业联合会的积极作用》，明确指出作为工商界群众组织的工商业联合会，其主要工作："一方面是经济工作，如指导工商业者改进生产经营，协助有关机关调整公私关系等。另一方面是政治工作，如组织工商业者进行政治学习，改造思想，参加各种爱国运动等。"①

对资本主义工商业的社会主义改造基本完成以后，工商联由原来主要联系和代表民族资产阶级及其知识分子的政治团体基本转变成了以原工商业者为主体，实行自我教育，为社会主义建设服务的人民团体。按照党的八大精神和中央领导同志的有关指示，工商联把工作重点转移到引导工商业者加强自我改造和为社会主义服务的各项活动之中。

二、改革开放与工商联工作的恢复发展

党的十一届三中全会作出了把党和国家工作中心转移到经济建设上来、实行改革开放的历史性决策，也为工商联正确确定在新时期的基本任务和职能，提供了广阔空间。在新的历史条件下，全国工商联四大于1979年10月在北京召开，确定了工商联的任务是团结和组织全体会员贯彻执行我国新时期的总任务，实现社会主义现代化。大会通过了修改后的《章程》，章程名称在"工商业联合会"前面加上"中国"两字，将"工商业联合会是中国共产党领导下，由各类工商业者联合组成的人民团体"改为"工商业联合会是在

---

① 《继续发挥工商业联合会的积极作用》，《人民日报》，1956年12月8日。

中国共产党领导下工商业者组织的人民团体，主要是由工商界的社会主义劳动者、拥护社会主义的爱国者和拥护祖国统一的爱国者所组成"。

改革开放带来了个体私营经济的蓬勃发展，也给长期停止工作的工商联注入了新的发展活力。全国各级工商联积极为个体私营经济的发展牵线搭桥、奔走呼喊，为改革开放和社会主义现代化建设献计出力。同时，个体私营经济的发展也促成了工商联工作对象、组织结构、性质作用的转变。工商联提出了"坚定不移跟党走、尽心竭力为四化"的工作方针，开展了以经济建设为中心、以服务为宗旨的各项活动，为改革开放和社会主义现代化建设做出了新的成绩。但也要看到，解放初期的原工商业者人数越来越少，年龄也日益增大，工商联老会员由"文化大革命"前的86万人降到1990年的30万人，且多数已经退休。以原工商业者为主体的工商联存在着"后继无人、一代而亡"的危险。①

与此同时，由于我国经济体制改革和社会主义商品经济发展，工商联会员结构已经不能反映我国工商业的现状，不能反映我国多种经营形式和经营方式的工商企业并存状况。②在新的历史条件下，工商联必须向着多种所有制形式的工商企业及经营者联合组成的人民团体方向转化，发展新会员的工作因此提上议事日程。从1984年起，根据全国工商联的要求，一些地区开始进行吸收新会员的探索试点工作。截至1988年9月，工商联各级组织共吸收新会员7.83万个，其中企业3.85万家，团体会员2742个，个人会员3.7万个。吸收新会员期间的工商联会员结构，基本反映了我国社会主义初级阶段公有制为主体，多种所有制经济并存的特点。新会员的加入，使工商联的组织结构发生了新的变化，逐渐成为由多种经济成分的企业、经济团体

---

① 中共中央统战部编著：《中国共产党统一战线史》，华文出版社，2017年，第405页。

② 《中华全国工商业联合会简史》编写组著：《中华全国工商业联合会简史》，中华工商联合出版社，2017年，第158页。

和工商经济界人士组成的人民团体。

1987年5月，中共中央书记处根据工商联的历史、现状和今后的发展趋势，进一步明确了工商联统一战线组织和民间商会两者结合的性质。这个性质的特征主要表现为统战性、民间性和经济性的统一，体现了我国改革开放形势发展对新时期工商联的要求。

1988年11月，全国工商联第六届会员代表大会召开。大会报告就工商联的性质、地位、任务和作用等问题指出，在新形势下，工商联的地位和作用问题，处于一个重新认识和实践的过程。新时期工商联的根本任务是，团结工商业界，在国家改革开放方针指导下，积极参加社会主义建设，维护会员的合法权益，开展对外经济联系合作和友好往来。修改后的《章程》规定工商联是"中国工商界组织的人民团体，民间的对内对外商会"，还规定国营企业可以参加为企业会员。

三、贯彻落实中央15号文件，工商联肩负新的历史使命

随着改革开放的不断深入，个体私营经济已经成为我国社会生产力的重要组成。党的十三届五中全会通过的《中共中央关于进一步治理整顿和深化改革的决定》明确指出："在坚持公有制为主体的前提下发展多种经济成分。我国个体经济、私营经济是对社会主义经济的有益的、必要的补充。"也是从1988年开始，国家正式对私营企业进行统计。私营企业拥有的资金和人数在整个国民经济中占比虽然不大，但发展速度很快，是一支不可轻视的力量。

此外，至1990年上半年，在各类企业会员中，国营企业会员的数量已占首位。县级工商联领导班子中党员干部也占多数。会员中的原工商业者人数越来越少，且多数已经退休。工商联作为开展工商界统战工作的组织，改革

开放后出现的非公有制经济人士工作却未能及时纳入其专门工作范围,工商联的统战性渐趋弱化。而开展经济性工作,工商联又不直接具备相应的经济和行政手段,工作开展并不顺利。基于这样的时代背景,经过深入调查和研究,1991年6月,全国工商联党组协助中央统战部向中央起草了《关于工商联若干问题的请示》。同年7月6日,中共中央转发该请示,即中央15号文件,对工商联的性质、任务和职能等进行了全面阐述,并作出了工商联职能调整的重要决策。

中央15号文件指出,我国非公有制经济成分已经成为公有制经济的有益补充,将长期存在和发展,"亟需有一个党领导的、主要是做非公有制经济代表人士思想政治工作的人民团体"①。文件明确工商联主要是做非公有制经济代表人士思想政治工作,并强调做好非公有制经济代表人士的思想政治工作,对巩固和发展爱国统一战线具有重要意义。工商联的主要任务是对私营企业主、个体工商户和台湾同胞、港澳同胞、海外侨胞投资者介绍党的方针、政策,进行爱国、敬业、守法②教育,并维护他们的合法权益,反映他们的正确意见。

中央15号文件强调,工商联是党领导下的以统战性为主,兼有经济性、民间性的人民团体,是党和政府联系非公有制经济的一个桥梁。文件明确了党的非公有制经济政策,认为对现在的私营企业主,不应和过去的工商业者简单地类比和等同,更不是要像20世纪50年代那样对他们进行社会主义改造。

中央15号文件明确提出,工商联开展非公有制经济代表人士工作的方针是"团结、帮助、引导、教育"。通过开展工作,在他们中逐渐培养起一支坚

---

① 中共中央统一战线工作部、中共中央文献研究室编:《新时期统一战线文献选编(续集)》,中共中央党校出版社,1997年,第333页。

② 爱国、敬业、守法是原工商业者在20世纪50年代提出的行为准则。

决拥护党的领导的积极分子队伍。工商联的主要职能是：贯彻、执行党的基本路线。在中国共产党领导下，同民主党派一起参政议政。反映会员的意见、要求，维护会员的合法权益。协助政府进行专题调研；开展有利于改革开放和社会主义现代化建设的服务活动。加强自身建设，发扬自我教育的传统，帮助会员自觉遵守国家的政策法令，引导、教育会员爱国、敬业、守法，履行应尽的社会责任。开展与港澳台胞和海外侨胞中工商社团和工商界人士的联络工作，协助政府引进资金、技术、人才。办好工商联自办企业。经政府委托或批准，参与某些具体经济活动。如协助政府及有关部门，组织企业会员举办和参加各种对内、对外展销会、交易会；对企业会员的生产经营情况及财务、税收等进行检查、监督；为会员企业办理有关证明等。

中央 15 号文件还指出，全国工商联党组不同于国务院各部门的党组，也有别于工会、妇联等人民团体的党组。工商联党组受同级党委统战部领导。党组成员由统战部商组织部任命。文件还赋予工商联以"民间商会"的形式开展工作，工商联联结政府、企业、市场之间的中介作用逐渐突出出来。

中央 15 号文件丰富和发展了党的统一战线理论，为工商联在新的历史条件下重新定位，从根本上解决了工商联"一代而亡"的问题，为工商联指明了工作方向，提供了政策依据，也为新时期统一战线开辟了广阔的工作领域，是新时期指导工商联工作的纲领性文件。工商联也正是从这个时候，开始承担起促进非公有制经济健康发展和非公有制经济人士健康成长的责任与使命。随着非公有制经济的发展和党对非公有制经济理论的不断创新，工商联在实际工作中不断贯彻落实中央 15 号文件。

1992 年初，邓小平到南方视察，发表了著名的南方谈话。全国工商联立即组织学习，并把学习贯彻南方谈话精神与贯彻落实中央 15 号文件精神结合起来，从实际出发，因地制宜，就履行工商联新职能进行了积极探索。如建立非公代表人士联系制度，了解情况，广交朋友，探索开展思想政治工作方法,并组织非公代表人士出国访问等。1993年10月,国务院及有关部门同意按照政群分开原则,允许各类非公组织的协会与其原行政主管部门分离,自愿加入工商联。有关部门还同意企业在管理费用中列支工商联企业会员会费,非公人士可持工商联出具的证明办理护照。

1993年10月13日至17日,全国工商联第七届会员代表大会召开。中共中央、国务院向大会致贺词。贺词指出:中共中央、国务院充分肯定工商联成立四十年来的工作,批准"中华全国工商业联合会"同时又称"中国民间商会",明确指出工商联"既是统一战线的人民团体,也是中国的民间商会",进一步突出工商联的民间性,以提升非公人士加入的积极性。贺词还强调,"工商联的会员,主要是非公有制经济代表人士"[1]。这次会议在组织发展方面,也选出了新一届领导班子。私营企业希望集团的刘永好作为来自企业界的唯一代表,当选为全国工商联副主席。这是改革开放以后首位民营企业家担任工商联副主席,是工商联发展史上具有标志性意义的事件,标志着非公代表人士开始在国家政治生活和社会事务中发挥重要作用。

非公有制经济的迅猛发展,涌现出了一大批非公有制经济代表人士。做好非公代表人士的思想政治工作,促进非公有制经济健康发展,成为党中央赋予工商联的一项重要政治任务和全新课题。1993年11月,时任中央统战部部长王兆国在第十八次全国统战工作会议工作报告中强调,"中央决定把做好非公有制经济代表人士思想政治工作的任务交给工商联,这是一个带有战略意义的重要措施,为统一战线工作开辟了一个新的重要领域"[2]。

1997年11月,全国工商联第八届会员代表大会召开。会议通过修改后的工商联章程,将工商联性质明确为:中国共产党领导的中国工商界组成的

---

① 《中华全国工商业联合会简史》编写组:《中华全国工商业联合会简史》,中华工商联合出版社,2017年,第197页。

② 中共中央统战部编著:《中国共产党统一战线史》,中共党史出版社,2017年,第440页。

人民团体和民间商会,是党和政府联系非公有制经济人士的桥梁和纽带,是政府管理非公有制经济的助手。把"团结、帮助、引导、教育"的八字方针修改为"团结、教育、引导、服务",目的是把思想政治工作和对会员企业的服务工作有机结合,对会员企业的服务达到政治方向和经济效益的统一。

党的十六大作出的促进非公有制经济发展的新的重大决策,进一步改变了非公有制经济的发展环境,极大地激发了人们自主创业的热情,非公有制经济迎来新的发展机遇的同时,工商联工作也进入新的发展阶段。

2002年11月,全国工商联第九次会员代表大会召开。会议完善了工商联的基本职能和组织制度,进一步巩固了工商联作为非公人士参政议政主渠道的地位。修改后的章程,增加了"引导会员自觉地把企业的发展与国家的发展结合起来,把个人富裕与全体人民的共同富裕结合起来,把遵循市场法则与发扬社会主义道德结合起来"的内容。也是从全国工商联九大开始,会议代表大会改称"次",不再称"届"。

随着非公有制经济的快速发展和非公有制经济人士队伍的不断壮大,工商联会员结构主体也在发生重大变化。为了与时俱进推进工商联事业以及党的统战工作,这次会议选举产生的新的领导班子中,不再有老一代的工商业者。新当选的22名副主席中,内地非公有制经济代表人士由上届2人增加至7人,在领导班子中的比例大幅度提高。在412名执委中,非公有制经济代表人士达232人,占56.3%,比重首次过半。①

2007年11月,全国工商联第十次会员代表大会召开。大会通过的修改后章程,将"中国工商业联合会章程"改为"中华全国工商业联合会章程"。将工商联性质中的"民间商会"修改为"商会组织",明确了工商联与民间商会的关系,强调工商联和民间商会共用一个章程。

---

① 《中华全国工商业联合会简史》编写组:《中华全国工商业联合会简史》,中华工商联合出版社,2017年,第245页。

随着非公人士队伍的不断壮大,创新非公人士思想政治工作载体,做好非公人士思想政治工作,成为 21 世纪工商联工作的重要内容。2008 年 9 月,针对非公人士队伍群体结构、素质结构尤其是思想状况发生的深刻变化,特别是少数人存在重利轻义、易受国外社会思潮影响等一些不可忽视的问题,以及统战部和工商联部分干部做非公人士思想政治工作的责任意识不强、工作手段缺乏等状况,中央统战部和全国工商联召开了全国非公有制经济人士思想政治工作会议。这是改革开放以来,中央统战部和全国工商联共同组织的首次全国性的关于非公有制经济人士思想政治工作的专题会议。同年 11 月,中央统战部和全国工商联印发《关于加强和改进非公有制经济人士思想政治工作的若干意见》,对加强和改进非公有制经济人士思想政治工作的重要性、指导思想、基本任务、主要目标、主要原则、内容和途径、组织领导提出了明确要求。意见强调,要紧紧围绕经济建设,"坚持把思想政治教育寓于服务经济社会发展之中"。时任国家副主席的习近平同志对此作出了重要批示。习近平强调,要从全局和战略高度,切实做好非公有制经济人士的团结、帮助、引导和教育工作,把坚持原则性同把握灵活性结合起来,把解决思想问题同解决实际问题结合起来,为坚持和完善社会主义基本经济制度、巩固党的阶级基础和扩大党的群众基础作出新贡献。[①]

四、学习贯彻中央16号文件精神,确定"两个健康"工作主题

自 1991 年中央 15 号文件颁布以来,特别是我国改革发展进入全面建设小康社会新阶段以后,我国经济、政治、文化和社会生活各领域发生了巨大而深刻的变化,工商联的工作对象和工作任务也发生了新的变化,面临新

---

① 中共中央统战部编:《中国共产党统一战线史》,中共党史出版社 2017 年,第 529 页。

的形势和挑战。非公有制经济和非公有制经济人士的状况也发生了重大变化。非公有制经济创造了约50%的国内生产总值、25%的进出口总额、60%的国内发明专利和90%的城镇新增就业岗位，成为社会主义市场经济的重要组成部分和社会主义现代化建设的重要推动力量，非公有制经济人士也成为中国特色社会主义事业建设者和21世纪新阶段爱国统一战线的重要成员。促进非公有制经济健康发展和非公有制经济人士健康成长，成为新形势下工商联工作的主要任务。此外，中央领导同志围绕非公有制经济领域统战工作和工商联工作也作出了一系列新的论述，丰富和发展了党的统一战线理论和非公有制经济理论。2010年3月，胡锦涛参加全国政协十一届三次会议民建、工商联委员联组会讨论，向非公人士提出"三个有更大作为"①的希望和"义利兼顾、以义为先"的理念，体现了党中央对工商联开展非公有制经济人士统战工作的新要求。这些关于非公有制经济统战工作和工商联工作的重要政策观点，迫切需要出台适应新形势下工商联工作的新文件。

2010年9月16日，中共中央、国务院印发了《关于加强和改进新形势下工商联工作的意见》，即中央16号文件。这是党中央着眼我国经济社会发展和统一战线工作全局，为加强和改进新形势下工商联工作、促进非公有制经济健康发展和非公有制经济人士健康成长而作出的一项重大举措，在我国统一战线和工商联事业发展中具有里程碑意义。文件在总结工商联工作取得的成绩和经验的基础上，对加强和改进新形势下的工商联工作作出了明确要求和全面部署。关于工商联工作的定位，中央16号文件指出，工商联工作是党的统一战线工作和经济工作的重要内容。这是中央文件第一次对工商联工作在党和国家工作全局中的地位作出明确表述。

文件充分肯定了工商联组织的独特优势，强调工商联联系着广大的非

---

① "三个更有作为"是指：在加快经济发展方式转变上有更大作为，在保障和改善民生上有更大作为，在提升自身素质上有更大作为。

公有制企业和非公有制经济人士，在宣传贯彻党的理论和路线方针政策、引导非公有制经济健康发展方面发挥着积极作用；工商联作为我国非公有制经济领域各类企业、工商社团和工商界人士的联合组织，在协助政府管理经济社会事务和服务非公有制企业经营管理方面作用日益突出；工商联组织与境外工商界有着广泛联系和友好合作关系，是我国扩大对外经贸交往、开展民间外交的重要渠道；工商联作为统一战线的重要组织，担负着团结凝聚非公有制经济人士的重要责任。在此基础上，文件从四个方面阐述了加强和改进工商联工作的重要意义，强调加强和改进新形势下工商联工作，是坚持和完善我国基本经济制度、促进非公有制经济科学发展的需要，是适应政府职能转变、完善社会主义市场经济体制的需要，是坚持对外开放基本国策、不断提高我国开放型经济水平的需要，是巩固发展壮大爱国统一战线、加强党在非公有制经济领域领导的需要。

关于工商联组织的性质，文件指出，工商联是中国共产党领导的以非公有制企业和非公有制经济人士为主体的人民团体和商会组织，是党和政府联系非公有制经济人士的桥梁纽带，是政府管理和服务非公有制经济的助手，在促进非公有制经济健康发展、引导非公有制经济人士健康成长中居于不可替代的作用。统战性、经济性、民间性有机统一是工商联的基本特征。①统战性是立会之本，规定工商联的政治方位，主要体现在工商联是党领导的统一战线组织，决定了工商联的政治方向、政治地位和政治功能。经济性是兴会之要，规定工商联的服务内涵，主要体现在工商联由工商界及其人士组成，直接服务于经济建设。民间性是强会之基，规定工商联的工作和活动方式，主要体现在工商联具有商会性质和职能，其组织方式和工作机制不同于政府机构。"三性"的有机统一，是工商联的优势所在，揭示了工商联与民主党派和一般社团的区别，进一步明确了工商联组织建设和事业发展的正确方向。准确把握"三性"特征，对于工商联确保正确发展方向和鲜明特色、发挥应有作用，具有重要意义。②

---

① 统战性、经济性、民间性是工商联的基本性质，在工商联成立之初即确定下来，并随着工商联工作的不断发展得以丰富和完善。1950年3月，李维汉在第一次全国统战工作会议上指出，"工商联合会是重要的人民团体，并且是我们在私营工商业者中进行统一战线工作的重要环节之一。党和政府要经过它去团结教育工商业者执行共同纲领和人民政府的政策、法令，……同时必须承认工商联合会是工商界自己的组织，有权代表工商界的合法权益"。这一表述，虽然没有明确提及工商联的"三性"，但已经蕴含了工商联作为统一战线组织和民间商会，所兼具的统战性、经济性和民间性思想。社会主义改造完成以后，社会主义公有制经济制度确立。此后一段时间，工商联的主要任务就是组织、推动工商业者进行学习和自我教育，为社会主义建设服务，统战性特征较为突出。而工商联在指导工商业发展生产，改善经营等方面作用逐渐受到削弱，经济性、民间性特征也随之弱化。改革开放以后，党和国家工作中心逐渐转移到经济建设上来。工商联组织和活动也得到恢复和发展。1991年中央15号文件指出，工商联是党和政府联系非公有制经济的桥梁和纽带，是党领导下的以统战性为主、兼有经济性、民间性的人民团体，工商联"三性"特征首次以中共中央文件形式予以明确。2006年7月，《中共中央关于巩固和壮大新世纪新阶段统一战线的意见》（中发〔2006〕15号）提出，"工商联是党领导的以非公有制企业和非公有制经济人士为主体的具有统战性、经济性、民间性的人民团体和商会组织，是党和政府联系非公有制经济人士的桥梁纽带，是政府管理非公有制经济的助手"。这标志着我们党对工商联"三性"内涵的认识上升到一个新高度，"三性"特征实现有机统一。参见中共中央统战部编著：《中国共产党统一战线史》，中共党史出版社，2017年，第524~525页。

② 统战性主要体现在工商联是中国共产党领导下的统一战线组织，具有参政议政、民主监督、团结教育、协调关系等功能；经济性主要体现在工商联是商会组织，会员大多为非公有制企业和非公有制经济人士，工商联要积极为会员在法律范围内的经济活动服务；民间性主要体现在工商联是人民团体，是党和政府联系广大非公有制经济人士的桥梁纽带，以民间的面貌出现、民间的声音表达、民间的方式实现，参与国家经济社会生活。参见中央统战部研究室编著：《统一战线100个由来》，华文出版社，2010年，第288页。

文件还提出,要加强党委对工商联工作的统一领导,落实党委统战部领导工商联党组和指导工商联工作的职责,工商联党组书记由党委统战部分管经济领域统战工作的副部长担任。要发挥工商联党组领导核心作用。工商联党组要切实履行职责,保证党的理论和路线方针政策、党委决策部署的贯彻落实,把握工商联工作的正确方向。

总体来看,中央 16 号文件突出了坚持走中国特色工商联发展道路的内涵,核心是坚持中国共产党领导,坚决贯彻党的路线方针政策,把广大非公有制经济人士紧密团结在党的周围,共同致力于中国特色社会主义伟大事业;根本是坚持社会主义基本经济制度,协助党和政府不断优化市场经济环境,引导非公有制企业全面提升发展质量,推动形成各种所有制经济平等竞争、相互促进的新格局;关键是坚持统战性、经济性和民间性相统一,更好担负时代赋予的重任。①文件对于坚持和完善我国公有制为主体、多种所有制经济共同发展的基本经济制度,促进非公有制经济健康发展和非公有制经济人士健康成长,巩固壮大爱国统一战线,加强党在非公有制经济领域的领导具有重要意义,进一步强化了工商联的政治责任和历史使命,成为指导工商联工作的纲领性文件。

2000 年,江泽民首次在第十九次全国统战工作会议上对工商联工作提出"两个健康"的观点,要求"着眼于非公有制经济健康发展和非公有制经济人士健康成长"加强工商联工作。2006 年,中共中央下发《关于巩固和壮大新世纪新阶段统一战线的意见》,要求"重视发挥工商联在促进非公有制经济人士健康成长和促进非公有制健康发展中的作用"。2010 年 11 月 15 日至 16 日,全国加强和改进工商联工作会议召开。会议强调,要把握工商联与民主党派的区别,明确工商联是党领导的人民团体;工商联的一切工作,都要

---

①　中共中央统战部编、全国工商联编:《〈中共中央国务院关于加强和改进新形势下工商联工作的意见〉学习问答》,中华工商联合出版社,2011 年,第 23~24 页。

牢牢把握统战性，充分发挥经济性，切实体现民间性，始终坚持"三性"有机统一；要把促进非公有制经济健康发展和非公有制经济人士健康成长，作为工商联一切工作的出发点和落脚点。2012年3月7日，时任全国政协主席贾庆林到全国工商联机关调研，在听取汇报后，对工商联围绕贯彻落实中央16号文件开展的各项重点工作给予了充分肯定，特别是在重要讲话中明确提出工商联要把"两个健康"作为工作主题，并首次提出了"工商联事业是中国特色社会主义事业的重要组成部分"[①]的重要观点。"两个健康"自此被确立为工商联的工作主题。

五、新时代的工商联工作

非公有制经济快速发展和非公有制经济人士队伍不断壮大，凸显了工商联工作的日益重要性。特别是中央16号文件颁发以后，各级党委政府进一步加强了工商联工作。党的十八大对新形势下深入贯彻落实中央16号文件、加强和改进新形势下工商联工作和促进两个健康提出了新的更高要求。

2012年12月，全国工商联第十一次会员代表大会召开。这次会议通过的新章程，明确了工商联工作对象为非公有制企业和非公有制经济人士，在总则和职能任务等章节中将会员调整为非公有制企业和非公有制经济人士，这就突破了1991年中央15号文件以来工商联主要注重开展非公有制经济代表人士工作的局限，明确"工商联所属商会既是工商联的基层组织，又是工商联的团体会员"。还将"中华全国工商业联合会会员代表大会"改为"中国工商业联合会全国代表大会"，把"两个健康"工作主题写入总则，明确了工商联在加强和创新社会管理中的职责要求。

---

① 《中华全国工商业联合会简史》编写组：《中华全国工商业联合会简史》，中华工商联合出版社，2017年，第298~299页。

党的十八大以来，以习近平同志为核心的党中央，确立"五位一体"总体布局和"四个全面"战略布局，召开两次中央统战工作会议并颁布《中国共产党统一战线工作条例》，对统一战线和工商联工作作出重大决策部署。

2015年中央统战工作会议强调，工商联是党和政府联系非公有制经济人士的桥梁和纽带，统战工作要向商会组织有效覆盖，发挥工商联对商会组织的指导、引导、服务职能，确保商会发展的正确方向。会议要求，要畅通非公有制经济人士有序政治参与渠道，帮助提高议政建言水平。会议明确提出了非公有制经济人士政治安排的"三强一好"标准，即思想政治强、行业代表性强、参政议政能力强、社会信誉好，指出非公有制经济人士政治安排要坚持标准、严格程序、认真考察，做好综合评价。

2016年3月4日，习近平参加全国政协十二届四次会议民建、工商联界委员联组会并发表重要讲话，从坚持完善社会主义基本经济制度、贯彻落实促进非公有制经济健康发展的政策措施、推动广大非公有制经济人士做合格中国特色社会主义事业建设者三个方面，提出一系列新思想新观点新论述，是新形势下指导工商联工作的纲领性文件。习近平在讲话中充分肯定了党的十八大以来全国工商联的重点工作，要求工商联加强自身建设，增强凝聚力、影响力、执行力，推动工商联所属商会改革，切实担负起指导、引导、服务职责。

2017年11月，工商联第十二次全国代表大会召开。会议指出，党的十九大开启了全面建设社会主义现代化国家新征程，为非公有制经济健康发展和非公有制经济人士健康成长进一步指明了前进方向，是工商联事业发展的根本遵循和行动指南。深入学习贯彻党的十九大精神是工商联的首要政治任务和头等大事，要进一步统一思想，提高认识，自觉用习近平新时代中国特色社会主义思想武装头脑、凝聚共识、指导实践、推动工作，引导广大非公有制经济人士坚定"四个自信"、强化"四个意识"，不断增强走中国特色社会主义道路的思想自觉和行动自觉。

中国共产党关于统一战线工作的第一部党内法规《中国共产党统一战线工作条例》关于工商联工作也作出明确规定：工商联是党领导的以民营企业和民营经济人士为主体的，具有统战性、经济性和民间性有机统一基本特征的人民团体和商会组织。工商联围绕促进非公有制经济健康发展和非公有制经济人士健康成长的主题履行职责、发挥作用。这就进一步拓展了三性有机统一和两个健康的时代内涵，从党内法规的高度确立了工商联两个健康工作主题的定位。条例还强调工商联要对所属商会履行业务主管单位职责，对商会会员开展思想政治工作、教育培训，对主要负责人进行考察考核。对其他以民营企业和民营经济人士为主体的商会加强联系、指导和服务。

党的二十大对开辟马克思主义中国化时代化新境界、中国式现代化道路进行了深入阐述，对全面建成社会主义现代化强国两步走战略安排进行了系统谋划，对未来五年的主要任务目标和 2035 年发展战略目标作出了重点部署，为民营经济发展开辟了更广阔空间，对工商联工作提出了新的更高要求，是工商联事业发展的根本遵循和行动指南。

2022 年 12 月，中国工商业联合会第十三次全国代表大会召开。这次会议是在党的二十大胜利闭幕不久，全面建设社会主义现代化国家开局起步的关键时期召开的一次重要会议，也是工商联政治生活中的一件大事，在工商联发展史上具有重要意义。中共中央、国务院在向大会所致的贺词指出，党的十九大以来，以习近平同志为核心的党中央坚持"两个毫不动摇"，出台一系列扶持民营经济发展的改革举措，不断为民营经济发展营造良好环境，我国民营经济规模和实力大幅提升，在推动发展、增加就业、改善民生、促进创新、深化改革、扩大开放等方面发挥了不可替代的重要作用。过去五年，各级工商联全面贯彻党的十九大和十九届历次全会精神以及中央统战工作会议精神，认真落实党中央对新时代民营经济统战工作的各项决策部署，着眼服务党和国家中心工作，紧紧围绕促进非公有制经济健康发展和非公有制经济人士健康成长的主题，引导广大民营经济人士听党话、跟党走，加大企业转型升级力度，积极助力打赢脱贫攻坚战和疫情防控阻击战，为全面建成小康社会、保持经济社会持续健康发展作出了突出贡献。实践充分证明，民营经济作为我国经济制度的内在要素，始终是坚持和发展中国特色社会主义的重要经济基础；民营经济人士作为我们自己人，始终是我们党长期执政必须团结和依靠的重要力量；工商联作为党领导下的人民团体和商会组织，始终是党和政府联系民营经济人士的桥梁纽带，是政府管理和服务民营经济的助手。

中国工商业联合会第十三次全国代表大会认真学习中共中央国务院贺词，通过了关于认真学习贯彻党的二十大精神的决议、关于十二届执行委员会报告的决议、关于《中国工商业联合会章程（修正案）》的决议，选举产生了全国工商联第十三届执行委员会。大会选举产生了由 497 人组成的全国工商联第十三届执行委员会。其中，民营经济代表人士共 373 名，占执委总数的 75.1%。新 届执委会增加了年轻一代企业家、各级工商联所属商会主要负责人和党员企业家的执委比例，人员结构合理，综合素质较高，社会影响较大，有较广泛的社会代表性和参政议政能力。

这次会议通过的《中国工商业联合会章程（修正案）》，将"两个确立""两个维护""两个毫不动摇""信任"方针等写入总则，将工商联的五个作用调整为"充分发挥在民营经济人士思想政治建设中的引导作用，在民营企业高质量发展中的服务作用"，增加了"全面推进工商联工作法治化""工商联党组对所属商会党建工作履行全面从严治党责任"等内容。本次章程修订主要呈现三个特点：一是突出了政治站位，强化了工商联的政治属性，明确了工商联的政治方向、政治定位和政治功能；二是体现了时代特色，将习近平在党的二十大、中央统战工作会议、中央党的群团工作会议、民营企业座谈会、企业家座谈会、全国政协十二届四次会议民建工商联界委员联组会上重要讲话，历次中央党外人士座谈会上对工商联工作作出的重要指示，《中国共产党统一战线工作条例》《中共中央关于加强新时代统一战线工作的意见》《中共中央办公厅关于加强新时代民营经济统战工作的意见》《中共中央办公厅国务院办公厅关于促进工商联所属商会改革和发展的实施意见》等关于工商联的新任务新要求丰富到章程中；三是注重了系统集成，优化了章程结构，精简了文字表述。章程修订兼顾了大稳小动和守正创新，在原章程6章34条基础上调整为6章40条。重点修改内容如下：

作为规范工商联组织和活动的基本规则，《中国工商业联合会章程（修正案）》集中体现了工商联的指导思想、性质地位、职能任务，规定了工商联工作的基本制度和组织机制。根据形势和任务的发展变化，对章程作适当修改，能够更好地发挥章程对工商联建设发展的规范和指导作用。

2023年10月24日，全国工商联成立70周年庆祝大会在北京举行。习近平在贺信中指出，工商联工作是党的统一战线工作和经济工作的重要组成部分。70年来，工商联始终坚持党的领导，围绕服务党和国家中心工作，在建设新中国、推进改革开放、奋进新时代的伟大实践中作出了重要贡献。习近平希望工商联深入学习贯彻新时代中国特色社会主义思想和党的二十大精神，切实担负起新时代新征程党赋予的使命任务，在加强思想政治引领、促进非公有制经济健康发展和非公有制经济人士健康成长、扎实推动民营经济高质量发展上下功夫，提振信心、凝聚人心，把广大民营经济人士更加紧密地团结在党的周围，不断开创工商联事业发展新局面。希望广大民营经济人士切实贯彻新发展理念，大力弘扬企业家精神，争做爱国敬业、守法经营、创业创新、回报社会的典范，为全面建设社会主义现代化国家、全面推进中华民族伟大复兴贡献力量。①

习近平的贺信肯定了全国工商联作出的重要贡献，阐明了工商联工作的意义、方向、主题、任务，对广大非公人士提出殷切希望和明确要求，为做好新时代工商联工作、促进"两个健康"提供了根本遵循。

第二节　商会组织与政府关系的历史变迁

商会是商业活动的必然产物。从历史的角度来看，商业活动伴随着人类历史发展到一定阶段而出现。关于商业活动的作用，美国经济史学家诺斯和托马斯指出："有商业活动相较于没有商业活动，维持生存所需要的资源要少。自旧石器时代以来，人类就一直依靠商业来改变自己的经济命运。我们应该把得自商业的利益看作是认真研究人类经济历史的基础。"②

目前国内外关于商会的研究形成了大量理论成果。一般来说，商会是利益相关者主体自主治理组织。在早期西方学者看来，公共资源的使用注定是低效的，对于公共事务的治理效率也抱持消极态度。"公地悲剧"（tragedy of the commons）理论表明，如果所有人都追求个人利益最大化，那么自由使用的公地一定会被个人过度利用直至毫无价值。也就是说，个人为追求自身利

---

① 《习近平致信祝贺中华全国工商业联合会成立 70 周年强调把广大民营经济人士更加紧密地团结在党的周围不断开创工商联事业发展新局面》，《光明日报》，2023 年 10 月 25 日。

② 《现代国外经济学论文选》第 11 辑，商务印书馆，1987 年，第 183 页，。转引自厉以宁：《资本主义的起源》，商务印书馆，2003 年，第 153 页。

益一定导致公共资源被破坏的结果。①"集体行动的逻辑"理论由美国学者曼瑟尔·奥尔森提出，他以"理性经济人"为假设前提，认为参与私人经济部门和公共部门活动的人均希望自己行为最大化，不存在无行为主体的公共利益。该理论强调团体协作的作用在现代生活和工作中影响很大，可以互补缺点。随着研究的深入和社会治理实践的开展，公共事务治理理论也随之成熟。美国著名政治学家、政治经济学家、行政学家和政策分析学家，公共选择学派的创始人之一奥斯特罗姆就认为，利益相关者主体自主治理能够有效弥补政府协调、市场调节的不足，尤其是在公共治理领域。而自主治理组织要想实现有效治理，必须订立自主治理合约并建立相应的制度安排。她在《公共事务的治理之道：集体行动制度的演进》等著作中通过实证方法的研究和隐含的博弈结构的分析，阐述了这一自主治理理论的核心内容。作者基于扎实的理论研究与实证分析，以规模较小的公共池塘资源为研究对象，认为唯有借助作为"外部代理人"的国家权威的力量，通过引入一系列国有化或私有化的产权安排才能避免"公地悲剧"的发生。②

  商会便是与政府保持密切关系的自主治理组织。相较于一般的自主治理组织，商会涉及人员更广，运作机制更为复杂，与政府关系也更为密切。而且由于各个国家的政治、经济、法律、社会风俗各异，商会与政府的互动模式

---

  ① 1968 年英国学者加特勒·哈丁（Garrett Hardin）在〈The tragedy of the commons〉一文中首先提出"公地悲剧"理论模型。他指出，作为理性人，每个牧羊者都希望自身利益最大化。在公共草地上，每增加一只羊会有两种结果：一是获得一只羊的收入；二是加重草地的负担，并有可能使草地过度放牧。经过思考，牧羊者决定不顾草地的承受能力而增加羊群数量。于是他便会因羊只的增加而收益增多。看到有利可图，许多牧羊者也纷纷加入这一行列。公地悲剧常用来分析公共物品、公用资源的过度使用而造成的资源枯竭、公共物品的破坏和浪费等问题。公地作为一项资源或财产有许多拥有者，他们中的每一个都有使用权，但没有权利阻止其他人使用，而每一个人都倾向于过度使用，从而造成资源的枯竭。过度砍伐的森林、过度捕捞的渔业资源及污染严重的河流和空气，都是"公地悲剧"的典型案例。

  ② 任恒：《公共池塘资源的治理难题：特征、模型及困境——以埃莉诺·奥斯特罗姆自主治理思想为视角》，《深圳社会科学》，2021 年第 6 期。

也各不相同,造成了各国商会都有其独立特征与特色运作模式。

现代商会最早脱胎于欧洲中世纪的封建行会组织,后者与资本主义生产方式格格不入,严重束缚了新兴工商业阶层的发展。[①]在此背景下,由新兴工商业阶层为主体建立的现代商会应运而生。现代商会不仅打破了垄断固化的封建行业秩序,而且形塑了以自主性、开放性等为主要特征的新型行业秩序,即确定了某种组织化的"私序",并具有一定的公共性特征。法国是世界上最早成立商会组织的国家,是现代商会的发源地。公认的世界上首个现代商会诞生于法国马赛,在其成立之初便被国家赋予重新建构商贸领域公共秩序的战略使命。17 世纪中叶国际贸易兴起以后,法国国王路易十四又赋予商会组织促进国际贸易新秩序的任务。根据统计,1802—1804 年间法国共组建了 176 个工商会,包括地域性商会以及一批专门领域的商会。时至今日,商会仍然在法国经济社会运行过程中扮演着关键角色,承担企业注册登记、注销乃至公共设施管理等重要职能。[②]

在我国,明代之前商人的活动大多处在分散状态,并没有出现具有固定联系的群体性商人组织,有商无帮(商帮)。唐朝虽然出现了类似商帮的组织,可以发挥若干功能,[③]但真正的商帮出现则是在明代中期以后。[④]明代中期以后,商人的地位有所提高,部分地区发展起一些具有龙头作用的行业,商帮作为一类特殊的商人团体开始活跃,作为中国行业组织的雏形一直维持到清代。

1840 年鸦片战争以后,随着国门被打开,通商口岸日益增多,沿海地区

---

① 《马克思恩格斯全集》(第三卷),人民出版社,1974 年,第 28 页。

② 林拓、虞阳、张修桂:《现代商会与国家治理:历史与国际的视角——兼论我国商会的"中国特色"》,《复旦学报(社会科学版)》,2015 年第 4 期。

③ 赵冈、陈钟毅:《中国经济制度史论》,新星出版社,2006 年,第 441 页。

④ 商帮,是以地域为中心,以血缘、乡谊为纽带,以"相亲相助"为宗旨,以公馆、公所为其在异乡的联络、计议之所的一种既"亲密"而又相对松散的自发形成的商人群体。参见张海鹏、张海瀛:《中国十大商帮》,黄山书社,1993 年,前言。

的近代工商业活动逐渐兴盛。特别是随着洋务运动的兴起，从民间到官方掀起一股创办工商实业的热潮。在这一过程中，中国商人逐渐认识到，由于缺乏有效组织，很难在激烈的市场竞争中立足。看到西方商人组织商会影响本国商贸政策，对中国施压，从而在与中国商人竞争中处于优势地位，一些有识之士开始认识到组建商会的重要性。

现代意义上的中国商会正是在 19 世纪末 20 世纪初，伴随着民族资本主义的早期发展和清末新政的推行而登上历史舞台，并且成为中国近代最早建立的现代意义上的社会团体之一，同时也是社会影响力最大的社团之一。早期的中国商会起源于行会。行会是商人、手工业者为了互相帮助，维护同行业的利益而建立的同业性组织。随着商品生产的发展，行会逐步发展为商会，突破了同业、同乡的限制，也不再以行帮出现，而是以新式社团组织的形式从事经济社会活动。1874 年，辽宁成立了"公议所"，这是我国最早的商会组织，但真正的商会组织的广泛出现则是在 20 世纪初期。1900 年商务大臣盛宣怀主张成立商会。1902 年，上海通商银行组织成立了上海商业会议公所，成为近代中国商会的雏形。1903 年，清政府设立商部，作为统辖农工商实业的最高管理机构，在全国劝办商会。随后杭州、天津等地先后成立类似的商会组织。1904 年初，清政府颁行《商会简明章程》，规定所有的"商业公所"一律改名为"商会"，并倡导在商务繁盛之地设立商务总会。该章程成为商会成立的法律依据，赋予了商会商事共断权，即出现商务纠纷时，若地方政府管不过来，可以交由商会进行调节和仲裁。

1912 年，上海商务总会与江浙绅商自行组织的上海商务公所合并，成立上海总商会。以上海总商会为主体的商会工商社团，在民国时期各项重大经济、政治活动中，突破了"在商言商"的传统，提出主张、发起号召、倡导秩序、策划建设，对民族工商业的发展起到了重要推动作用，成为中国社会中很有影响力的地方自治团体。到 1912 年时全国商会总数达到 794 个，1915 年更是激增到 1262 个。1914 年北洋政府工商部公布了《商会法》,规定在各省城、各商埠及其他商务繁盛之区设立商会。同年,在上海召开了中华全国商会第一次代表大会,成立了中国历史上第一个全国性的商会总机构——中华全国商会联合会。1929 年国民政府颁布了新的《商会法》,对商会的职能有了进一步界定,强调了商会的商事共断权,并从法律上使得工商社团在社会上的地位有了很大提高,使其组织和运行更加规范。[①]到 1949 年新中国成立前,旧商会在近代中国历史舞台上存在了近半个世纪。虽然相比于西方国家的民间商会独立性较弱,更依赖于政府,但是在特殊的战乱年代对于维护行业自律、稳定地方秩序、发展民族工商业和抵御西方列强盘剥作出了一定的历史贡献。

以上海总商会为例,在民国时期,上海总商会突破了中国传统商会"以敦乡谊,以辑同帮"的局限,虽名为"上海",实则影响全国,孕育了严信厚、徐润、朱葆三、虞恰卿、吴蕴初等中国第一代工商业企业家,他们致力于实业救国,疏浚河道,开学校,办医院,内护华商华人利益,外争中国主权,其在民国时期的发展历程,成为近代民族工商业发展史的百年缩影。

新中国成立以后对原有经济组织进行了社会主义改造,实行计划经济体制,各种市场组织和社会团体被整顿或改编。商会被改制为具有统战性质的工商业联合会。改革开放以后,由于发展市场经济和政府职能转变的需要,政府再次劝办商会,鼓励商人组建社团,鼓励商会组织参与政府管理,商会组织迎来新的发展机遇。从 1980 年成立中国包装技术联合会开始,适应政府职能转变成立了一批官方和半官方的行业协会。部分沿海地区商人顺势而为成立了民间商会。快速扩张的民间商会与因政府机构改革而成立的行业协会和作为统战组织的工商业联合会一起,形成了具有中国特色的商

---

① 孙宝强:《世界历史视角中的行业协会商会发展述评》,《上海商学院学报》,2015 年第 2 期。

会组织体系。

行业协会商会组织作为政府与市场之外的"第三部门"，是市场体系的重要组成部分，也是我国迄今为止发展最为充分的社会组织。近年来，我国行业协会商会充分发挥离企业最近、知企业最深等优势，牵头开展了众多企业想做却做不到、政府想做却无精力去做、市场需要做却无人牵头做的事，积极构建各类要素合作交流平台和行业共性技术创新平台，为推动产业结构转型升级和战略性新兴产业培育壮大作出积极贡献。但是由于特殊的国情，我国的商会组织发展与政府始终保持着很强的依赖关系。①

1988 年政府机构改革首次提出"转变政府职能是机构改革的关键"，要求"政企分开、政资分开、政事分开、政府与市场中介组织分开（政社分开）"，为商会组织改革拉开了序幕。1989 年 10 月民政部颁布《社会团体登记管理条例》，这是改革开放以后中国政府出台最早的有关民间组织的制度规范。此后中国的行业协会商会在经历了 1990 年和 1997 年两次清理整顿和规范管理后进入较快发展时期，并逐渐形成了以双重管理为核心的监管体制，各级政府亦初步搭建起了行业协会商会发展的制度框架。②党的十六届三中全会指出，要按市场化原则规范和发展各类行业协会等自律性组织。十六届六中全会进一步强调，要坚持培育发展和管理监督并重，完善培育扶持和依法管理社会组织的政策，发挥各类社会组织提供服务、反映诉求、规范行为的

---

① 当然，从世界范围内来看，现代商会长期以来均与政治体系保持着一定关联。以日本为例，日本商会承担着相当多的公共职能，不仅涉及融资担保、联合议价等传统领域，更强化了资质审核、信息交互、政策传导、教育引导等方面的职能。例如，日本战后大量成立的协同组合（中小企业商会），主要为中小企业解决资金短缺与技术开发力量不足等问题，以支撑中小企业成长。法国商会成立至今的历次重大转变也无不与国家经济战略调整密切相关。参见林拓、虞阳、张修桂：《现代商会与国家治理：历史与国际的视角——兼论我国商会的"中国特色"》，《复旦学报（社会科学版）》，2015 年第 4 期。

② 王名：《中国民间组织 30 年——走向公民社会（1978—2008）》，社会科学文献出版社，2008 年，第 22 页。

作用，为经济社会发展服务。2007 年 5 月，国务院办公厅《关于加快推进行业协会商会改革和发展的若干意见》发布，要求协会商会组织从职能、机构、工作人员、财务等方面与政府及其部门和企事业单位彻底分开，建立政府购买商会组织服务制度，所需资金纳入预算管理。

党的十八大开启了全面深化改革的新时代，社会管理体制改革成为一项重要议题。党的十八届三中全会明确提出要"重点培育和优先发展行业协会商会类、科技类、公益慈善类、城乡社区服务类社会组织，成立时直接依法申请登记"，要"限期实现行业协会商会与行政机关的真正脱钩，……探索一业多会，引入竞争机制"。深圳市率先实行行业协会商会由民政部门直接登记，北京、温州、广东和福建等地随后出台类似政策，实施"一元管理"，允许"一业多会"和"一地多会"，其他各地也先后出台了类似的意见和办法。2015年 7 月，中共中央办公厅和国务院办公厅印发《行业协会与行政机关脱钩总体方案》，标志着商会组织管理体制改革全面推进。在改革松绑、市场需求和政策支持等多重因素促进下，商会组织的第三方治理功能得到重塑，商会与政府之间的平行关系进一步明确。①

在肯定成绩的同时，推动行业协会商会与行政机关脱钩依然存在不少现实困难，其中既有职能界定与剥离方面的困难，也有人事改革上的一些障碍，还有不少涉及财产关系的厘清。为此，2019 年 6 月 17 日，国家发展改革委、民政部、中央组织部等十部门联合下发《关于全面推开行业协会商会与行政机关脱钩改革的实施意见》，明确按照去行政化的原则，全面实现行业协会商会与行政机关脱钩。实施意见进一步明确了脱钩改革的具体要求和操作办法，即按照"应脱尽脱"的原则全面推开脱钩改革，凡是符合条件并纳入改革范围的行业协会商会，都要落实"五分离、五规范"（实现机构分离，规

---

① 徐建卫：《中国商会组织与政府关系的历史变迁和时代新议程探究》载《甘肃理论学刊》，2018 年第 6 期。

范综合监管关系；实现职能分离，规范行政委托和职责分工关系；实现资产财务分离，规范财产关系；实现人员管理分离，规范用人关系；实现党建外事等事项分离，规范管理关系)的要求。

应当看到，推动行业协会商会与行政机关脱钩，是深化"放管服"改革的必然选择。行业协会商会对市场信号敏感、对市场反应敏锐、对行业政策熟悉、对行业趋势了解。通过脱钩，倒逼行业协会商会进入市场洪流，把服务重心真正转向企业和行业，更好地为行业企业提供政策咨询和智力支撑，规范市场主体行为。当然，脱钩不是最终目的，更不是一脱了之、放任不管，要通过对"红顶中介"的去行政化，进一步理顺政府、市场、社会三者关系，让政府回归宏观管理职能、协会商会强化自律管理、企业依法自主经营，构建起科学高效的现代社会治理体系。[①]

第三节　发挥好工商联所属商会组织的职能作用

从更广泛的意义来说，商会连接的并不单是政府与市场，更涵括了众多分散的大中小企业以及社区、中介组织和社会团体等多样化的社会主体，因而在促进经济发展、整合社会资源与社会力量、形塑公共秩序方面具有其他社会组织所难以比拟的显著优势。因此，现代商会作为政府、企业和社会之间具有独特作用的组织，在不少国家发展的关键阶段都发挥了重要作用，已经成为国家竞争力不可或缺的重要组成部分。

在我国，商会组织也并不是一般意义上的治理参与者之一，而是作为重要的具有枢纽作用的社会组织。作为凝聚非公人士的社团组织和重要平台，

---

① 顾阳：《要全面推开协会脱钩改革》，《经济日报》，2019年6月20日。

商会是新时代开展统战工作的重要阵地，是现代社会治理体系不可或缺的重要环节。近年来，我国市场经济的不断发展使得商会正在扮演越来越重要的作用，而政府职能转变的加快推进更促使商会组织成为相关职能转移的重要承接者。目前，我国商会组织达 10 万余家，吸收着大量的非公人士，具有会员众多、联系广泛的独特优势，是联系政府、市场和企业的桥梁纽带，在服务会员发展、强化行业自律、促进经济发展、维护社会稳定等方面发挥着不可替代的作用，已经成为推动国家治理体系和治理能力现代化的重要方面，参与促进国内国际双循环、构建新发展格局的重要力量，以及新形势下统一战线持续发展壮大的重要人才来源。重视发挥商会的重要作用，是促进政府职能转变、改进管理服务经济的方式、完善社会主义市场经济体制的迫切要求。

民间性作为工商联的基本特征，所主要体现的正是工商联所具有的商会性质和职能，其组织方式和工作机制不完全等同于政府机构。在中国大陆，工商联所属商会是以民营企业和民营经济人士为主体，依照《社会团体登记管理条例》和《中国工商业联合会章程》制定章程并开展活动的社会组织，是社会经济领域一种重要的组织形态。工商联作为民间商会，是政府、企业、个人间的"沟通器"与"粘合剂"，是具有中国特色的商会组织的重要组成部分。

习近平在 2015 年中央统战工作会议上明确指出，工商联是党和政府联系非公有制经济人士的桥梁和纽带，统战工作要向商会组织有效覆盖，发挥工商联对商会组织的指导、引导、服务职能，确保商会发展的正确方向。[①]在全国政协十二届四次会议民建、工商联界委员联组会上，习近平再次强调，工商联要加强自身建设，增强工商联组织的凝聚力、影响力、执行力，推动工

① 《习近平在中央统战工作会议上强调巩固发展最广泛的爱国统一战线为实现中国梦提供广泛力量支持》，《光明日报》，2015 年 5 月 21 日。

商联所属商会改革,切实担负起指导、引导、服务职责。①2017 年 11 月 24 日,李克强在致全国工商联第十二次代表大会的贺词中也指出,"要按照增强政治性、先进性、群众性的要求,全面加强组织、制度、能力和作风建设,大力推进组织体制、运行机制、工作方式、干部管理等方面创新,加快推进所属商会改革发展,切实履行对商会的指导、引导和服务职能,努力实现工商联组织和工作在非公有制经济领域的全面有效覆盖,充分彰显统战性、经济性、民间性有机统一的综合优势,做到团结联系更加紧密、服务支持更接地气、教育引导更有实效"②。2017 年 2 月,时任中央政治局常委、全国政协主席俞正声专门作出重要批示,强调工商联不是行政组织,不存在和所属商会脱钩任务,且工商联的统战工作性质,必须通过所属商会予以加强。

因此,统战工作覆盖延伸到商会组织是新的历史条件下统战工作的崭新课题,也是商会组织践行"两个健康"工作主题所面临的时代课题。2018 年以来,党中央先后出台 30 号文件、57 号文件,明确商会在大统战工作格局中的地位作用,提出加快促进工商联所属商会改革。党中央对于商会事业发展提出的更高标准和要求,为做好新发展阶段的商会工作提供了难得的历史机遇和有利条件。2022 年 1 月 29 日,习近平在同党外人士共迎新春时强调,"全国工商联要加强基层组织建设,推动所属商会改革发展,着力提升服务促进非公有制经济健康发展和非公有制经济人士健康成长的能力和水平,不断提高工作质量和效能"③。

工商联及所属商会是民营经济统战工作的重要组织依托。④随着工商联

① 习近平:《毫不动摇坚持我国基本经济制度 推动各种所有制经济健康发展》,《光明日报》,2016 年 3 月 9 日。

② 《中共中央、国务院致中国工商业联合会第十二次全国代表大会的贺词》,《光明日报》,2017 年 11 月 25 日。

③ 《习近平同党外人士共迎新春》,《光明日报》,2022 年 1 月 30 日。

④ 张献生主编:《新时代统一战线知识简明读本》,华文出版社,2020 年,第 114 页。

所属商会总体规模不断扩大，工商联所属商会改革发展工作的重要性和紧迫性日益凸显。推动统战工作覆盖延伸到商会组织这一政策主张，充分发挥工商联在商会改革发展中的促进作用，积极推动非公有制经济"两个健康"发展，一方面，是党中央加强党对非公有制经济工作的领导，推动党的重大决策部署在非公有制经济领域贯彻落实，把党的政治优势和组织优势落实到商会中，实现国家治理体系和治理能力现代化，夯实社会治理的组织基础的重要举措。另一方面，也是落实《中国共产党统一战线工作条例》等有关党内法规精神的具体要求，是促进社会主义市场经济建设的有力举措，更是党中央对工商联工作的一项重大决策部署，是新形势下党中央交给工商联的一项重要职责。

中央16号文件也指出，工商联是党领导的人民团体和商会组织。既有统战功能，又有商会职能。充分发挥工商联在行业协会商会改革和发展中的促进作用，既是进一步深化体制改革，转变政府职能的具体体现，又将为我国商会的发展提供机遇；既有利于加快推进中国特色商会建设，又有利于构建符合社会主义市场经济发展要求的政企关系和政社关系。因此，工商联要在商会改革发展中充分发挥作用，认真履行社会团体业务主管单位职责，指导和推动商会组织完善法人治理结构、规范内部管理、依照法律和章程开展活动，充分发挥宣传政策、提供服务、反映诉求、维护权益、加强自律的作用。在这个过程中，工商联也要以所属商会改革为重点，持续夯实工商联的组织基础和工作基础，不断增强工商联的凝聚力、执行力、影响力。

作为民营企业最为集中的社会组织，商会与企业已经结成命运共同体，会员企业所面临的挑战不断传导影响至所在商会，也倒逼商会以改革发展来应对挑战。同时，随着民营经济人士群体日益丰富多元的诉求变化，商会工作的难度也越来越大。①一方面,商会组织的影响力不足。社会各界对商会组织认可度和社会关注度不高,对商会的自身独特优势把握不准,未能从政治高度和推动完善大统战工作格局需要看待商会改革的重要性。另一方面,部分商会自身建设不够完善。由于对自身改革的紧迫性、重要性和复杂性认识不够深刻,导致商会的制度化、规范化、法治化建设还不够健全,商会活力不足,会员的参与感和认同感不高。还有的商会"官本位"思想严重,对会员的管理和服务水平有待提高。这些问题的客观存在,要求各级工商联必须要以改革创新精神,持续推进所属商会改革发展,认真贯彻落实中共中央办公厅、国务院办公厅《关于促进工商联所属商会改革和发展的实施意见》的具体要求,将制度建设贯穿始终,充分发挥工商联和所属商会作用,一体化推进工商联系统的改革发展。

一、积极培育和发展中国特色商会组织

培育和发展中国特色商会组织,是加快政府职能转变、深化行政管理体制改革的必然要求,也是搭建政府与企业沟通平台、促进经济社会发展的必然要求。新的历史形势下,随着中国特色社会主义进入新时代,更要准确把握中国特色商会组织的地位作用,深入研究社会主义市场经济条件下商会发展的特点和规律,积极培育和发展符合中国国情、体现商会性质的中国特色商会组织。

在指导思想上,各级工商联培育和发展中国特色商会组织必须坚持习近平新时代中国特色社会主义思想,坚持中国共产党的领导,把对党忠诚与对会员权益负责有机统一,把贯彻党的主张和反映会员利益诉求充分结合,

① 《向改革要动力 以服务谋发展 全国工商联推进中国特色商会组织建设纪实》,见人民网 http://finance.people.com.cn/n1/2020/1124/c1004-31942334.html。

确保商会始终朝向正确的方向发展。当前,工商联要积极引导各类商会组织团结凝聚广大非公有制经济人士投身社会主义现代化建设,坚定不移地走中国特色社会主义道路,不断巩固发展壮大爱国统一战线;工作任务上,各级工商联必须坚持围绕中心、服务大局,引导会员企业在做好自身发展的同时,为推动行业健康发展、促进区域经济协调发展、实现国民经济又好又快发展贡献力量。工商联要始终坚持以经济建设为中心,以促进非公有制经济健康发展和非公有制经济人士健康成长为一切工作的出发点和落脚点,着力培育、有序引导非公有制企业自发组建各类商会组织,指导各类商会组织积极开展工作,为发挥工商联职能作用、推进党的统一战线工作和经济工作作出贡献;管理体制上,工商联必须立足非公有制经济发展实际,探索改革现行业务主管与登记管理并行的双重管理模式,活跃商会发展,健全现代市场体系。

工商联要切实、全面、正确履行社会团体业务主管单位职能,推动政府加快行业协会商会改革,放开准入门槛,活跃商会发展,健全现代市场体系,帮助营造商会发展的良好政策环境;运行机制上,各级工商联必须坚持完善法人治理结构,完备以《中国工商业联合会章程》为核心的规章制度,健全商会内部运行机制,加强商会领导班子建设和专职工作人员队伍建设,确保商会依照法律法规和《中国工商业联合会章程》开展活动。工商联要更加注重商会自身建设,加强对商会的工作指导,支持商会依照法律和章程开展活动,推动商会建立健全会员大会、董事会、监事会,完善法人治理结构,促进商会的规范运行;职能作用上,各级工商联必须坚持服务会员,积极搭建政府职能转移与商会组织承接的桥梁与平台,不断健全研究咨询、职业培训、市场开拓、筹资融资、项目推荐、投资引导、行业整合、仲裁调解、维护权益、对外联络和引进资金、技术、人才等服务职能,在促进会员发展的同时引导会员积极履行社会责任,推动形成经济社会和谐发展的良好局面。工商联要主动发挥协调作用,搭建商会与党政部门沟通的平台,为各类商会组织完善功能、发挥作用创造必要条件和提供必要服务;法制保障上,各级工商联必须积极参与制定商会政策法律有关工作,加快推动我国商会立法进程,明确规定商会的法律地位、设立原则、组织形式、内部治理结构、行为规范、财务制度等问题,积极参与与商会建设有关的法律法规制定和工作协调,尽快建立并不断完善商会发展的法制环境,促进商会发展的科学化、规范化、法制化。[①]

二、政治引领,党建破题,积极探索商会组织党的建设工作

习近平在党的十九大报告中首次提出"党的政治建设是党的根本性建设"的重大论断,要求"以党的政治建设为统领","把党的政治建设摆在首位",凸显了新时代加强党的政治建设的极端重要性和紧迫性。政治建会,是党中央对工商联的第一位要求。商会党建是强化非公人士政治意识的第一阵地。商会党建工作,作为社会组织党建工作的重要组成部分,既是党的工作的新领域和重要阵地,也是推动统战工作向商会组织覆盖的有力抓手。[②]习近平多次强调,不能因为脱钩使商会党建管理出现真空,必须把党的领导、党的建设紧紧抓在手上。要破解难点问题,推动商会党的组织建设抓紧破题,尽快填补空白、强化功能、发挥作用。

2020年5月30日,根据中央统战部批复,全国工商联正式宣布成立直属商会综合党委。这是全国工商联党组抓商会党建、推动商会党建破题取得

---

① 中共中央统战部、全国工商联编:《〈中共中央国务院关于加强和改进新形势下工商联工作的意见〉学习问答》,中华工商联合出版社,2011年,第115~118页。

② 江苏省工商联课题组:《工商联商会党建工作研究》,《广西社会主义学院学报》,2016年第4期。

的创新举措，也是推进工商联所属商会改革、强化商会政治引导功能的首位要求。实践表明，政治引领，党建破题，推进党建引领商会建设，以党建促会建和企建，不仅是确保商会正确建设发展方向的根本，也是破解商会建设发展瓶颈、增强商会生机活力，培育和发展中国特色商会组织的重要政治保障，有利于工商联更好发挥对商会组织指导、引导、服务职能，更好促进非公有制经济健康发展和非公有制经济人士健康成长，有效承担起政治引导、经济服务、诉求反映、权益维护、诚信自律、协同参与社会治理任务的中国特色商会组织职能。

一要完善工作机制。商会党组织是统战工作向商会组织有效覆盖的重要抓手，是否建立党组织，党组织能否发挥作用也是检验统战工作有效覆盖的重要标志。商会中的党员普遍具有多重职业身份，党员组织关系也多数不在商会，存在有党员、无组织、没作用的现象。各级工商联要把在商会中建立党组织作为工作的重中之重，下大力气推动商会党的组织和党的工作全覆盖，夯实基层党建基础，坚定不移地探索商会组织党建工作，破解商会建设发展瓶颈难题。对于尚未建立党组织的商会，可以采取联合组建、区域组建、行业组建、挂靠组建等多种党组织设置方式。完善商会工作知情明政、教育培训、政治安排、参政议政、服务发展、宣传表彰等机制，提高工作科学化水平，吸收年轻一代非公人士进入工商联、政协、人大等。推动创建良好的政策和营商环境，增强企业家的政策获得感。强化发展功能，建立合作互动机制。强化工商联的服务职能，与政府部门、高校科研院所、金融机构、商会等建立合作互动机制。进一步优化工商联和商会组织党建体制机制，加强综合指导，高标准推进，协调商会党组织认真履行工作职责。组织指导商会党组织建立健全党建工作机制，努力实现商会党组织高质量发展。①近年来，随着全

---

① 戴云、韦熙：《党建引领促发展 商会建设谱新篇——充分发挥党建在商会组织中的引领作用》，《中国工商》，2021年第1期。

国工商联直属商会综合党委的成立，商会党建工作管理体制不断得到进一步理顺，越来越多的地方工商联成立了商会党委，指导所属商会党组织开展党的工作。

二要创新方式方法。党建工作以往的常规方法往往是被动式的执行任务，缺乏创新性。做好新时代的商会党建工作，必须要充分发挥主观能动性，创新工作方法，主动开展工作，将党建工作主动有效地融入企业生产经营、技术创新、职工队伍管理等环节，实现同频共振，目标同向、相互促进，共同发展。特别是要以党建活动为载体，强化商会各类活动，切实发挥党组织的政治领导作用和战斗堡垒作用。近年来，各地结合各自实际，不断创新商会党建工作的方式方法。如湖北和宁夏，注重从退休老党员、退伍军人中选拔有党建工作经验的优秀人员担任商会党组织负责人；山东、贵州和四川等地，明确对商会党建工作给予支持，把商会党建工作经费列入财政预算；其他地区在强化商会党建工作经费由商会自筹的主渠道的同时，也明确各级财政应该根据商会党建工作的开展需要，解决一部分必要的经费，列入财政预算，用于弥补商会党建。在江西、福建和贵州等地，则制定商会党建工作方案，出台指导性意见，开展商会党的建设提升工作，组织指导商会党组织建立健全党建工作机制，努力实现商会党组织高质量发展。还有的地方在商会中配备专职党建组织员、指导员，建立商协会党群活动中心等。

三要强化政治引导功能。党建工作的持续创新突破，必然推动商会政治引导功能的不断强化。要充分发挥商会组织主阵地作用，积极推进理想信念教育，完善长效机制，丰富活动载体，把理想信念教育摆在商会建设的重要位置，实现商会健康发展。组织开展非公人士理想信念教育实践活动，加强党情、世情、国情、社会主义核心价值观和优良革命传统、形势政策、守法诚信的宣传教育，认真学习贯彻习近平新时代中国特色社会主义思想，全面深入贯彻习近平关于新时代民营经济统战工作重要指示和关于"两个健康"的重要论述精神，全面贯彻党中央关于加强新时代民营经济统战工作的各项决策部署，制订学习制度，加强对商会思想政治建设的领导，引导非公人士做到爱国、敬业、创新、守法、诚信、贡献，寓教育引导于服务之中。引导会员企业知情明政并认真贯彻新发展理念，正确认识把握引领经济发展新常态和产业发展新趋势，主动适应和推进改革，加快转型升级，主动参与国家治理体系和治理能力现代化建设，引导会员增强对中国特色社会主义的信念、对党和政府的信任、对企业发展的信心、对社会的信誉。

三、加强对商会的规范管理

加强商会管理，规范商会行为，提升商会服务能力，是优化营商环境的重要措施，有助于商会组织充分发挥在政府和企业之间的桥梁和纽带作用，促进政府与企业的良性互动，助力经济平稳运行。工商联要准确把握当前商会建设工作面临的新形势新任务，坚持培育发展与规范管理并重，加强对商会管理的规范科学，完善指导商会的管理制度，推动商会建设工作迈上新台阶。

一要推动商会立法。在实践中，商会领域仍然存在注册登记难、发展布局不合理、职责定位不清晰、治理结构不完善、活力作用不彰显、退出机制不顺畅以及管理不规范等问题，这些都与我国至今没有专门的商会法密切相关。商会立法工作，工商联的作用不可或缺。工商联要积极参与制定商会政策法律的有关工作，加快推动我国商会立法进程，明确规定商会的法律地位、设立原则、组织形式、内部治理结构、行为规范、财务制度等问题，促进商会发展的科学化和规范化。

二要认真履行职责。工商联要认真履行社会团体业务主管单位的职责，注重商会组建工作的业务指导，加强与登记管理机构的工作协调，推动各类商会组织顺利完成法人登记注册,为商会组织合法运行提供组织保障。积极配合政府有关部门加强对所属商会组织的市场监管,探索建立商会工作评估体系,引导商会组织规范市场行为,遵守国家宪法、法律、法规和政策,确保商会坚持正确的政治方向和开展有效的商会活动,协助登记机关和政府有关部门查处商会违法违规行为,引导商会健康发展。

三要支持商会按照法律和章程独立开展活动,履行职能。一方面,要加强商会组织领导班子建设和组织建设,完善内部法人治理结构,健全商会内部运行规则,加大商会专职工作人员队伍培训力度,鼓励选举企业家担任商会负责人,提高民主管理水平,使商会工作走上制度化、规范化、程序化轨道,不断提升商会的市场竞争力。另一方面,支持商会根据“自我管理、自我服务、自我协调、自我约束、自我教育”的方针开展活动,履行行业规划、行业服务、行业自律、行业代表、行业协调等职能,促进政府各职能部门与商会在产业政策、产业规划、行业服务等方面的协商合作,充分发挥商会宣传作用,服务于非公有制企业发展。[1]此外,还应加大业务指导力度,支持商会组织利用工商联参政议政渠道, 及时反映各自领域及会员企业的发展状况和利益诉求,切实发挥商会宣传政策、提供服务、反映诉求、维护权益、加强自律的作用,帮助商会完善服务功能、提高服务水平,努力实现商会管理的规范化、精准化。各级政府也要加强商会改革发展工作。按照市场化原则,加快商会改革和发展,切实推动政社分开、政会分开,制定扶持商会发展的政策,促进商会加快发育和健康发展,逐步建立起法律健全、体制完善、结构合理、行为规范的商会发展体系。

---

① 中共中央统战部、全国工商联编:《〈中共中央国务院关于加强和改进新形势下工商联工作的意见〉学习问答》,中华工商联合出版社,2011年,第118~120页。

四、加快商会团体标准化建设

实施标准化战略是国家治理体系和治理能力现代化的基础性制度安排，建立健全团体标准体系有利于推动商协会等社会组织参与社会治理和行业治理、促进商协会等社会组织规范发展、提升相关细分领域现代化治理水平。作为现代市场体系的重要一环，商会实行自愿组建、自筹经费、自我服务、自主管理，会员众多、联系广泛，在组织动员会员企业实施标准化、促进行业规范发展，组织团体标准的调研论证、制定修订、实施应用、监督检查、管理服务等方面具有独特优势，是促进行业标准化、建立团体标准体系的生力军。当前，工商联所属和所联系的各类商协会组织近 6 万家，分布在各细分行业领域。商会通过开展技术类、管理类、服务类、自律类标准化建设，既能为引领会员企业提质增信、规范行业、拓展市场提供有力遵循，也能为加强行业自律、推进行业治理创造基础支撑，从而夯实行业基础、促进产业升级、推动国际交流，有序推进所在细分行业整体上水平。随着我国标准供给由政府主导向政府与市场并重转变、标准运用由产业与贸易为主向经济社会全域转变，商会在推动实施国家标准化战略、有效增强标准的市场供给中发挥越来越重要的作用，商会团体标准建设迎来重要发展机遇期。①

2018 年 1 月修订实施的《中华人民共和国标准化法》确立了团体标准的法律地位，明确"国家鼓励学会、协会、商会、联合会、产业技术联盟等社会团体协调相关市场主体共同制定满足市场和创新需要的团体标准"。《国家标准化发展纲要》强调，要"大力发展团体标准，引导社会团体制定原创性、高质量标准，鼓励社会组织应用标准化手段加强自律、维护市场秩序"。这些为

---

① 《奋力开创商会团体标准体系建设新局面》，《中华工商时报》，2021 年 12 月 14 日。

统筹推进商会团体标准体系建设提供了重要指引。

加快构建全国工商联商会团体标准体系，是工商联组织引导民营经济领域贯彻落实习近平关于标准化工作重要指示精神和《国家标准化发展纲要》的重大举措和实际行动，有利于综合运用技术、管理、服务等标准共促"两个健康"，有利于统筹国标、团标建设以高标准助推民营企业高质量发展，有利于以团体标准为商会赋能促进会员企业自律规范，有利于助力民营企业走出去开展国际经贸活动，有利于以商会标准体系为依托增强国际话语权，推动民营企业走向更加广阔的舞台。2020年，全国工商联和国家标准委联合印发《关于鼓励、引导和规范工商联所属商会开展团体标准化工作的意见（试行）》，就持续深化标准化改革和工商联所属商会改革，培育和发展具有市场竞争力和国际竞争力的团体标准，培育和发展中国特色商会组织，更好促进民营经济高质量发展，做出部署。2021年10月，全国工商联发布了《全国工商联商会团体标准体系建设方案》，标志着商会团体标准建设开启了新篇、迈出了新步伐。

方案旨在深入贯彻落实以习近平同志为核心的党中央关于标准化工作的重要部署，有力实施《国家标准化发展纲要》，努力以高标准助力民营企业高质量发展，以团体标准为商会赋能提能。

方案明确了新时代构建商会团体标准体系的基本原则，强调坚持系统性、规范性、继承性、扩展性，区分技术类、管理类、服务类，按照一体化、分行业、有步骤统筹推进。方案确定，适时组建全国工商联（中国民间商会）商会标准化组织，有序开展商会团体标准的认定、制定、审核、发布等工作。支持各级工商联成立标准化工作委员会及其办公室，各类工商联所属或所联系商会设立标准技术委员会、起草工作组等组织，协同推进商会团体标准体系建设。

方案要求，进一步明晰和细化商会团体标准的直接认定和组织制定程序。严格审核、专业把关,将符合条件的直属商会或地方商会已经发布的团体标准认定为全国工商联(中国民间商会)商会标准化组织标准。科学论证、严谨编制,牵头组织制定全国工商联(中国民间商会)商会标准化组织专项标准。全国工商联(中国民间商会)商会标准化组织采取统一编号,对外发布商会团体标准。方案提出,创造条件推动制定支持政策,对积极引入、有效应用全国工商联(中国民间商会)商会标准化组织标准的商会及企业给予适当增信、适时扶持等激励,鼓励民营企业以高标准迈向高质量,支持工商联所属商会以标准提升自治自律能力。同时,在国家有关部门指导下,稳步推进与国内国际相关机构的标准化互认、共建、共享等交流合作。①

五、商会承接政府职能转移

随着我国政府经济结构改革和职能改革的逐渐深入,加快实现政府职能向商会等社会组织转移,鼓励和引导社会组织承接政府职能转移,有利于逐步建构政社分开、权责明确的现代社会组织体制,进而充分发挥社会组织在社会公共事务治理中的作用,促进社会组织健康发展。党的十八届三中全会做出的全面深化改革战略部署,也要求推进政府职能转变和社会管理体制改革,发挥市场在资源配置中的决定性作用,并明确提出"要限期实现行业协会商会与行政机关真正脱钩"。这就使得商会承接政府部分职能转移工作,被提上各级党委、政府,以及统战部、工商联的议事日程。②

商会承接政府部分职能转移是全面深化改革,推进国家治理体系和治理能力现代化的必然要求,也是非公有制经济适应经济新常态、破解政府失灵难题和制约自身发展瓶颈的必然选择。特别是党的十八届三中全会强调

---

① 《〈全国工商联商会团体标准体系建设方案〉发布》,《中华工商时报》,2021年10月29日。
② 杨卫敏:《新时代统一战线概论》,浙江工商大学出版社,2020年,第195页。

要"使市场在资源配置中起决定性作用"，并在正确处理政府和社会关系问题上强调"加快实施政社分开"，"重点培育和优先发展行业协会商业类、科技类、公益慈善类、城乡社区服务类组织"，这就为商会组织进一步规范发展，更好承接政府职能转移创造了良好条件。

近年来，在我国非公有制经济比较发达的东部沿海地区，民间商会的组织和功能发育较早，商会组织通过承接政府转移的部分职能，为非公有制企业提供服务，有力地促进了当地非公有制经济的发展。以浙江省为例，作为市场经济、民营经济的先发地区，浙江省不少地方因地制宜，结合新一轮政府改革的重点和方向，围绕推进商会承接政府部分职能转移进行了试点和探索，推出了一些特色鲜明、效果显著、可供借鉴的典型。①但从总体来看，各地商会承接政府职能转移仍然处于探索阶段，既无成熟的经验做法，也没有定型的制度规范和科学的实施路径。

一方面，有的政府职能部门简政放权的理念并没有真正树立，囿于部门利益或"家长式"思维习惯，还存在"等等看""不想转""不敢转"的问题。另一方面，商会承接政府职能转移的能力也有待于进一步提升。由于各地政策不同，商会运作模式各异，导致商会组织发育程度参差不齐，体制机制尚未理顺，没有真正实现"政社分开""管办分离"。更关键的是，由于目前《商会法》尚未制定出台，商会的法律地位、性质、职能、内部治理等方面还没有清晰的法律界定，在一定程度上制约了商会发展的自主性。这些问题若不及时得到有效解决，不利于商会组织的发展和职能发育，也有悖于政府职能转变和社会管理体制改革的方向。破解这一难题，必须加快转变政府职能，深化商会改革，统战部门和工商联则要发挥好引导支持、协调服务的保障作用。

一要加快转变政府职能。转变政府职能是深化行政体制改革的核心。改

---

① 杨卫敏：《新时代统一战线概论》，浙江工商大学出版社，2020年，第199页。

革开放特别是党的十八大以来,政府职能深刻转变、持续优化,对解放和发展社会生产力、促进经济持续健康发展、增进社会公平正义,发挥了重要作用。在经济领域,必须厘清政府、市场与社会三者之间的关系。商会是政府与市场、社会之间的重要桥梁纽带。政府要按照加快转变政府职能的要求,进一步厘清与商会组织的边界,全面推进商会与行政机关脱钩改革,鼓励商会自主运行、有序竞争、优化发展,使其真正成为依法自治的现代社会组织。有关部门还要根据"三定"规定,全面梳理职能,制定职能转移目录。根据可立即实施转移和逐步实施转移的分类要求,提出需要转移或购买服务的工作事项。

二要完善商会能力建设。建立健全内部治理机构,严格按规范程序操作,建立信息公开制度,做到公开透明运作,接受政府部门、行业企业以及社会的监督。建立独立的财务管理、核算和资产管理制度,保持依法缴纳税收、社会保险费等良好记录。还要积极发挥"行业代表、行业自律、行业协调、行业服务"的职能作用,建立公开、公平、公正的工作机制,倡导简便、高效的工作理念。进一步加大对相关人员的培训教育力度,积极创造条件,吸引社会优秀人才到商会工作,不断提高人才队伍的综合素质,从而提高商会的专业服务能力。

三要工商联组织加大指导和帮扶力度。商会承接政府职能转移工作,是工商联融入改革、投身改革的切入点和突破口,对于拓展新时期工商联工作领域、丰富工作内涵、更好发挥职能作用具有十分重要的意义。[1]工商联作为党领导的面向工商界、以非公有制企业和非公有制经济人士为主体的人民团体和商会组织,与政府职能部门联系紧密,具有一定的政治资源和政策资源,具有推动商会承接政府职能转移工作的独特优势。各级工商联应充分发

---

[1]　杨卫敏:《新时代统一战线概论》,浙江工商大学出版社,2020年,第198页。

挥在促进商会改革和发展中的积极作用，按照统战部门要求，创新工作方法，加大对商会的组织引导与服务。各级工商联要以商会规范化建设为抓手，建立对商会的基础条件、内部治理、工作绩效、社会评价等方面综合评估工作体系，健全考核奖惩机制，并负责好商会的发展规划、布局调整、政策拟定、会务建设和协调沟通，确保商会组织真正发挥好职能作用。

参考文献

（一）中文专著

1.《毛泽东文集》(第二卷)，人民出版社,1993年。

2.《毛泽东文集》(第六卷)，人民出版社,1999年。

3.《毛泽东文集》(第五卷)，人民出版社,1995年。

4.《毛泽东文集》(第五卷)，人民出版社,1996年。

5.《毛泽东选集》(第一卷)，人民出版社,1991年。

6.《毛泽东选集》(第二卷)，人民出版社,1991年。

7.《毛泽东选集》(第三卷)，人民出版社,1991年。

8.《毛泽东选集》(第四卷)，人民出版社,1991年。

9.《江泽民文选》(第一卷)，人民出版社,2006年。

10.《江泽民文选》(第三卷)，人民出版社,2006年。

11.《邓小平文选》(第一卷)，人民出版社,1993年。

12.《邓小平文选》(第二卷)，人民出版社,1994年。

13.《邓小平文选》(第三卷)，人民出版社,1993年。

14.《习近平关于党风廉政建设和反腐败斗争论述摘编》，中央文献出版社,2015年。

15.《习近平谈治国理政》(第二卷),外文出版社,2017年。

16.《习近平谈治国理政》(第三卷),外文出版社,2020年。

17.《习近平谈治国理政》,外文出版社,2014年。

18.《习近平著作选读》(第一卷),人民出版社,2023年。

19.《习近平总书记重要讲话文章选编》,中央文献出版社,2016年。

20.习近平:《摆脱贫困》,福建人民出版社,1992年。

21.习近平:《干在实处 走在前列》,中共中央党校出版社,2006年。

22. 习近平:《决胜全面建成小康社会 夺取新时代中国特色社会主义伟大胜利》,人民出版社,2017年。

23.习近平:《论坚持党对一切工作的领导》,中央文献出版社,2019年。

24.习近平:《在党的群众路线教育实践活动总结大会上的讲话》,人民出版社,2014年。

25.习近平:《在民营企业座谈会上的讲话》,人民出版社,2018年。

26.习近平:《之江新语》,浙江人民出版社,2007年。

27.《党的二十大报告学习辅导百问》,党建读物出版社,2022年。

28.蔡欣怡:《绕过民主:当代中国私营企业主的身份与策略》,浙江人民出版社,2013年。

29.曾业松、张国玉、郑寰等主编:《非公企业党建工作》,中共中央党校出版社,2020年。

30.曾业松、张国玉、郑寰等主编:《非公企业党建工作培训读本》,中共中央党校出版社,2020年。

31.董大伟:《改革开放以来的非公经济》,北京人民出版社,2019年。

32.胡绳:《中国共产党的七十年》,中共党史出版社,1991年。

33.贾俊玲、王晓珉编:《劳动法学教程参考资料》,中央广播电视大学出版社,1990年。

34.厉以宁:《资本主义的起源》,商务印书馆,2003年。

35.秦力:《我国工商界的变迁》,华文出版社,1999年。

36.师哲:《在历史巨人身边——师哲回忆录》,中央文献出版社,1995年。

37.王沪宁:《政治的逻辑——马克思主义政治学原理》,上海人民出版社,2004年。

38.王名:《中国民间组织30年——走向公民社会(1978—2008)》,社会科学文献出版社,2008年。

39.王浦劬:《政治学基础》,北京大学出版社,1995年。

40.王振锁:《自民党的兴衰:日本"金钱政治"研究》,天津人民出版社,1996年。

41.陶贤斌、陆聂海主编:《新时代民营经济发展和企业家成长》,九州出版社,2022年。

42.杨光斌:《政治学导论》,中国人民大学出版社,2004年。

43.杨卫敏:《新时代统一战线概论》,浙江工商大学出版社,2020年。

44.张海鹏、张海瀛:《中国十大商帮》,黄山书社,1993年。

45.张金豹:《基层党建新境界》,党建读物出版社,2015年。

46.张伟:《市场与政治:中国民商阶层脸谱》,中央编译出版社,2015年。

47.张献生主编:《新时代统一战线知识简明读本》,华文出版社,2020年。

48.赵鼎新:《社会与政治运动讲义》,社会科学文献出版社,2006年。

49.赵冈、陈钟毅:《中国经济制度史论》,新星出版社,2006年。

50.中共党史研究室编:《中国共产党历史》(第二卷),中共党史出版社,2011年。

51.中共中央党史研究室:《中国共产党的九十年》,中共党史出版社、党建读物出版社,2016年。

52.中共中央党校党史教研室选编:《中共党史参考资料》(一),人民出版社,1979年。

53.中共中央统一战线工作部、中共中央文献研究室编:《新时期统一战线文献选编(续集)》,中共中央党校出版社,1997年。

54.中共中央统战部、全国工商联主编:《〈中共中央国务院关于加强和改进新形势下工商联工作的意见〉学习问答》,中华工商联合出版社,2011年。

55.中共中央统战部、中央社会主义学院编:《〈社会主义学院工作条例〉学习读本》,华文出版社,2020年。

56.中共中央统战部编著:《中国共产党统一战线史》,华文出版社,2017年。

57.中共中央统战部编著:《中国共产党统一战线史》,中共党史出版社,2017年。

58.中共中央统战部研究室编:《历次全国统战工作会议概况和文献》,档案出版社,1988年。

59.中共中央文献研究室编:《改革开放三十年重要文献选编》(上),中央文献出版社2008年。

60.中共中央文献研究室编:《毛泽东年谱(1949—1976)》(第3卷),人民出版社,1995年。

61.中共中央文献研究室编:《十二大以来重要文献选编》(上),人民出版社,1988年。

62.中共中央文献研究室编:《十八大以来重要文献选编》(上),人民出版社,2014年。

63.中共中央文献研究室编:《十八大以来重要文献选编》(中),中央文献出版社,2016年。

64.中共中央文献研究室编:《十六大以来重要文献选编》(下),人民出版社,2008 年。

65.中共中央文献研究室编:《十七大以来重要文献选编》(中),人民出版社,2011 年。

66.中共中央文献研究室编:《十七大以来重要文献选编》(中),中央文献出版社,2011 年。

67.中共中央文献研究室编:《十三大以来重要文献选编》(下),人民出版社,1993 年。

68.中共中央文献研究室编:《十三大以来重要文献选编》(下),中央文献出版社,2011 年。

69.中共中央文献研究室编:《十三大以来重要文献选编》(中),人民出版社,1991 年。

70.中共中央文献研究室编:《十四大以来重要文献选编》(上),人民出版社,1996 年。

71.中共中央文献研究室编:《十五大以来重要文献选编》(中),人民出版社,2001 年。

72.中共中央文献研究室编:《新时期经济体制改革重要文献选编》(上),中央文献出版社,1998 年。

73. 中国社会科学院法学研究所编:《中华人民共和国经济法规选编1979.10—1981.12》(下),中国财政经济出版社,1983 年。

74.中央金融工委统战群工部编:《新时期统一战线文件汇编》,中国书籍出版社,2000 年。

75.中央社会主义学院理论学习中心组编:《画出最大的同心圆——习近平总书记在中央统战工作会议上重要讲话精神学习讲座》,中共中央党校出版社,2015 年。

76.中央统战部编著：《中国共产党统一战线史》，中共党史出版社，2017年。

77.中央统战部研究室编著：《统一战线100个由来》，华文出版社，2010年。

（二）译著

1.[德]哈贝马斯、[德]哈勒：《作为未来的过去：与著名哲学家哈贝马斯对话》，章国峰译，浙江人民出版社，2001年。

2.[美]安东尼·奥罗姆：《政治社会学导论》，张华青等译，上海人民出版社，2006年。

3.[美]加布里埃尔·A.阿尔蒙德等：《比较政治学：体系、过程和政策》，曹沛霖等译，上海译文出版社，1987年。

4.[美]乔瓦尼·萨托利：《民主新论》，冯克利、阎克文译，东方出版社，2005年。

5.[美]约翰·罗尔斯：《正义论》，何怀宏等译，中国社会科学出版社，2009年。

6.[英]安德鲁·海伍德：《政治学核心概念》，吴勇译，天津人民出版社，2008年。

7.[英]戴维·米勒，[英]韦农·波格丹诺主编：《布莱克维尔政治学百科全书》，邓正来译，中国政法大学出版社，2002年。

8.[英]雷蒙·威廉斯：《关键词：文化与社会的词汇》，刘建基译，生活·读书·新知三联书店，2005年。

（三）中文期刊

1.习近平：《办公厅工作要做到"五个坚持"》，《秘书工作》，2014年第6期。

2.习近平：《对发展社会主义市场经济的再认识》，《东南学术》，2001年第 4 期。

3.习近平:《高举中国特色社会主义伟大旗帜 为全面建设社会主义现代化国家而团结奋斗——在中国共产党第二十次全国代表大会上的报告》,《光明日报》,2022 年 10 月 26 日。

4.习近平:《高举中国特色社会主义伟大旗帜,为全面建设社会主义现代化国家而团结奋斗——在中国共产党第二十次全国代表大会上的报告》,《人民日报》,2022 年 10 月 26 日。

5.习近平:《毫不动摇坚持我国基本经济制度 推动各种所有制经济健康发展》,《光明日报》,2016 年 3 月 9 日。

6.习近平:《毫不动摇坚持我国基本经济制度,推动各种所有制经济健康发展》,《人民日报》,2016 年 3 月 9 日。

7.习近平:《谋求持久发展,共筑亚太梦想》,《人民日报》,2014 年 11 月 10 日。

8.习近平:《习近平在庆祝中华人民共和国成立 70 周年大会上的讲话》,《人民日报》,2019 年 10 月 2 日。

9.习近平:《在民营企业家座谈会上的讲话》,《人民日报》,2018 年 11 月 2 日。

10.习近平:《在企业家座谈会上的讲话》,《光明日报》,2020 年 7 月 22 日。

11.习近平:《在庆祝中国共产党成立 100 周年大会上的讲话》,《光明日报》,2021 年 8 月 2 日。

12.习近平:《在全国政协新年茶话会上的讲话》,《人民日报》,2018 年 12 月 30 日。

13.习近平:《在全国组织工作会议上的讲话》,《党建研究》,2013 年第 8 期。

14.习近平:《在深圳经济特区建立 40 周年庆祝大会上的讲话》,《光明日报》,2020 年 10 月 15 日。

非公领域前沿问题探讨：制度变迁与政治逻辑

15.习近平：《正确认识和把握我国发展重大理论和实践问题》，《求是》，2022年第10期。

16.《"习近平同志提出的'八八战略'非常具有前瞻性"——习近平在浙江（一）》，《学习时报》，2021年3月1日。

17.《习近平对新时代民营经济统战工作作出重要指示强调 坚持"两个毫不动摇" 把民营经济人士团结在党的周围 更好推动民营经济健康发展》，《人民日报》，2020年9月17日。

18.《习近平李克强张德江俞正声刘云山王岐山张高丽分别参加全国人大会议一些代表团审议》，《光明日报》，2016年3月8日。

19.《习近平同党外人士共迎新春》，《光明日报》，2022年1月30日。

20.《习近平在广东考察时强调高举新时代改革开放旗帜 把改革开放不断推向深入》，《光明日报》，2018年10月26日。

21.《习近平在看望参加政协会议的民建工商联界委员时强调正确引导民营经济健康发展高质量发展》，《光明日报》，2023年3月7日。

22.《习近平在文化传承发展座谈会上强调担负起新的文化使命 努力建设中华民族现代文明》，《光明日报》，2023年6月3日。

23.《习近平在浙江（三十三）："习书记鼓励浙商发展'地瓜经济'"》，《学习时报》，2021年4月14日。

24.《习近平在中共中央政治局第三十八次集体学习时强调依法规范和引导我国资本健康发展 发挥资本作为重要生产要素的积极作用》，《光明日报》，2022年5月1日。

25.《习近平在中央统战工作会议上强调巩固发展最广泛的爱国统一战线为实现中国梦提供广泛力量支持》，《光明日报》，2015年5月21日。

26.《习近平致信祝贺中华全国工商业联合会成立70周年强调把广大民营经济人士更加紧密地团结在党的周围不断开创工商联事业发展新局面》，

《光明日报》,2023 年 10 月 25 日。

27.《习近平致中央社会主义学院建院 60 周年的贺信》,《光明日报》,2016 年 10 月 15 日。

28.《习近平主持召开民营企业座谈会强调毫不动摇鼓励支持引导非公有制经济发展支持民营企业发展并走向更加广阔舞台》,《光明日报》,2018 年 11 月 2 日。

29.毕思斌、张劲松:《论政商关系互动的演变过程与路径重塑——兼评"放管服"改革对政商关系的影响》,《河南师范大学学报(哲学社会科学版)》,2020 年第 3 期。

30.陈刚:《被利益集团挟持的美国民主》,《湖北日报》,2016 年 9 月 12 日。

31.陈鸿斌:《剪不断理还乱的日本政商关系》,《上海证券报》,2016 年 8 月 15 日。

32.陈家喜、郭少青:《西方国家政商关系的建构路径与约束机制》,《新视野》,2020 年第 4 期。

33.桯金华:《世界银行营商环境评估之反思与"中国化"道路》,《探索与争鸣》,2021 年第 8 期。

34.戴云、韦熙:《党建引领促发展 商会建设谱新篇——充分发挥党建在商会组织中的引领作用》,《中国工商》,2021 年第 1 期。

35.董明:《非公有制企业的党旗为什么这样红？——对非公党建实践制度逻辑的若干解析》,《观察与思考》,2020 年第 2 期。

36.董志强、魏下海、汤灿晴:《制度软环境与经济发展——基于 30 个大城市营商环境的经验研究》,《管理世界》,2012 年第 4 期。

37.杜玉华:《论新时代党的基本理论、基本路线、基本方略的内在统一》,《探索》,2019 年第 1 期。

38.段涵:《亲与清:新型政商关系的困境与出路》,《行政科学论坛》,2022

年第 2 期。

39.段元秀：《理性、信仰与同意——洛克共识理论评析》，《广西师范大学学报(哲学社会科学版)》，2015 年第 4 期。

40.冯留建：《中国共产党民营经济改革的百年历程与历史启示》，《四川师范大学学报(社会科学版)》，2021 年第 3 期。

41.付佳迪、邱观建：《从组织覆盖到工作覆盖：非公党建的制度变迁》，《江汉论坛》，2017 年第 2 期。

42.付佳迪：《让党建成为看得见的生产力——基于 H 省 100 家非公有制企业"双强百佳党组织"的考察》，《中国延安干部学院学报》，2022 年第 1 期。

43.高国舫、单凯：《基于历史、现实双重分析的新型政商关系建构思路》，《中共杭州市委党校学报》，2023 年第 4 期。

44.龚万达、董西飞：《促进民营经济发展防范化解政治风险的三重阐释——对〈中共中央国务院关于促进民营经济发展壮大的意见〉的思考》，《上海市社会主义学院学报》，2023 年第 6 期。

45.顾阳：《要全面推开协会脱钩改革》，《经济日报》，2019 年 6 月 20 日。

46.郭玲玲：《经济运行的政治属性——马克思和波兰尼的比较视角》，《当代经济研究》，2023 年第 11 期。

47.郭伦德：《关于党的民营经济政策史上三个问题的思考》，《中央社会主义学院学报》，2021 年第 3 期。

48.韩阳：《构建"亲清"政商关系 打造优质营商环境》，《经济日报》，2019 年 10 月 22 日。

49.何虹：《浅析非公有制经济人士的社会特征》，《陕西社会主义学院学报》，2009 年第 1 期。

50.何轩、马骏：《党建也是生产力——民营企业党组织建设的机制与效果研究》，《社会学研究》，2018 年第 3 期。

51.贾康、苏京春、盛中明:《关于我国非公有制经济地位和作用的理论研究》,《经济研究参考》,2021 年第 14 期。

52.江苏省工商联课题组:《工商联商会党建工作研究》,《广西社会主义学院学报》,2016 年第 4 期。

53.靳浩辉、常青:《习近平倡导的"亲""清"新型政商关系:权力与资本良性互动的指南针》,《学习论坛》,2017 年第 4 期。

54.静子:《党建事务外包须有"度"》,《南方日报》,2022 年 5 月 11 日。

55.李弘雯:《避免"党务即党建"误区》,《学习时报》,2023 年 10 月 27 日。

56.李小迟、何炜、梁程、朱炜:《长三角一体化发展背景下营商环境法治化研究——以构建亲清政商关系为视角》,《上海法学研究》集刊,2021 年第 14 卷。

57.梁平汉:《推动形成营商环境持续改善的体系机制》,《国家治理》,2018 年第 4 期。

58.廖大伟、曹春婷:《新民主主义时期毛泽东关于工商业者统战工作思想的研究》,《上海市社会主义学院学报》,2023 年第 5 期。

59.刘凯、孙海军:《年轻一代非公经济人士价值观教育培养及路径研究》,《福建省社会主义学院学报》,2017 年第 4 期。

60.刘伟:《深刻汲取典型案例经验,持续优化我市营商环境的对策建议》,中共大连市委党校内刊《市情研究》,2022 年第 4 期。

61.刘武俊:《深刻理解市场经济是法治经济》,《人民日报》,2012 年 7 月 2 日。

62.刘以沛:《构建良性互动的合理政商关系》,《中州学刊》,2016 年第 9 期。

63.孟姗姗、张方园、党健:《社会主义学院正规化建设初探》,《中央社会主义学院学报》,2015 年第 6 期。

64.聂勇钢、曾南权:《习近平关于亲清政商关系重要论述研究》,《决策与信息》,2022 年第 6 期。

65.任恒:《公共池塘资源的治理难题:特征、模型及困境——以埃莉诺·奥斯特罗姆自主治理思想为视角》,《深圳社会科学》,2021 年第 6 期。

66.沈湘平:《价值共识是否及如何可能》,《哲学研究》,2007 年第 2 期。

67.陶元浩、杜开鑫:《澄清基层党建工作中的几个误区》,《学习时报》,2022 年 6 月 24 日。

68.田坤:《构建亲清政商关系激发企业活力》,《经济日报》,2020 年 11 月 2 日。

69.万静:《营商环境法治化建设中国模式效果显著》,《法制日报》,2020 年 6 月 19 日。

70.王建均:《牢牢把握做好新时代非公有制经济统战工作的主题》,《中国新闻》,2022 年 9 月 27 日。

71.吴敬琏、黄少卿:《权与利的博弈——转型时期的制度环境与企业家行为》,《品牌》,2006 年第 8 期。

72.吴瑛、乔丽娟:《从制造共识到重构共识:提升中国声音在国际组织的影响力研究》,《社会科学》,2021 年第 11 期。

73.肖剑忠、雷舒怡:《规模以下非公企业党建的突出难题与质量提升路径——以杭州市余杭区为个案》,《观察与思考》,2022 年第 3 期。

74.肖鹏燕、王飞鹏、刘丽:《年轻一代非公经济人士群体及价值观特征浅析》,《中国人事科学》,2021 年第 12 期。

75.薛小荣:《对新时代提升"两新"组织党建组织力的新思考》,《毛泽东邓小平理论研究》,2017 年第 12 期。

76.严晓军,黄洁:《未知的水域:中国共产党在私营部门的新表现》,《中国评论》,2017 年 2 月第 2 期。

77.杨典:《政商关系与国家治理体系现代化》,《国家行政学院学报》,2017

年第 2 期。

78.杨奎松:《中国共产党对中国资产阶级的认识及其策略》,《近代史研究》,1999 年第 3 期。

79.杨卫敏:《构建"亲""清"政商关系探析》,《江苏省社会主义学院学报》,2016 年第 3 期。

80.叶麒麟:《非公企业党建研究述评》,《岭南学刊》,2014 年第 3 期。

81.叶晓楠:《助脱贫致富,解创业之忧,光彩事业 10 年硕果累累》,《人民日报·海外版》,2004 年 4 月 24 日。

82.于悦:《日本政治中的政商关系的历史传承性》,《当代世界社会主义问题》,2006 年第 1 期。

83.余明桂、回雅甫、潘红波:《政治联系、寻租与地方政府财政补贴有效性》,《经济学研究》,2010 年第 3 期。

84.瘐登夫:《非公有制经济组织党建理论创新发展历程》(上),《中国市场监管报》,2021 年 12 月 18 日。

85.张洪为:《全球比较视角下"亲"与"清"新型政商关系的构建》,《行政论坛》,2018 年第 6 期。

86.张林山、公丕明:《正确认识和把握资本的特性和行为规律》,《光明日报》,2022 年 5 月 10 日。

87.张献生:《准确把握新时代社会主义学院的性质定位》,《团结报》,2019 年 5 月 28 日。

88.张献生:《准确把握新时代社会主义学院的性质定位》,《中国统一战线》,2019 年第 6 期。

89.朱茜:《论非公党建的组织重构与功能重塑》,《大连干部学刊》,2019 年第 1 期。